From the Field to the Cloud

从田野到云端

乡村基础教育与现代信息技术的深度融合

Deep Integration of Rural Basic Education and Modern Information Technology

赵彦美◎著

中国经济出版社
CHINA ECONOMIC PUBLISHING HOUSE
·北京·

图书在版编目（CIP）数据

从田野到云端：乡村基础教育与现代信息技术的深度融合 / 赵彦美著. -- 北京：中国经济出版社，2025. 6. -- ISBN 978-7-5136-8244-2

Ⅰ. G639.2

中国国家版本馆 CIP 数据核字第 20252D0V23 号

责任编辑　王西琨
责任印制　李　伟
封面设计　任燕飞

出版发行　中国经济出版社
印 刷 者　北京艾普海德印刷有限公司
经 销 者　各地新华书店
开　　本　710mm × 1000mm　1/16
印　　张　15.5
字　　数　238 千字
版　　次　2025 年 6 月第 1 版
印　　次　2025 年 6 月第 1 次
定　　价　78.00 元
广告经营许可证　京西工商广字第 8179 号

中国经济出版社　**网址** http://epc.sinopec.com/epc/　**社址** 北京市东城区安定门外大街 58 号　**邮编** 100011
本版图书如存在印装质量问题，请与本社销售中心联系调换（联系电话：010-57512564）

前言 PREFACE

一、研究背景与意义

（一）乡村基础教育的发展现状与挑战

乡村基础教育在我国教育体系中占据着重要地位。近年来，随着国家对教育的重视和投入的不断增加，乡村基础教育取得了一定的发展：在硬件设施方面，许多乡村学校的教学楼、教室、实验室等基础设施得以改善，还配备了一定的教学设备和图书资料；在师资队伍方面，国家通过实施特岗教师计划、免费师范生培养等政策，为乡村学校补充了一批年轻的教师，提高了乡村教师的整体素质；在教育教学质量方面，乡村学校通过加强教学管理、开展教研活动等方式，不断提高教学质量，学生的综合素质也得到了一定的提升。

尽管乡村基础教育取得了一定发展，但仍然面临着许多挑战。首先，乡村学校的硬件设施仍然相对薄弱。与城市学校相比，乡村学校的教学设备、图书资料等仍相对落后，难以满足现代教育教学的需要。其次，乡村教师队伍不稳定，师资力量不足。由于乡村学校的工作条件艰苦、待遇较低等因素，许多优秀教师不愿意到乡村学校任教。再次，乡村学生的家庭教育缺失。乡村家长的文化水平普遍较低，对孩子的教育重视不足，且许多家长外出打工，致使孩子缺乏家庭教育，影响了孩子的学习和成长。最后，乡村学校的教育教学质量仍然有待提高。由于乡村学校的师资力量不足、教学资源匮乏等，乡村学校的教育教学质量与城市学校相比仍然存在较大差距。

（二）现代信息技术对教育的变革影响

现代信息技术的发展，为教育教学带来了新的变革。传统的教育教学模式以教师为中心，教师通过讲授、板书等方式向学生传授知识。而现代信息技术的应用，促使教育教学模式逐渐向以学生为中心转变。学生可以通过网络、多媒体等渠道获取知识，自主学习的能力得到了提高。同时，现代信息技术为教师提供了更多的教学手段和方法，如多媒体教学、在线教学、翻转课堂等，使教学更加生动、形象，提高了教学效果。

现代信息技术的发展，促使教育教学资源更加丰富。通过网络，学生可以获取来自世界各地的优质教育教学资源，如在线课程、电子图书、教学视频等；教师也可以获取教学资料、教学案例等，以丰富自己的教学内容。同时，现代信息技术为教育教学资源的共享提供了便利，不同地区的学校通过网络共享教育教学资源，缩小了城乡教育差距。

现代信息技术的发展，为促进教育公平提供了新的途径。通过网络，乡村学生可以获取与城市学生相同的优质教育教学资源，享受到与城市学生相同的教育服务。同时，现代信息技术为乡村教师提供了更多的培训和学习机会，提高了乡村教师的教学水平和专业素养。这些都有助于缩小城乡教育差距，促进教育公平。

（三）乡村基础教育与现代信息技术深度融合的必要性和紧迫性

乡村基础教育面临着诸多挑战，而现代信息技术的发展为乡村基础教育的发展提供了新的机遇。深度融合现代信息技术与乡村基础教育，可以改善乡村学校的硬件设施、提高乡村教师的教学水平和专业素养、丰富乡村学生的学习资源、促进乡村教育教学质量的提高。因此，深度融合是乡村基础教育发展的必然选择。

教育现代化是国家现代化的重要组成部分。现代信息技术的发展，为实现教育现代化提供了有力支撑。深度融合现代信息技术与乡村基础教育，可以推动乡村教育教学模式的变革，提高乡村教育教学质量，促进乡村教育公平，为实现教育现代化奠定坚实的基础。

随着信息技术的不断发展，未来教育将面临新的挑战。深度融合现代信息技术与乡村基础教育，可以培养学生的信息素养和创新能力，提高学生的综合素质，为学生的未来发展奠定坚实基础。同时，深度融合可以提高乡村教师的信息技术应用能力，使乡村教师更好地适应未来教育的发展需求。

二、研究目的与主要内容

（一）探索乡村基础教育与现代信息技术的融合路径

通过实地调研、问卷调查、访谈等方式，了解乡村学校在硬件设施、师资队伍、教育教学资源等方面的现状，以及现代信息技术在乡村学校的应用情况。同时，分析乡村基础教育与现代信息技术融合过程中存在的问题和困难。

借鉴国内外先进的教育教学模式，结合乡村基础教育的实际情况，探索适合乡村学校的现代信息技术与教育教学融合的模式。例如，探索基于网络的在线教学模式、基于多媒体的课堂教学模式、基于移动终端的自主学习模式等。

根据乡村基础教育与现代信息技术融合的现状和模式，提出促进乡村基础教育与现代信息技术深度融合的策略。例如，加强乡村学校的硬件设施建设，提高乡村教师的信息技术应用能力，丰富乡村教育教学资源，建立健全乡村教育信息化管理机制，等等。

（二）分析乡村基础教育与现代信息技术融合过程中的成功案例和存在的问题

通过实地调研、案例分析等方式，选取一些在乡村基础教育与现代信息技术融合方面取得成功的学校作为典型案例进行深入分析。总结这些学校在融合过程中的经验和做法，例如，如何加强硬件设施建设，如何提高教师信息技术应用能力，如何开展信息化教学，等等。同时，分析这些成功案例对其他乡村学校的启示和借鉴意义。

通过实地调研、问卷调查、访谈等方式，了解乡村基础教育与现代信息技术融合过程中存在的问题和困难。例如，乡村学校硬件设施不足，教师信息技术应用能力不高，教育教学资源匮乏，信息化管理机制不健全，等等。同时，分析这些问题产生的原因，并提出相应的解决措施。

（三）提出促进乡村基础教育与现代信息技术深度融合的策略和建议

政府应加大对乡村基础教育与现代信息技术融合的政策扶持力度。制定相关政策，鼓励和引导社会力量参与乡村教育信息化建设。加大对乡村学校硬件设施建设、教师信息技术培训、教育教学资源开发等方面的投入力度，为乡村基础教育与现代信息技术的深度融合提供有力保障。

（四）提高教师信息技术应用能力

教师是教育教学的主体，提高教师的信息技术应用能力是促进乡村基础教育与现代信息技术深度融合的关键。通过开展教师信息技术培训、建立教师信息技术应用激励机制等方式，提高乡村教师的信息技术应用能力。同时，鼓励教师积极探索信息化教学模式，将现代信息技术与教育教学深度融合。

丰富的教育教学资源是促进乡村基础教育与现代信息技术深度融合的重要保障。通过开发适合乡村学校的教育教学资源、建立教育教学资源共享平台等方式，为乡村学校提供丰富的教育教学资源。同时，鼓励教师和学生积极参与教育教学资源的建设及共享，提高教育教学资源的利用效率。

建立健全乡村教育信息化管理机制是促进乡村基础教育与现代信息技术深度融合的重要保障措施。通过建立信息化管理机构、制定信息化管理制度、加强信息化安全管理等方式，提高乡村教育信息化管理水平。同时，加强对乡村教育信息化建设的监督和评估，确保乡村教育信息化建设的质量和效益。

总之，乡村基础教育与现代信息技术的深度融合既是乡村基础教育发展的必然选择，也是实现教育现代化的重要途径。通过探索乡村基础教育与现代信息技术的融合路径，分析融合过程中的成功案例和存在的问题，提出促进深度融合的策略和建议，可以为乡村基础教育的发展提供新的思路和方法，推动乡村教育教学质量的提高，促进乡村教育公平，为实现教育现代化奠定坚实的基础。

本书作者长期在高等师范院校从事教师教育及课程与教学论的教学和研究工作。同时，作者是陕西（高校）哲学社会科学重点研究基地——陕西乡村基础教育研究发展中心兼职研究员。本著作是作者长期关注乡村基础教育的发展情况，致力于乡村基础教育发展研究的一个重要阶段性研究成果。

囿于作者研究水平和研究时间有限，书中难免有错误和疏漏之处，恳请广大同行和读者批评指正。

咸阳师范学院
赵彦美
2025 年 5 月

目录 CONTENTS

第一章　乡村基础教育概述

乡村基础教育作为我国教育体系的重要组成部分，对提升乡村人口素质、促进乡村经济发展以及推动乡村振兴至关重要。在我国社会发展的历程中，乡村基础教育经历了漫长的历史沿革，也面临着诸多困境与挑战。

乡村基础教育的发展与国家的命运紧密相连。从过去教育资源匮乏、师资力量薄弱的状况，到如今在政策支持下逐步改善，乡村基础教育走过了一条曲折而又充满希望的道路。随着时代的进步，乡村基础教育的重要性越发凸显，它不仅是乡村学生走向更广阔世界的桥梁，更是实现乡村振兴战略的关键支撑。我们有必要深入了解乡村基础教育的历史沿革、现状与挑战，为其未来的发展探寻更加有效的路径。

一、乡村基础教育的历史沿革

（一）教育资源的分布与变迁

1. 过去资源匮乏状况

过去，乡村地区教育资源的匮乏程度令人痛心。这不仅严重影响了乡村学生的受教育质量，也在一定程度上制约了乡村地区的发展。

许多乡村学校的设施简陋至极。以体育课为例，体育器材的匮乏使体育教学难以正常开展。在乡村学校，往往只能看到一些破旧的篮球、足球，且数量都极为有限。在体育课上，教师常常只能让学生进行简单的热身运动后便自由活动。这与城市学校丰富多彩的体育课程形成了鲜明对比。在城市学校，有专业的体育场地、齐全的体育器材，学生可以参与各种体育项目的学习和训练，如篮球、足球、排球、羽毛球、乒乓球等，还有田径、游泳等项目可供选择；而乡村学生却因为器材的缺乏，无法体验这些丰富多彩的体育活动，这对他们的身体素质和全面发展产生了极大影响。

贵州省六盘水市六枝特区新华镇冷坝小学就是一个典型的例子。这所乡村小学的许多教育基础设施年久失修，教室的桌椅破旧不堪；窗户玻璃残缺不全，冬天寒风刺骨，夏天酷热难耐；操场坑坑洼洼，一到下雨天就泥泞不堪，无法正常开展体育活动。在教学设施方面，黑板磨损严重，粉笔质量也不佳，书写不清晰，影响了教学效果。许多教学任务因教学设施缺乏而无法完成，比如，音乐课上没有乐器可供学生使用，教师只能通过口头教唱的方式开展教学；美术课上，缺乏绘画工具和材料，学生的创造力和想象力难以得到充分发挥。

各个乡镇的乡村虽有公办学校，但教学设施、生活设施与城里的差距依然巨大。2017 年的“冰花男孩”事件就深刻揭露出乡村小学取暖设施落后等问题。在寒冷的冬天，城市学校通常有集中供暖或空调等取暖设备，学生可以在温暖的教室里安心学习；而在乡村学校，很多学生只能在寒冷的教室里瑟瑟发抖，手上长满冻疮。在生活设施方面，乡村学校的食堂条件简陋，饭菜质量和种类都无法与城市学校相比。宿舍条件也很差，床铺拥挤，卫生条件不佳，没有热水供应，学生的生活十分不便。

在学习方面，乡村学生除了黑板、课本等基本的教学用具外，其他配套学习设施也极为匮乏。城市学生可以使用多媒体教学设备、电子图书、实验室等先进的学习资源，而乡村学生只能依靠传统的教学方式。多媒体教学可以通过图像、声音、视频等多种形式，生动、形象地展示教学内容，提高学生的学习兴趣和效果；电子图书则可以为学生提供丰富的阅读资源，拓宽学生的知识面；实验室可以让学生亲自动手操作，培养学生的实践能力和创新精神。而这些对于乡村学生来说，都是遥不可及的。从全面发展的角度来看，乡村学生与城市学生的差距越来越大。城市学生可以参加各种兴趣班、社团活动，发展自己的特长和爱好；而乡村学生由于缺乏相应的资源和机会，往往只能在学习课本知识的基础上，进行一些简单的课外活动，如跳绳、踢毽子等。

乡村教育资源的匮乏，不仅是物质层面的问题，还体现在师资力量薄弱上。由于乡村学校的条件艰苦、待遇不高，很难吸引到优秀的教师。很多乡村学校的教师岗位由一些代课教师或民办教师担任，他们的教学水平和专业素养相对较低。而且，乡村学校的教师数量严重不足，很多教师不得不兼任多门学科课程，这也影响了教学质量的提高。

2. 现今资源改善情况

随着时代的发展和社会的进步，政府对乡村基础教育越发重视，投入也不断增加。乡村教育资源得到了很大改善，为乡村学生的成长和发展带来了新的希望。

政府出台了多项政策，以促进乡村教育的发展。其中，“农村义务教育经费保障机制”发挥了重要作用。这一机制明确了各级政府对乡村义务教育的投入责任，确保了乡村学校的正常运转和发展。政府加大了对乡村教育的财政投入，用于改善学校办学条件、提高教师待遇、购买教学设备等。同时，政府鼓励社会力量参与乡村教育，通过捐赠、支教等方式，为乡村教育提供更多的资源和支持。

乡村学校的建设和改造取得了显著成效。许多乡村学校的校舍得到了翻新和扩建，教室宽敞明亮，桌椅崭新舒适。学校的操场也进行了硬化和美化，配备了齐全的体育设施，学生可以尽情地开展体育活动。在教学设施方面，黑板换成了电子白板，粉笔也换成了无尘粉笔，书写更加清晰，教学效果大大提高。多媒体教学设备、实验室、图书馆等也逐渐走进了乡村学校，为学生提供了更加丰富的学习资源。

以湖南省岳阳市汨罗市为例，该市开展了教育资源布局调整工作。采取了撤销乡镇联校、整合小规模学校、集中建设中心校与品质校的措施。通过整合资源，提高了学校的办学效益和教育质量。同时，配套实施“县管校聘”、校车配套服务、寄宿制学校建设等政策措施。“县管校聘”政策打破了教师的“铁饭碗”，促进了教师的合理流动，提高了教师的工作积极性和教学水平。校车配套服务解决了乡村学生上学路途远的问题，保障了学生的安全。寄宿制学校建设为那些距离学校较远的学生提供了便利，让他们能够安心学习。这些政策的实施，使汨罗市的教育教学质量实现了显著提升。

图书资料和教育设备的供应也得到了巨大改善。政府为乡村学校配备的大量图书涵盖了各个学科和领域，满足了学生的阅读需求；同时，政府为学校购买了计算机、投影仪、打印机等现代化的教育设备，提高了教学效率。此外，一些爱心企业和社会组织也纷纷向乡村学校捐赠图书与教育设备，为乡村教育贡献了自己的力量。

师资力量方面，政府采取了一系列措施提高乡村教师的待遇和素质，如提高乡村教师的工资待遇、提供住房补贴、职称评定向乡村教师倾斜等，吸引了更多优秀的教师到乡村任教。同时，政府加强对乡村教师的培训和继续教育，提高他们的教学水平和专业素养。通过"国培计划""省培计划"等项目，乡村教师有机会参加各种培训和学习活动，与城市教师交流经验，共同提高教学质量。

乡村教育资源的改善，不仅提高了乡村学生的受教育质量，也为乡村地区的发展注入了新的活力。乡村学生有了更多接触先进的教育理念和教学方法的机会，他们的视野更加开阔，思维更加活跃。同时，乡村教育的发展为乡村地区培养了更多人才，这些人才将成为乡村地区发展的重要力量，为乡村的经济建设、文化建设和社会建设做出贡献。

总之，乡村教育资源从过去的极度匮乏到如今的大力改善，是政府、社会和广大教育工作者共同努力的结果。虽然乡村教育仍然面临着一些问题和挑战，但我们有理由相信，在各方的共同努力下，乡村教育的未来一定会更加美好。

（二）教育政策的演变与影响

1. 革新阶段政策

1949 年，《中国人民政治协商会议共同纲领》（以下简称《共同纲领》）的颁布为新中国的文化教育改革指明了方向，在其指导下，乡村基础教育各项制度和政策逐步形成。这一纲领强调了教育在国家建设中的重要地位，为乡村基础教育的发展奠定了基础。

《共同纲领》提出了一系列文化教育改革的原则和方法，如普及教育、提高国民素质、培养社会主义建设人才等。这些原则和方法为乡村基础教育的发展提供了理论指导。在其影响下，政府开始重视乡村教育，加大对乡村基础教育的投入，逐步建立起乡村基础教育体系。

1950 年 3 月，中央人民政府政务院规定乡村小学经费由县人民政府随同国家公粮征收地方附加公粮解决。这一政策的出台，为乡村小学的经费来源提供了保障。在当时的历史条件下，国家财政困难，乡村地区经济落后，通过征收地方附加公粮解决乡村小学经费问题，是一种切实可行的办法。这一政策的实施，使乡村小学能够正常运转，为乡村学生提供了接受基础教育的机会。

1952 年，《小学暂行规程（草案）》和《中学暂行规程（草案）》颁布。这两个规程分别规定，小学不论公办还是民办，都由市、县人民政府教育行政部门统一领导；中学则由省、市教育行政部门统一领导。这一规定初步形成了我国由政府包办教育事业的体制框架。在这一体制下，政府对教育事业进行统一规划、统一管理，确保了教育的公平性和普及性。对于乡村基础教育来说，这一政策的实施使乡村学校能够得到政府的统一领导和管理，提高了教育质量和教学水平。

2. 不同时期政策影响

不同时期的教育政策对乡村基础教育起到了重要推动作用。

（1）20 世纪 80 年代以来的乡村基础教育演变

1）以基础教育改革为主的乡村教育综合改革

自 20 世纪 80 年代以来，我国乡村基础教育开始进行以基础教育改革为主的乡村教育综合改革。这一改革旨在提高乡村基础教育质量，培养适应乡村经济社会发展需要的人才。改革的内容包括课程设置、教学方法、教育评价等方面。在课程设置上，乡付基础教育增加了与乡村实际生活密切相关的课程，如农业技术、乡村经济等，使学生能够学到实用的知识和技能。在教学方法上，提倡启发式教学、探究式学习，培养学生的创新精神和实践能力。在教育评价上，建立了多元化的评价体系，注重学生的综合素质评价。

2）乡村义务教育投入不足但呈现重心上移特点

在普及九年义务教育过程中，乡村义务教育投入不足是一个突出问题。乡村地区经济落后、地方财政困难，难以承担乡村义务教育的全部费用。因此，乡村义务教育投入主要依靠中央和省级财政的支持。随着国家对教育投入的不断增加，乡村义务教育投入也在逐步增加，但与城市相比，仍然存在较大差距。同时，乡村义务教育投入呈现出重心上移的特点，即中央和省级财政承担的比例越来越大，地方财政承担的比例越来越小。这一特点不仅反映了国家对乡村义务教育的重视程度在不断提高，也反映了乡村义务教育投入机制在不断完善。

3）乡村基础教育教师队伍由数量扩张期发展到质量提高期

乡村基础教育教师队伍是乡村基础教育发展的关键。自 20 世纪 80 年代以来，乡村基础教育教师队伍经历了从数量扩张期到质量提高期的发展过程。在数量扩张期，由于乡村基础教育的快速发展，社会对教师的需求也急剧增加。为了解决教师短缺问题，政府采取了一系列措施，如扩大师范院校招生规模、招聘民办教师等。这些措施虽然在一定程度上解决了教师短缺问题，但也带来了教师素质不高、教学质量低下等问题。随着乡村基础教育的不断发展，社会对教师的素质要求也越来越高。在质量提高期，政府加大了对乡村基础教育教师队伍的培训力度，提高了教师的专业素养和教学水平。同时，通过提高教师待遇、改善教师工作条件等措施，吸引了优秀人才到乡村任教，提高了乡村基础教育教师队伍的整体素质。

4）乡村义务教育得到普及但仍有辍（失）学现象

经过多年的努力，我国乡村义务教育得到了普及。乡村适龄儿童入学率、巩固率不断提高，基本实现了九年义务教育全覆盖。然而，乡村义务教育仍然存在一些问题，如辍（失）学现象依然存在。造成乡村义务教育辍（失）学现象的原因主要有以下几个方面：一是家庭经济困难，无法承担学生的教育费用；二是学生对学习缺乏兴趣，厌学情绪严重；三是乡村教育质量不高，无法满足学生的学习需求；四是乡村劳动力转移，部分学生随父母外出打工而辍学。为了解决乡村义务教育辍（失）学现象，政府采取了一系列措施，如加大对贫困家庭学生的资助力度、加强对学生的思想教育、提高乡村教育质量等。

5）农民工子女的教育问题逐渐凸显并受到重视

随着我国城市化进程的加快，农民工子女的教育问题逐渐凸显。由于户籍限制等，农民工子女在城市上学面临诸多困难，如入学难、学费高、教育质量不高等。为了解决农民工子女的教育问题，政府出台了一系列政策，如取消借读费、建立农民工子女学校等。这些政策的实施，为农民工子女提供了接受教育的机会，保障了他们受教育的权利。

（2）2001 年以来的乡村义务教育政策

2001 年，国家在贫困地区实行一费制，治理乡村中小学乱收费现象。一费制，是指在严格核定杂费、课本费和作业本费标准的基础上，确定一个收费总额，一次性向学生收取。一费制的实行，有效地治理了乡村中小学乱收费现象，减轻了农民的负担。同时，一费制规范了乡村中小学收费行为，提高了教育收费的透明度。

2006 年，国家免除西部地区乡村义务教育阶段学生的学杂费。这一政策的实施，使西部地区乡村义务教育阶段学生能够免费接受教育，减轻了家庭经济负担，提高了入学率。同时，这一政策促进了西部地区教育事业的发展，缩小了东西部地区教育差距。

2007 年，政府对贫困家庭学生免费提供教科书并补助寄宿生活费。这一政策的实施，进一步减轻了贫困家庭学生的经济负担，保障了他们受教育的权利。同时，这一政策提高了乡村义务教育的质量，促进了教育公平。

2010 年，国家在乡村地区全部实行免费义务教育。这一政策的实施，标志着我国乡村义务教育进入了一个新的阶段。乡村学生受惠程度不断加深，受惠群体范围不断扩大。免费义务教育的实行，为乡村学生提供了更好的教育机会，促进了乡村教育事业的发展。

总之，不同时期的教育政策对乡村基础教育起到了重要推动作用。随着国家对乡村基础教育重视程度的不断提高，乡村基础教育的发展也将迎来新的机遇。我们相信，在政府、社会和广大教育工作者的共同努力下，乡村基础教育一定会取得更加辉煌的成就。

二、乡村基础教育的现状与挑战

（一）师资力量与教学质量

1. 师资问题现状

在乡村基础教育中，师资问题一直是制约乡村基础教育发展的关键因素。目前，乡村基础教育的师资问题较为突出，主要表现在以下几个方面。

（1）教师不配套现象严重

1）政策拓宽乡村教师渠道的成效与不足

“三支一扶”、特岗计划等政策的实施，在一定程度上拓宽了乡村教师的渠道，为乡村教育带来了新的活力，如吸引了一批大学毕业生和有志青年投身乡村教育事业，解决了乡村教师短缺的问题。尽管有这些政策的支持，各学科教师比例失衡的问题依然存在。

2）学科教师比例失衡的具体表现

语文、数学、英语等主科教师占比较大，而音乐、美术等艺术类，体育类学科教师占比极小。在一些乡村学校，语文、数学和英语教师几乎占据了教师队伍的绝大部分，而音乐、美术、体育等学科教师却寥寥无几。这种学科教师比例失衡的现象，使得乡村学校的课程设置无法全面实施。许多乡村学校为了保证主科的教学质量，不得不压缩音乐、美术、体育等学科的教学时长，甚至有些学校直接取消了这些学科的课程。

3）“教师身兼数科”的困境

由于学科教师比例失衡，某些地区仍存在“教师身兼数科”的情况。例如，一位乡村教师可能既要教授语文，又要兼任音乐、美术等学科的教学。这种教学方式既不高效也不专业，不利于学生德智体美劳全面发展。教师在承担多个学科的教学任务时，往往会感到力不从心，无法深入钻研每个学科的教学内容和方法。而且，不同学科的教学要求和教学方法各不相同，教师在缺乏专业知识和技能的情况下，很难保证教学质量。例如，一位语文教师在兼任音乐学科教学时，可能缺乏音乐专业知识，无法正确地教授音乐理论和唱歌技巧，导致学生对音乐学科的学习兴趣降低。

（2）乡村教师整体素质不高

1）培训流于形式的问题

乡村教师培训存在流于形式的问题。一些培训课程只是为了完成任务而开展的，缺乏针对性和实效性。培训内容往往与乡村教师的教学实际相脱节，无法满足他们的实际需求。例如，有些培训课程过于理论化，缺乏实际教学案例的分析和实践操作的指导，教师在参加完培训后，仍然不知道如何将所学的理论知识应用到实际教学中。

2）培训时间不合理的影响

培训时间不合理是乡村教师培训中存在的一个问题。有些培训安排在学期中，与教师的教学时间冲突，导致教师无法全身心地投入培训。而有些培训则安排在假期，虽然时间上相对宽裕，但教师在经过一个学期的紧张教学后，可能已经身心疲惫，对培训的积极性不高。此外，培训时间过短也无法达到良好的培训效果。一些培训课程可能只有几天，教师在这么短的时间内很难系统地学习和掌握新的教学理念及方法。

3）培训内容与教学实际不相符的弊端

培训内容与教学实际不相符是乡村教师培训中的一个突出问题。一些培训课程过于注重前沿的教育理论和教学方法，而忽视了乡村教育的实际情况。乡村学校的教学条件、学生特点与城市学校有很大不同，这些前沿的教育理论和教学方法在乡村学校可能并不适用。例如，城市学校广泛采用的一些多媒体教学方法，在乡村学校可能因为缺乏设备和技术支持而无法实施。因此，培训内容应该更加贴近乡村教育的实际需求，注重实用性和可操作性。

4）其他影响教师素质的因素

乡村教师与学生之间语言不通、文化风俗的差异、乡村教师老龄化、教师来源的多样性、教学方式单一等因素也影响了教师的整体素质和教学质量。在一些少数民族聚居的乡村地区，教师与学生之间可能存在语言不通的问题，这给教学带来了很大的困难。文化风俗的差异也可能导致教师与学生之间的沟通障碍，影响教学效果。此外，乡村教师老龄化问题严重，一些老教师的教学观念和方法相对陈旧，难以适应现代教育的发展需求。教师来源的多样性也给乡村教育带来了一定的挑战，不同背景的教师在教学理念和方法上可能存在差异，需要一定的时间来磨合。教学方式单一也是乡村教师普遍存在的问题，许多教师仍然采用传统的讲授式教学方法，缺乏创新和互动，无法激发学生的学习兴趣和积极性。

2. 对教学质量的影响

师资问题直接影响了乡村学生的综合素质和能力水平，主要表现在以下几个方面。

（1）限制学生全面发展

由于教师不配套和整体素质不高，学生在艺术、体育等方面的培养受到限制，难以实现全面发展。在乡村学校，由于缺乏专业的音乐、美术、体育教师，学生无法接受系统的艺术和体育教育。这不仅影响了学生的审美能力、创造力和身体素质的发展，也限制了他们兴趣爱好和个性特长的培养。例如，在一些乡村学校，学生可能从来没有上过正规的音乐课或美术课，他们对音乐和美术的认识仅仅停留在唱歌与画画的层面，无法深入了解音乐和美术的内涵与价值。在体育方面，由于缺乏专业的体育教师和体育设施，学生的体育活动往往比较单一，无法进行系统的体育训练和比赛，这对他们的身体健康和团队合作精神的培养都非常不利。

（2）影响学生学习兴趣和积极性

教学方式的单一使学生的学习兴趣和积极性不高，影响了学习效果。在乡村学校，许多教师仍然采用传统的讲授式教学方法，缺乏创新和互动。这种教学方式容易让学生感到枯燥乏味，失去学习的兴趣和积极性。例如，在一些乡村语文课上，教师只是一味地讲解课文内容和语法知识，没有引导学生进行思考和讨论，也没有采用多样化的教学手段，如小组合作学习、角色扮演等，来激发学生的学习兴趣。这样的教学方式不仅无法提高学生的学习效果，还可能让学生对学习产生抵触情绪。

（3）导致学生在审美能力和创造力方面相对较弱

在一些乡村学校，由于缺乏专业的音乐或美术教师，学生无法接受系统的艺术教育，他们在审美能力和创造力方面相对较弱。审美能力和创造力是学生综合素质的重要组成部分，对他们的未来发展有着重要影响。缺乏艺术教育会让学生的审美观念比较单一，缺乏对美的感知和欣赏能力。同时，这会限制学生创造力和想象力的发展，让他们在面对问题时缺乏创新思维和解决问题的能力。例如，在一些乡村学校，学生可能从来没有接触过绘画、手工制作等艺术活动，他们的创造力和想象力得不到充分发挥，在参加一些创意比赛时往往表现不佳。

总之，乡村基础教育的师资问题对教学质量产生了严重影响。为了提高乡村教育的质量，促进乡村学生的全面发展，必须采取有效措施解决师资问题，提高乡村教师的整体素质和教学水平。这需要政府、社会和学校共同努力，加大对乡村教育的投入，改善乡村教师的待遇和工作条件，加强乡村教师的培训和培养，吸引更多优秀的人才投身乡村教育事业。

（二）教育设施与资源短缺

1. 设施落后情况

在乡村基础教育中，设施简陋、缺乏现代化教学设备的问题十分突出，严重制约着乡村教育的质量和发展。

（1）教学设施的现状

许多乡村学校确实只有基本的黑板和课本，这与城市学校丰富多样的教学资源形成了鲜明对比。在城市学校，多媒体教室、智能白板、电子书包等现代化教学设备已经广泛应用，为教学提供了生动、直观的呈现方式；而在乡村学校，缺乏这些设备使教学内容的呈现方式单一，往往只能依靠教师的口头讲解和板书。例如，在语文教学中，城市学校的教师可以通过多媒体播放名家朗诵、动画视频等，帮助学生更好地理解课文内容和感受文学之美；乡村学校的教师则只能通过自己的朗读和简单的分析引导学生，教学效果大打折扣。

对于数学、物理、化学等学科来说，实验室器材的缺乏更是严重影响了教学质量。在城市学校，学生可以在实验室里亲手操作实验，通过观察实验现象、分析实验数据深入理解科学知识。在乡村学校，由于缺乏实验室器材，教师只能通过口头讲解的方式教授科学知识，无法进行实验演示。这使学生对知识的理解和掌握程度受到很大影响，他们只能死记硬背公式和定理，缺乏对科学知识的感性认识和实际操作能力。例如，学习电路知识时，城市学校的学生可以在实验室里通过连接电路、测量电流电压等实验理解电路的工作原理；乡村学校的学生则只能通过书本上的图片和教师的描述想象电路的样子，对知识的理解难免存在偏差。

（2）对教学的影响

1）难以激发学生的学习兴趣

现代化教学设备能够以生动、形象的方式呈现教学内容，激发学生的学习兴趣。而乡村学校缺乏这些设备，教学内容的呈现方式单一，容易让学生感到枯燥乏味。例如，在历史课上，城市学校的教师可以通过播放历史纪录片、展示历史图片等方式，让学生直观地了解历史事件和人物；而乡村学校的教师则只能通过讲述的方式教学，学生很难产生浓厚的学习兴趣。长此以往，学生可能会对学习失去热情，甚至产生厌学情绪。

2）限制教师的教学方法和手段

现代化教学设备为教师提供了更多的教学方法和手段，使教学更加灵活多样。而乡村学校的教师由于缺乏这些设备，只能采用传统的教学方法，教学手段单一。例如，在英语教学中，城市学校的教师可以利用多媒体播放英语电影、歌曲等，提高学生的听力和口语水平；而乡村学校的教师则只能通过让学生读课文、背单词等方式教学，教学效果不尽如人意。此外，缺乏现代化教学设备也限制了教师进行教学创新和改革的空间，不利于教师专业素养的提升。

3）影响学生综合素质的发展

现代化教学设备不仅能提高学生的学习成绩，还能促进学生综合素质的发展。例如，通过多媒体教学，学生可以接触到更多的信息和知识，拓宽视野；通过实验室实验，可以培养学生的动手能力和创新精神。而乡村学校缺乏这些设备，学生综合素质的发展受到限制。在当今社会，综合素质已经成为衡量人才的重要标准，乡村学生在这方面的劣势可能会影响他们未来的发展。

2. 资源分配不均

城乡教育资源差距大，乡村学生受教育机会不均等，这是乡村基础教育面临的又一重大问题。

（1）城乡教育资源差距的表现

1）经济发展水平导致的投入差异

相比城市地区，乡村地区的经济发展水平较低，财政投入有限，这是导致乡村教育资源相对匮乏的主要原因之一。城市地区经济发达，财政收入高，能够为教育投入更多的资金。政府对城市学校的投入往往更多，城市学校拥有先进的教学设备、优秀的师资力量和丰富的教学资源；乡村学校则存在资金短缺、设施落后、师资不足等问题。例如，城市学校可以配备现代化的多媒体教室、实验室、图书馆等，而乡村学校可能连基本的教学用具都难以保证。

2）师资力量的差距

城市学校拥有优秀的师资力量，教师的学历、专业素养和教学水平普遍较高。城市学校能够吸引到更多的优秀人才，教师的待遇和发展机会也更好；而乡村学校由于条件艰苦、待遇低，很难吸引到优秀的教师。乡村学校的教师队伍中，存在学历不高、专业不对口、教学经验不足等问题。此外，乡村学校的教师培训机会也相对较少，教师的专业素养难以得到提升。例如，在城市学校，教师可以参加各种专业培训、学术交流活动，不断更新教学理念和教学方法；而在乡村学校，教师可能很少有这样的机会，教学方法和手段相对陈旧。

3）教学资源的差距

城市学校拥有丰富的教学资源，如图书、报纸、杂志、电子资源等。城市学校的图书馆藏书丰富，学生可以借阅到各种书籍，拓宽知识面；而乡村学校的图书馆藏书量少，且更新速度慢，无法满足学生的阅读需求。此外，城市学校还可以通过网络获取更多的教学资源，开展在线教学、远程教育等活动；而乡村学校由于网络条件差，很难享受到这些优质的教学资源。例如，在城市学校，学生可以通过网络学习平台进行自主学习，与国内外的学生进行交流和互动；而在乡村学校，学生有时可能连上网都很困难，难以接触到这些先进的学习方式。

（2）资源分配不均的影响

1）乡村学生接受教育的机会不均等

资源分配不均使乡村学生在接受教育的机会上与城市学生存在较大差距。城市学生可以享受到优质的教育资源，有更多的机会参加各种课外活动、竞赛、培训等，提高自己的综合素质；而乡村学生则由于教育资源匮乏，很难有这样的机会。例如，城市学生可以参加各种科技竞赛、艺术比赛等，展示自己的才华和能力；而乡村学生可能连听说这些活动的机会都很少。这种机会的不均等可能会影响乡村学生的未来发展，使他们在升学、就业等方面处于劣势。

2）乡村学生接受教育的质量不均等

资源分配不均导致了乡村学生接受教育的质量与城市学生存在较大差距。城市学校拥有先进的教学设备、优秀的师资力量和丰富的教学资源，能够为学生提供更好的教育服务；而乡村学校由于设施落后、师资不足等问题，教学质量难以保证。例如，在城市学校，学生可以通过多媒体教学、实验教学等方式更好地理解和掌握知识；而在乡村学校，学生则只能依靠传统的教学方式，学习效果相对较差。这种质量的不平等可能会影响乡村学生的学习成绩和综合素质，使他们在未来的竞争中处于不利地位。

3）加剧城乡差距

资源分配不均不仅影响了乡村学生的个人发展，也加剧了城乡差距。教育是推动社会发展的重要力量，乡村教育的落后会影响乡村地区的经济发展和社会进步。乡村学生接受教育的机会和质量不平等，很难获得良好的发展机会，这可能会导致乡村地区人才流失，进一步制约乡村地区的发展；而城市地区由于拥有优质的教育资源，能够培养出更多的优秀人才，促进城市的发展。这样一来，城乡差距会越来越大，不利于社会的和谐稳定发展。

因此，乡村学校设施简陋、缺乏现代化教学设备以及城乡教育资源分配不均的问题，严重影响了乡村基础教育的质量和发展。为了解决这些问题，政府、社会和学校应共同努力，加大对乡村教育的投入、改善乡村学校的教学设施和条件、优化教育资源配置、缩小城乡教育差距，为乡村学生提供公平、优质的教育机会。

（三）学生特点与学习需求

1. 留守儿童挑战

在乡村基础教育中，留守儿童是一个特殊且面临诸多严峻挑战的群体。

（1）学习缺乏有效监督和指导

留守儿童由于父母长期不在身边，在学习上往往缺乏有效的监督和指导。在正常的家庭环境中，父母可以陪伴孩子学习，检查作业，解答疑惑，给予鼓励和支持。然而，留守儿童大多只能依靠自己或者年迈的祖辈。祖辈由于年龄较大、文化程度有限，往往无法在学习上给予孩子专业指导。例如，孩子在做数学作业时遇到难题，祖辈可能无法解答；在学习英语时，祖辈也难以纠正发音和语法错误。

没有父母的监督，一些留守儿童在学习上容易出现懈怠和不认真的情况。他们可能会在完成作业时敷衍了事，甚至抄袭他人作业。在学习习惯的养成方面，他们也缺乏正确的引导。比如，没有父母督促他们按时完成作业、预习和复习功课，导致学习效率低下。长期下来，学习困难逐渐显现，成绩也会受到很大影响。

（2）心理孤独失落与辍学倾向

父母的长期缺位让留守儿童在心理上容易感到孤独和失落。家庭温暖和父母关爱对于孩子的成长至关重要，而留守儿童却无法充分享受这份温暖。在成长的关键时期，他们缺乏与父母的情感交流和沟通，内心的困惑、喜悦和痛苦无人倾诉。这种孤独感会在孩子的内心深处不断积累，影响他们的心理健康。

缺乏家庭温暖可能导致留守儿童出现辍学倾向。一些留守儿童因为感受不到家庭的支持和关爱，会对学习失去兴趣。他们觉得学习没有意义，没有动力去努力学习。例如，一些孩子看到身边的同龄人早早外出打工，能够赚钱养活自己，便心生羡慕，认为读书不如打工来得实际。再加上学习上的困难无人帮助解决，成绩下滑，进一步加剧了他们对学习的抵触情绪，从而中途辍学。

此外，留守儿童在学校中也可能因为缺乏自信和安全感而与同学、教师的关系不融洽。他们可能会变得内向、孤僻，不愿意参与学校的活动，这种情况也会影响他们的学习积极性和对学校的归属感。长期处于这种状态下，留守儿童辍学的风险就会大大增加。

留守儿童的这些问题不仅影响了他们个人的未来发展，也给乡村基础教育带来了巨大的挑战。学校和社会需要给予留守儿童更多的关注与支持，帮助他们克服学习和心理上的困难，避免辍学现象的发生。

2. 学生发展需求

乡村学生有着独特的发展需求，与城市学生存在一定的差异，课程设置需要适应乡村学生的特点，以满足他们全面发展的需求。

（1）乡村生活体验与课程融合

乡村学生生活在自然环境中，对农业、乡村生活有更深刻的体验。因此，课程可以增加一些与农业生产、乡村文化相关的内容，这具有重要的意义。

一方面，增加与农业生产相关的课程内容，可以培养学生的实践能力。乡村学生对土地、农作物有着天然的亲近感，了解农作物的种植和养殖过程，能够使他们掌握实际的劳动技能。例如，学校可以开设农业实践课，带领学生走进田间地头，学习如何播种、施肥、浇水、除草等。在这个过程中，学生不仅学会了农业生产的基本技能，还培养了吃苦耐劳、团队合作的精神。他们亲身体验到劳动的艰辛和收获的喜悦，懂得珍惜粮食和劳动成果。

另一方面，融入乡村文化内容，可以培养学生对家乡的热爱之情。乡村有着丰富的传统文化，如民间艺术、传统手工艺、民俗风情等。将这些内容引入课程，可以让学生了解家乡的历史和文化，增强他们的文化认同感和自豪感。比如，开设民间艺术课程，让学生学习剪纸、刺绣、编织等传统手工艺；组织学生参加民俗活动，了解乡村的传统节日和习俗。通过这些活动，学生能够感受到家乡文化的魅力，激发他们对家乡的热爱之情，为将来建设家乡奠定情感基础。

（2）艺术、体育教育资源的需求

乡村学生同样需要更多的艺术、体育等方面的教育资源，以提高他们的综合素质。

在艺术教育方面，艺术能够培养学生的审美能力、创造力和想象力。然而，乡村学校在艺术教育方面往往存在资源匮乏的问题。学校可以通过多种方式满足学生对艺术教育的需求。例如，邀请当地的艺术家、民间艺人到学校开展讲座和培训，让学生接触到不同形式的艺术。学校还可以组织学生参加艺术比赛、展览等活动，为学生提供展示自己才华的平台。此外，学校可以利用现代信息技术，如在线艺术课程、艺术教育软件等，让学生能够享受到优质的艺术教育资源。

体育教育对于乡村学生的身心健康发展同样重要。乡村学生有更多的机会接触大自然，学校可以开展丰富多彩的体育活动。学校应该加强体育设施建设，配备足够的体育器材，为学生提供良好的体育锻炼环境。例如，建设篮球场、足球场、乒乓球台等体育设施，让学生有更多进行体育活动的选择。同时，学校可以组织体育比赛、运动会等活动，激发学生的体育兴趣和竞争意识。通过体育教育，学校可以培养学生的团队合作精神、坚韧不拔的毅力和良好的身体素质。

总之，乡村学生的发展需求具有独特性。课程设置应充分考虑乡村学生的特点，将农业生产、乡村文化与课程内容相结合，同时增加艺术、体育等方面的教育资源，以满足他们的全面发展需求。这不仅有助于提高乡村学生的综合素质，也为乡村的未来发展培养了有责任感、有创造力的新一代人才。

为了更好地满足乡村学生的发展需求，政府、学校、社会各界都需要共同努力。政府应加大对乡村基础教育的投入，改善学校的教学条件，提供更多的教育资源。学校要积极探索适合乡村学生的教学方法和课程设置，加强教师培训，提高教师的教学水平。社会各界可以通过捐赠、支教、志愿服务等方式，为乡村学生提供更多的支持和帮助。只有这样，才能让乡村学生在良好的教育环境中健康成长，为乡村的振兴和发展贡献自己的力量。

参考文献：

[1] 邬志辉,秦玉友. 中国农村教育发展报告2017—2018[M]. 北京：北京师范大学出版社, 2020.

[2] 袁振国. 教育改革论[M]. 南京:江苏教育出版社, 1992.

第二章　现代信息技术在教育领域的应用

一、现代信息技术概述

（一）关键技术与发展趋势

1. 关键技术

（1）人工智能技术

1）个性化学习

在教育领域，人工智能通过分析学生的学习数据，能够为每个学生制订个性化的学习计划。传统教育模式往往采用统一的教学进度和方法，难以满足不同学生的学习需求。而人工智能可以根据学生的学习风格、知识掌握程度、学习进度等多方面因素，为学生量身定制学习路径。例如，通过收集学生在在线学习平台上的学习行为数据，如学习时间、答题准确率、重复学习的知识点等，人工智能算法可以分析出学生的优势和不足。对于学生已经熟练掌握的知识点，人工智能可以缩短重复学习的时间；而对于薄弱环节，则可以提供更多的学习资源和练习机会。这样的个性化学习计划能够提高学生的学习效率，让学生在更短时间内掌握更多的知识。此外，人工智能还可以根据学生的兴趣爱好和学习目标，推荐适合的学习内容。如果学生对科学实验感兴趣，系统就可以推荐相关的实验视频、科普文章和在线课程，激发学生的学习热情，提高学习的主动性。

2）智能辅导

智能辅导系统是人工智能在教育领域的一个重要应用。它可以根据学生的问题提供实时的解答和指导，就像一个随时在线的私人教师。当学生在学习过程中遇到问题时，智能辅导系统可以通过自然语言处理技术理解学生的问题，并从知识库中搜索相关的答案和解释。如果问题比较复杂，系统还可以逐步引导学生进行思考，帮助学生找到解决问题的方法。例如，在数学学习中，当学生遇到一道难题时，智能辅导系统可以分析问题的类型和难度，给出解题思路和步骤，同时提供类似问题的练习，巩固学生的学习成果。智能辅导系统还可以根据学生的学习情况提供个性化的学习建议。如果学生在某个知识点上反复出错，系统就可以提醒学生加强对该知识点的学习，并推荐相关的学习资源和练习题目。这种实时的反馈和指导能够帮助学生及时纠正错误，提高学习效果。

3）自动化评估

自动化评估系统可以快速、准确地对学生的作业和考试进行评分，大大减轻了教师的工作负担。传统的评估方式往往需要教师花费大量时间与精力批改作业和试卷，而且容易受到主观因素的影响；而自动化评估系统可以通过机器学习算法对学生的答案进行分析和评分，具有更高的客观性和准确性。例如，在英语作文评估中，自动化评估系统可以分析学生的语法、拼写、词汇使用、逻辑结构等多个方面，给出详细的评分和反馈。系统还可以与教师的评分进行对比和分析，不断优化评估算法，提高评估的准确性。此外，自动化评估系统还可以对学生的学习过程进行评估，如学习时间、参与度、互动情况等，为教师提供更全面的学生学习情况反馈。

（2）大数据技术

1）数据的收集与存储

大数据技术可以收集、存储大量的教育数据，包括学生的学习行为、考试成绩，教师的教学活动，等等。通过各种数据采集手段，如在线学习平台的数据记录、课堂教学中的传感器数据、学生作业和考试的电子数据等，教育机构或研究人员可以获取丰富的教育信息。这些数据被存储在大数据存储系统中，如分布式文件系统、数据库等，以便后续的分析和处理。大数据存储系统具有高容量、高可靠性和高扩展性的特点，能够满足教育领域不断增长的数据存储需求。例如，一个大型的在线教育平台可以存储数百万学生的学习数据，包括课程学习记录、作业提交情况、考试成绩等，为深入分析学生的学习情况奠定了基础。

2）数据分析与应用

通过对大量的教育数据进行分析，教育工作者可以了解学生的学习情况和需求，为教学决策提供依据。

①发现学习难点和薄弱环节

通过分析学生的学习数据，教师可以发现学生的学习难点和薄弱环节。例如，通过分析学生在线测试中的错题分布，可以了解学生在哪些知识点上掌握不够扎实。如果很多学生在某个数学知识点的测试中都出现错误，那么说明这个知识点可能是学生的学习难点。教师可以根据这些分析结果，有针对性地进行教学，加强对难点知识的讲解和练习。同时，通过分析学生的学习行为数据，教师可以发现学生的薄弱环节。比如，如果学生在某个课程的学习中经常跳过某些章节或者视频片段，那么可能说明这些内容对学生来说是比较困难或者不感兴趣的。教师可以关注这些学生的学习情况，提供额外的学习资源和辅导，帮助学生克服薄弱环节。

②个性化教学

基于大数据分析的结果，教师可以为学生提供个性化的教学。根据学生的学习进度、知识掌握程度、学习风格等因素，系统推送适合的学习内容和学习建议。例如，如果一个学生在数学学习中表现出较强的逻辑思维能力，但计算能力相对较弱，那么系统可以为这个学生推荐更多的计算练习和技巧讲解的学习资源，帮助学生提高计算能力。对于教师来说，大数据分析也可以帮助他们了解班级整体的学习情况，进而调整教学策略。如果班级中大部分学生在某个知识点的理解上存在困难，教师则可以放慢教学进度，采用更加直观的教学方法，或者提供更多的实例和练习，确保学生掌握该知识点。

③教学质量评估

大数据可以用于教学质量评估。通过分析学生的学习成绩、学习进度、参与度等数据，可以评估教师的教学效果和课程的质量。例如，如果一个班级的学生在某门课程的学习中成绩普遍较低，或者学习进度明显落后于其他班级，那么可能说明教师的教学方法或者课程设计存在问题。学校管理者可以根据这些数据反馈，与教师进行沟通和交流，共同提高教学质量。

（3）虚拟现实和增强现实技术

1）沉浸式学习体验

①虚拟现实技术

虚拟现实技术可以为学生提供身临其境的参观历史古迹、探索自然科学现象等沉浸式学习体验。通过佩戴虚拟现实设备，学生仿佛置身于古代的宫殿、战场、博物馆等场景中，近距离观察历史文物和遗迹，感受历史的魅力。在自然科学学习中，学生可以进入虚拟的宇宙空间、原子内部、生物细胞等微观或宏观世界，直观地了解自然科学现象的发生和发展过程。例如，在历史课上，学生可以通过虚拟现实技术参观秦始皇兵马俑，近距离观察兵马俑的细节和制作工艺，了解秦朝的历史和文化；在物理课上，学生可以进入虚拟的电场和磁场中，观察电荷的运动和磁场的分布，加深对电磁学知识的理解。

②增强现实技术

增强现实技术可以让学生在现实环境中看到虚拟的物体和信息，增强学习的趣味性和互动性。通过使用增强现实设备，如手机、平板电脑等，学生可以扫描教材、图片、实物等，触发虚拟的动画、视频、音频等内容，丰富学习体验。例如，在生物课上，学生可以使用增强现实技术扫描植物标本，屏幕上会显示出植物的名称、特征、生长环境等信息，还可以播放植物的生长过程动画，让学生更加直观地了解植物的生命历程；在地理课上，学生可以通过增强现实技术扫描地图，屏幕上会出现虚拟的山脉、河流、城市等地理要素，帮助学生更好地理解地理知识。

2）提高学习效果

虚拟现实和增强现实技术不仅可以提供沉浸式的学习体验，还可以提高学习效果。

①增强记忆和理解

通过虚拟现实和增强现实技术呈现的生动、直观的学习内容，能够增强学生的记忆和理解。与传统的文字和图片教学相比，虚拟现实和增强现实技术可以让学生更加深入地参与学习过程，激发学生的多种感官，提高学习的专注度和参与度。例如，在学习化学实验时，学生可以通过虚拟现实技术亲身体验实验过程，观察化学反应的现象，这样的学习方式比单纯阅读实验步骤和观看实验视频更加深刻，有助于学生记忆和理解化学知识。

②培养实践能力和创新思维

虚拟现实和增强现实技术可以为学生提供实践操作的机会，培养学生的实践能力和创新思维。在一些需要实际操作的学科中，如工程学、医学、艺术等，虚拟现实和增强现实技术可以模拟真实的实验环境与工作场景，让学生在安全的环境中进行实践操作和创新设计。例如，在医学教育中，学生可以通过虚拟现实技术进行手术模拟，提高手术技能和应对突发情况的能力；在艺术设计教育中，学生可以使用增强现实技术进行创意设计，将虚拟的设计元素与现实环境相结合，创造出独特的艺术作品。

（4）物联网技术

1）教育设备的智能化管理和控制

①教室设备的自动化控制

物联网技术可以实现教室设备的自动化控制，提高教学效率和舒适度。传感器和智能控制器可以实现教室灯光、空调、投影仪等设备的自动调节。例如，当教室光线不足时，传感器会自动检测到并触发灯光系统，调亮灯光；当教室温度过高或过低时，空调系统会自动调节，保持舒适的温度。此外，物联网技术还可以实现教室设备的远程控制。教师可以通过手机或计算机等终端设备，随时随地控制教室的设备，如打开投影仪、播放教学视频等。这样可以节省教师的时间和精力，提高教学的灵活性和便捷性。

②教学资源的共享和管理

物联网技术可以将各种教育设备和资源连接起来，实现教学资源的共享和管理。例如，通过物联网技术，可以将学校的图书馆、实验室、多媒体教室等资源进行整合和管理，学生可以通过终端设备查询和预约这些资源，提高资源的利用率。

同时，物联网技术可以实现教学资源的实时更新和推送。教师可以将教学资料上传到物联网平台，学生可以通过终端设备随时随地访问这些资料。平台还可以根据学生的学习情况和需求，自动推送相关的学习资源，帮助学生更好地学习。

2）提升教学质量和管理效率

①学生学习行为的监测和分析

物联网技术可以通过传感器与设备监测和分析学生的学习行为，如学生的出勤情况、课堂参与度、学习时间等。这些数据可以帮助教师了解学生的学习状态，及时发现学生的问题和需求，采取相应的教学措施。例如，一个学生连续几天缺勤或者在课堂上表现不积极，教师可以通过物联网平台了解情况，与学生进行沟通和交流，帮助学生解决问题。

②校园安全管理

物联网技术可以用于校园安全管理。安装在校园各个角落的传感器和监控设备，可以实时监测校园的安全情况，如火灾、盗窃、入侵等。一旦发生异常情况，系统就会自动报警，并通知相关人员进行处理。此外，物联网技术还可以实现学生的定位和追踪，确保学生的安全。例如，在学生参加户外活动时，教师可以通过物联网平台实时了解学生的位置和活动情况，防止学生走失或发生意外。

（5）云计算技术

1）强大的计算和存储能力

①教学资源存储在云端

云计算技术可以为教育机构提供强大的计算和存储能力。教育机构可以将教学资源存储在云端，如教学课件、视频课程、电子书籍等。学生可以随时随地通过网络访问这些资源，不受时间和地点的限制。这样可以方便学生进行自主学习，提高学习的灵活性和便捷性。例如，一个在线教育平台可以将大量的课程资源存储在云端服务器上，学生可以通过计算机、手机、平板电脑等终端设备访问这些资源，进行在线学习。同时，云端存储可以保证教学资源的安全性和可靠性，避免设备故障或数据丢失造成教学资源的损坏。

②在线教学平台和软件服务

云计算技术可以为教育机构提供在线教学平台和软件服务。教育机构可以通过租用云计算服务提供商的平台和软件，快速搭建自己的在线教学系统，无须投入大量的资金和技术力量进行建设与维护。在线教学平台可以提供课程管理、学生管理、教学互动、作业提交等功能，满足教育机构的教学需求。例如，一些学校可以利用云计算平台开展远程教学，教师可以在平台上上传教学资料、布置作业、进行在线测试等，学生可以在平台上观看教学视频、提交作业，与教师和同学进行互动交流。云计算平台还可以根据学校的需求进行定制化开发，满足不同学校的教学特色和要求。

2）降低教育信息化成本

①建设成本降低

云计算技术可以降低教育信息化的建设成本。传统的教育信息化建设需要购买大量硬件设备和软件系统，如服务器、存储设备、教学软件等，这些设备和系统的采购、安装、维护成本都很高；而采用云计算技术，教育机构可以根据自己的需求租用云计算服务提供商的资源，无须购买与维护硬件设备和软件系统，大大降低了建设成本。例如，一个小型学校如果要建设自己的信息化教学系统，则需要购买服务器、存储设备、网络设备等硬件设备，以及教学管理软件、在线教学平台等软件系统，这些硬件设备和软件系统的采购成本可能高达几十万元；而如果采用云计算技术，学校则可以租用云计算服务提供商的资源，每月只需要支付几千元的费用就可以获得同样的教学服务。

②维护成本降低

云计算技术可以降低教育信息化的维护成本。传统的教育信息化系统需要专业的技术人员进行维护和管理，这些人员的工资和培训成本都很高。而采用云计算技术，教育机构可以将维护和管理工作交给云计算服务提供商，由专业的技术团队进行维护和管理，教育机构无须投入大量的人力和物力进行维护。例如，一个学校的信息化教学系统出现了故障，需要专业的技术人员进行维修和调试，这可能需要花费几天甚至几周的时间，影响教学的正常进行；而采用云计算技术，云计算服务提供商可以通过远程监控和管理系统及时发现与解决问题，确保教学系统的稳定运行。

因此，人工智能、大数据、虚拟现实和增强现实、物联网、云计算等现代信息技术在教育领域具有广泛的应用前景。这些技术可以为学生提供个性化的学习体验，为教师提供教学决策支持，为教育机构提供高效的管理手段，推动教育的创新和发展。随着技术的不断进步和应用的不断深入，相信这些技术将在教育领域发挥越来越重要的作用。

2. 发展趋势

（1）智能化

随着人工智能技术的不断发展，教育正迈向一个全新的智能化时代。智能辅导系统、自动化评估系统、个性化学习平台等创新应用正逐渐成为教育的重要组成部分。

1）智能辅导系统的发展与应用

智能辅导系统利用人工智能技术，为学生提供实时、个性化的学习支持。它能够根据学生的学习进度、知识掌握程度和学习风格，为学生量身定制学习路径和辅导方案。例如，学生在学习数学时遇到难题，智能辅导系统可以通过分析学生的解题过程和错误类型，提供有针对性的提示和讲解。如果学生在多次尝试后仍然无法解决问题，系统则可以引导学生回顾相关知识点，或者提供类似问题的练习，帮助学生巩固知识。此外，智能辅导系统还可以根据学生的学习时间和注意力集中程度，调整辅导的节奏和难度，确保学生始终保持高效的学习状态。在语言学习方面，智能辅导系统可以通过语音识别和自然语言处理技术，纠正学生的发音和语法错误，提供口语练习和写作指导。系统还可以根据学生的词汇量和语言表达能力，推荐适合的阅读材料和学习资源，帮助学生提高语言水平。

2）自动化评估系统的优势与前景

自动化评估系统能够快速、准确地对学生的作业和考试进行评分，为教师节省大量的时间和精力。同时，自动化评估系统可以提供详细的评估报告，帮助教师了解学生的学习情况和存在的问题。自动化评估系统利用机器学习算法和大数据分析技术，对学生的答案进行分析和评价。它可以识别学生的答题思路、逻辑结构和知识点掌握情况，给出客观、公正的评分。与传统的人工评估相比，自动化评估系统具有更高的效率和准确性，能够避免人为因素的干扰。此外，自动化评估系统还可以为学生提供个性化的反馈和建议。它可以根据学生的答题情况，指出学生的错误和不足之处，并提供相应的改进方法和学习资源。这样的反馈机制可以帮助学生及时发现问题、调整学习策略，进而提升学习效果。

3）个性化学习平台的特点与价值

个性化学习平台是智能化教育的重要体现。它通过收集和分析学生的学习数据，为每个学生制订个性化的学习计划和教学方案。个性化学习平台可以根据学生的学习目标、兴趣爱好、学习风格和知识水平，为学生推荐适合的课程、学习资源和学习活动。例如，学生对历史感兴趣，平台可以为学生推荐与历史相关的课程、书籍、纪录片等资源，并根据学生的学习进度和掌握程度，调整学习内容和难度。同时，个性化学习平台可以为学生提供个性化的学习进度跟踪和评估。个性化学习平台可以记录学生的学习时间、学习内容、答题情况等数据，分析学生的学习行为和学习效果，为学生提供及时的反馈和建议。这样的个性化学习体验可以提高学生的学习兴趣和积极性，促进学生的自主学习和自我发展。

（2）融合化

现代信息技术与教育教学的深度融合正在改变传统的教学模式和方法。多媒体教学、在线学习、虚拟现实教学等创新教学方式将成为常态。

1）多媒体教学的创新与发展

多媒体教学利用图像、音频、视频等多种媒体形式，丰富了教学内容，提高了教学效果。随着信息技术的不断发展，多媒体教学的形式和内容也在不断创新。例如，教师可以利用互动式多媒体课件，将教学内容以生动、形象的方式呈现给学生。互动式多媒体课件可以包含动画、视频、游戏等元素，激发学生的学习兴趣，提高参与度。同时，教师可以利用在线教学平台，将多媒体教学资源分享给学生，让学生在课后进行自主学习和复习。在语言教学中，多媒体教学可以为学生提供真实的语言环境和语言素材。教师可以利用电影、电视剧、歌曲等多媒体资源，让学生感受到语言的魅力和文化的差异。同时，教师可以利用语音识别和口语评测软件，帮助学生提高口语表达能力。

2）在线学习的普及与挑战

在线学习凭借便捷性、灵活性和资源丰富性，受到越来越多学生和教师的欢迎。在线学习平台可以为学生提供随时随地学习的机会，让学生根据自己的时间和进度进行学习。然而，在线学习也面临着一些挑战。例如，在线学习需要学生具备较高的自主学习能力和自我管理能力，否则容易出现学习效果不佳的情况。同时，在线学习的互动性和社交性相对较弱，学生可能会感到孤独和缺乏学习动力。为了应对这些挑战，在线学习平台需要不断创新和改进。例如，在线学习平台可以提供更加个性化的学习服务，根据学生的学习情况和需求，为学生推荐适合的学习资源和学习活动。同时，在线学习平台可以加强互动性和社交性，通过在线讨论、小组合作等方式，让学生之间进行交流和互动，提高学习动力和效果。

3）虚拟现实教学的潜力与应用

虚拟现实教学利用虚拟现实技术，为学生创造沉浸式的学习体验。学生可以通过佩戴虚拟现实设备，进入虚拟的学习环境，与虚拟的物体和人物进行互动，提高学习的趣味性和效果。虚拟现实教学在物理、历史、地理等学科中具有巨大的潜力。例如，在物理教学中，学生可以通过虚拟现实技术观察原子结构、电场磁场等微观现象，加深对物理知识的理解；在历史教学中，学生可以通过虚拟现实技术参观历史古迹、体验历史事件，增强历史学习的感染力和吸引力。然而，虚拟现实教学目前还面临着一些技术和成本上的挑战。虚拟现实设备的价格较高，普及程度较低。同时，虚拟现实教学的内容开发需要投入大量的时间和精力。但是，随着技术的不断进步和成本的不断降低，虚拟现实教学有望在未来教育中发挥更加重要的作用。

（3）个性化

教育将更加注重个性化，根据每个学生的特点和需求制订个性化的学习计划与教学方案。这是因为每个学生都是独一无二的，他们的学习风格、知识水平、兴趣爱好和学习目标都有所不同。

1）个性化学习的需求与意义

个性化学习可以满足学生的不同需求，提高学习效果。传统教育模式往往采用统一的教学进度和方法，无法满足学生的个性化需求；而个性化学习可以根据学生的特点和需求，为学生提供量身定制的学习计划和教学方案，让每个学生都能在自己的节奏和水平上进行学习。个性化学习可以激发学生的学习兴趣和积极性。当学生能够根据自己的兴趣爱好选择学习内容和学习方式时，他们会更加主动地参与学习，提高学习的效果和质量。同时，个性化学习可以培养学生的自主学习能力和创新精神，让学生在学习中不断探索和发现，提高自己的综合素质和能力。

2）实现个性化学习的途径与方法

实现个性化学习需要借助现代信息技术的支持。例如，通过学习分析技术，教师可以收集和分析学生的学习数据，了解学生的学习情况和需求，为学生制订个性化的学习计划和教学方案。同时，教师可以利用智能辅导系统、个性化学习平台等工具，为学生提供个性化的学习支持和指导。此外，教师还可以采用差异化教学的方法，根据学生的不同水平和需求，设计不同的教学活动和任务。例如，在课堂教学中，教师可以将学生分成不同的小组，为每个小组设计不同的学习任务和挑战，让每个学生都能在自己的能力范围内进行学习和成长。

3）个性化学习的挑战与应对策略

个性化学习虽然具有很多优势，但也面临着一些挑战。例如，个性化学习需要大量学习数据和分析技术的支持，这对教育机构的技术能力和资源投入提出了很高要求。同时，个性化学习需要教师具备较高的教学能力和专业素养，能够根据学生的特点和需求进行教学设计与指导。为了应对这些挑战，教育机构需要加大技术投入，加强人才培养。教育机构可以引进先进的学习分析技术和个性化学习平台，提高教育信息化水平。同时，教育机构可以加强教师培训，提高教师的教学能力和专业素养，让教师能够更好地适应个性化学习的要求。

（4）全球化

随着互联网的普及和全球化进程的推进，教育将越来越全球化。学生可以通过网络与世界各地的学生进行交流和学习，教师也可以通过网络分享教学资源和经验。

1）全球化教育的机遇与优势

全球化教育为学生提供了更广阔的学习视野和交流平台。学生可以通过网络与来自不同国家和地区的学生进行交流及合作，了解不同的文化和价值观，提高自己的跨文化交流能力，拓宽全球视野。同时，学生可以通过在线学习平台，获取来自世界各地的优质课程和教学资源，拓宽自己的知识面，提高技能水平。对于教师来说，全球化教育提供了更多的教学资源和交流机会。教师可以通过网络与来自不同国家和地区的教师进行交流及合作，分享教学经验和教学资源，提高自己的教学水平和专业素养。同时，教师可以参与国际教育项目和合作研究，为推动全球教育的发展做出贡献。

2）全球化教育面临的挑战与应对措施

全球化教育虽然带来了很多机遇，但也面临着一些挑战。例如，不同国家和地区的教育体系与文化背景存在差异，这可能会影响学生的学习效果和交流合作。同时，网络安全和隐私保护是全球化教育面临的重要问题。为了应对这些挑战，教育机构需要加强国际合作和交流。教育机构可以与来自不同国家和地区的教育机构建立合作关系，开展学生交流、教师培训、课程合作等项目，促进教育的全球化发展。同时，教育机构需要加强网络安全和隐私保护，采取有效的技术措施和管理措施，确保学生和教师的信息安全。

总之，智能化、融合化、个性化和全球化是现代信息技术在教育领域的发展趋势。这些发展趋势将为教育带来深刻的变革和创新，为学生和教师提供更加优质、高效、个性化的教育服务。教育机构和教师需要积极应对这些发展趋势，不断探索与创新教育教学模式和方法，为培养具有全球视野、创新精神和实践能力的高素质人才做出贡献。

（二）教育信息化的概念与内涵

1. 概念

教育信息化是当今教育领域的重要发展趋势，对推动教育改革与发展起着至关重要的作用，如表 2－1 所示。

表 2－1　教育信息化的作用

类型	内容
教育观念	教育信息化促使人们转变传统的教育观念。传统教育往往以教师为中心，注重知识的传授；而教育信息化则强调以学生为中心，更加注重学生的自主学习和个性化发展。在信息化的教育环境下，学生不再是被动的知识接受者，而是主动的学习者和探索者。教师的角色也从知识的传授者转变为学习的引导者和促进者，帮助学生利用现代信息技术获取知识、解决问题、培养创新能力
教育模式	教育信息化带来了多样化的教育模式。传统的课堂教学模式逐渐向在线学习、混合式学习、翻转课堂等新型教育模式转变。在线学习打破了时间和空间的限制，学生可以根据自己的需求和进度随时随地进行学习。混合式学习结合了传统课堂教学和在线学习的优势，为学生提供更加灵活和个性化的学习体验。翻转课堂则将知识传授和知识内化的过程颠倒过来，学生在课前通过观看教学视频等方式自主学习知识，课堂上则进行讨论、交流和实践活动，提高学生的学习积极性和参与度
教学方法	教育信息化为教师提供了丰富的教学方法和手段。多媒体教学、互动式教学、游戏化教学等方法得到广泛应用。多媒体教学通过图像、音频、视频等多种形式呈现教学内容，使抽象的知识更加直观、生动，提高学生的学习兴趣和理解能力。互动式教学利用在线平台、教学软件等工具，实现师生之间、学生之间的互动交流，增强教学的趣味性和参与性。游戏化教学将游戏元素融入教学过程，激发学生的学习动机和竞争意识，提高学习效果
教学设备	教育信息化带来了先进的教学设备和工具。电子白板、平板电脑、智能手机等设备在教学中的应用越来越广泛。这些设备不仅可以展示教学内容，还可以实现互动教学、作业提交、学习评价等功能。同时，教育软件和在线教学平台为教学提供了强大的支持。教师可以利用这些平台进行课程设计、教学管理、资源共享等，提高教学效率和质量

总之，教育信息化是一个全面而深入的过程，它涵盖了教育观念、教育模式、教学方法、教学设备等多个方面。通过运用现代信息技术，教育信息化为教育改革与发展带来了新的机遇和挑战，推动着教育向更加个性化、高效化、智能化的方向发展。

2. 内涵

(1) 教育观念信息化

1) 树立以信息技术为支撑的现代教育观念

在当今时代，信息技术的飞速发展深刻地改变了人们的生活、工作和学习方式。教育领域也不例外，树立以信息技术为支撑的现代教育观念成为必然趋势。这种观念强调将信息技术融入教育的各个环节，充分发挥其优势，以提升教育质量和效益。

第一，现代教育观念认识到信息技术不仅是一种工具，更是推动教育变革的重要力量。它可以打破传统教育的时空限制，为学生提供更加丰富、多样的学习资源和学习机会。例如，通过在线学习平台，学生可以随时随地访问全球优质的教育资源，与不同地区的学生进行交流和合作，拓宽自己的视野。

第二，以信息技术为支撑的现代教育观念注重培养学生的信息素养。信息素养包括信息意识、信息知识、信息能力和信息道德等方面。在信息时代，学生需要具备获取、分析、评价和利用信息的能力，以便更好地适应社会的发展和变化。教师应通过信息技术课程和学科融合等方式，培养学生的信息素养，使他们能够在信息海洋中准确地找到自己需要的知识，并有效地运用这些知识解决实际问题。

2）强调学生的主体地位和自主学习能力

在传统教育中，教师往往是知识的传授者，学生处于被动接受的位置。而在教育观念信息化的背景下，强调学生的主体地位和自主学习能力成为核心要求。学生的主体地位意味着学生是学习的主人，他们应该积极主动地参与学习过程，而不是被动地接受知识。信息技术为学生提供了更多自主学习的机会和空间。例如，通过在线学习平台，学生可以根据自己的兴趣和需求选择学习内容与学习进度，自主安排学习时间和学习方式。同时，学生可以通过网络与教师和同学进行交流及互动，分享学习经验和学习成果，提高学习的积极性和主动性。

自主学习能力是学生在信息时代必备的能力之一，包括自我管理、自我监控、自我评价等方面。在信息技术的支持下，学生可以利用各种学习工具和资源进行自主学习。例如，学生可以使用学习管理软件制订学习计划，记录学习进度，进行自我评估；可以通过在线学习社区与其他学生进行交流和合作，共同解决学习中遇到的问题；可以利用虚拟实验室进行自主探究和实验，提高自己的实践能力和创新能力。

3）注重培养学生的创新精神和实践能力

创新精神和实践能力是现代社会对人才的重要要求。教育观念信息化注重培养学生的创新精神和实践能力，以适应社会的发展和变化。信息技术为学生提供了丰富的创新和实践机会。例如，通过多媒体制作、编程、机器人等课程，学生可以发挥自己的想象力和创造力，设计和制作各种作品；通过参加科技创新比赛、社会实践活动等，学生可以将所学知识应用到实际问题中，提高自己的实践能力和解决问题的能力。同时，信息技术可以为学生提供创新的学习环境和学习方式。例如，通过虚拟现实技术，学生可以身临其境地进行学习和探索，激发自己的创新思维；通过游戏化学习，学生可以在轻松愉快的氛围中进行学习和实践，提高自己的学习兴趣和积极性。

（2）教育模式信息化

1）在线学习

在线学习是教育模式信息化的重要形式之一。它利用互联网技术，将教学资源和教学活动搬到线上，为学生提供随时随地学习的机会。

在线学习的优点主要有以下几个方面。首先，在线学习打破了传统教育的时空限制，学生可以根据自己的时间和地点安排学习进度，提高了学习的灵活性和便捷性。其次，在线学习提供了丰富的学习资源，包括课程视频、电子书籍、在线测试等，学生可以根据自己的需求选择学习内容，满足个性化学习的需求。最后，在线学习可以实现师生之间、学生之间的互动交流，通过在线讨论、作业提交、学习评价等方式，提高学习的参与度和效果。然而，在线学习也存在一些挑战。例如，在线学习需要学生具备较高的自主学习能力和自我管理能力，否则容易出现学习效果不佳的情况。同时，在线学习的互动性和社交性相对较弱，学生可能会感到孤独和缺乏学习动力。为了应对这些挑战，在线学习平台需要不断创新和改进，提供更加个性化的学习服务，加强互动性和社交性，提高学生的学习效果和满意度。

2）混合式学习

混合式学习是将传统课堂教学和在线学习相结合的一种新型教育模

式。它充分发挥了传统课堂教学和在线学习的优势，为学生提供更加灵活、高效的学习体验。

混合式学习的优点主要有以下几个方面。首先，混合式学习可以满足不同学生的学习需求。对于那些需要更多面对面交流和指导的学生，他们可以选择传统课堂教学；对于那些自主学习能力较强的学生，他们可以选择在线学习。其次，混合式学习可以提高学习效果。通过传统课堂教学和在线学习的结合，学生可以更加深入地理解和掌握知识，同时可以提高自己的实践能力和创新能力。最后，混合式学习可以促进教师的专业发展。教师可以通过在线教学平台了解学生的学习情况，及时调整教学策略，进而提高教学质量。混合式学习的实施需要教师和学生共同努力，教师需要设计合理的教学方案，将传统课堂教学和在线学习有机地结合起来；学生需要积极参与学习活动，充分发挥自己的主观能动性，从而提高学习效果。

3）个性化学习

个性化学习是一种根据学生的个体差异和需求，为每个学生提供量身定制的学习方案和学习资源的教育模式。它是教育模式信息化的重要发展方向之一。

个性化学习的实现需要借助信息技术的支持。通过学习分析技术，教师可以收集和分析学生的学习数据，了解学生的学习情况和需求，为学生制订个性化的学习计划和教学方案。同时，教师可以利用智能辅导系统、个性化学习平台等工具，为学生提供个性化的学习支持和指导。个性化学习的优点主要有以下几个方面。首先，个性化学习可以满足学生的个性化需求，提高学习效果。每个学生都有自己的学习风格、学习进度和学习需求，个性化学习可以根据学生的特点为他们提供最适合的学习资源和学习方式，让每个学生都能在自己的节奏和水平上进行学习。其次，个性化学习可以培养学生的自主学习能力和创新精神，让学生在学习中不断探索和发现，从而提高自己的综合素质和能力。

（3）教学方法信息化

1）多媒体教学

多媒体教学是利用图像、音频、视频等多种媒体形式进行教学的一种方法。它可以将抽象的知识形象化、具体化，提高学生的学习兴趣和理解能力。

多媒体教学的优点主要有以下几个方面。首先，多媒体教学可以丰富教学内容，使教学更加生动、形象。教师通过图像、音频、视频等媒体形式，可以将教学内容更加直观地展示给学生，让学生更容易理解和掌握。其次，丰富多彩的媒体形式可以吸引学生的注意力，激发学生的学习兴趣，提高学生的学习积极性。最后，通过多媒体教学，教师可以更加快速、准确地传达教学信息，学生也可以更加轻松、愉快地接受教学内容，提高教学效率和质量。然而，多媒体教学也需要注意一些问题。例如，多媒体教学不能过于依赖媒体形式，而忽略了教学内容的深度和广度；多媒体教学需要注意媒体形式的选择和运用，根据教学内容和教学目标选择合适的媒体形式，避免媒体形式的滥用和误用。

2）虚拟实验教学

虚拟实验教学是利用虚拟现实技术和仿真技术进行实验教学的一种方法。它可以为学生提供安全、便捷、高效的实验环境，提高学生的实践能力和创新能力。

虚拟实验教学的优点主要有以下几个方面：首先，虚拟实验教学可以解决实验设备和实验场地不足的问题。在一些学校和地区，受实验设备和实验场地的限制，学生无法进行一些实验。而虚拟实验教学可以通过虚拟现实技术和仿真技术，为学生提供虚拟的实验环境和实验设备，让学生在虚拟环境中进行实验，解决实验设备和实验场地不足的问题。其次，虚拟实验教学可以提高实验的安全性。在一些实验中，实验操作不当或者实验设备故障等可能会导致实验事故的发生。而虚拟实验教学可以避免这些问题的发生。最后，虚拟实验教学可以提高实验的可重复性和可扩展性。学生可以在虚拟环境中反复进行实验，加深对实验原理和实验方法的理解；同时，教师可以根据教学需要，对虚拟实验进行扩展和改进，提高实验的教学效果。虚拟实验教学的实施需要教师和学生共同努力，教师需要设计合理的虚拟实验方案，选择合适的虚拟实验平台和软件，指导学生进行虚拟实验操作。学生需要积极参与虚拟实验，认真观察实验现象，分析实验数据，提高自己的实践能力和创新能力。

3）游戏化教学

游戏化教学是将游戏元素和游戏机制融入教学过程的一种方法。它可以激发学生的学习兴趣和动机，提高学生的学习效果和参与度。

游戏化教学的优点主要有以下几个方面。首先，游戏的趣味性、挑战性和互动性可以吸引学生的注意力，激发学生的学习兴趣和积极性。其次，在游戏中，学生需要与其他玩家进行合作和竞争，这可以培养学生的合作精神和竞争意识。最后，游戏通常需要玩家解决各种问题和应对各种挑战，这可以培养学生解决问题的能力和创新能力。

游戏化教学的实施需要注意以下几个问题：首先，游戏化教学不能过度娱乐化，以免忽略教学内容的深度和广度；其次，游戏化教学需要根据教学内容和教学目标选择合适的游戏元素与游戏机制，避免滥用和误用；最后，游戏化教学需要注意游戏的难度和挑战性，根据学生的年龄与能力水平选择合适的游戏难度和挑战性，避免游戏过于简单或过于困难。

（4）教学设备信息化

1）电子白板

电子白板是一种集电子书写、多媒体展示、互动教学等功能于一体的教学设备。它可以替代传统的黑板和粉笔，为教师和学生提供更加便捷、高效的教学环境。

电子白板的优点主要有以下几个方面。首先，电子白板可以提高教学的直观性和生动性。教师可以通过电子白板展示图像、音频、视频等多媒体教学资源，使教学内容更加直观、生动，提高学生的学习兴趣和理解能力。其次，电子白板可以实现互动教学。教师和学生可以通过电子白板进行互动交流，如书写、绘画、标注等，提高教学的参与度和效果。最后，电子白板可以记录教学过程和教学内容，方便教师进行教学反思和教学评价。电子白板的使用需要教师和学生掌握一定的操作技能，教师需要熟悉电子白板的各种功能和操作方法，能够熟练地运用电子白板进行教学；学生也需要了解电子白板的基本操作方法，能够积极参与互动教学。

2）平板电脑

平板电脑是一种便携式的电子设备，它可以作为教学工具，为学生提供个性化的学习体验。平板电脑在教学中的应用主要有以下几个方面。第一，平板电脑可以作为学生的学习终端，为学生提供丰富的学习资源和学习工具。学生可以通过平板电脑访问在线学习平台、电子书籍、教学视频等学习资源，进行自主学习和探究学习。第二，平板电脑可以实现互动教学。教师可以通过平板电脑与学生进行互动交流，如发布作业、进行测试、开展讨论等，提高教学的参与度和效果。第三，平板电脑可以作为教学管理工具，教师可以通过平板电脑进行学生信息管理、教学资源管理、教学评价等工作，提高教学管理的效率和质量。平板电脑的使用需要注意以下几个问题：首先，平板电脑的使用需要有良好的网络环境支持，否则会影响教学效果；其次，平板电脑的使用需要注意学生的视力保护，控制学生使用平板电脑的时间和距离；最后，平板电脑的使用需要加强管理，防止学生沉迷于游戏和娱乐等非学习活动。

3）智能手机

智能手机是一种普及程度非常高的电子设备，它也可以作为教学工具，为学生提供随时随地学习的机会。智能手机在教学中的应用主要有以下几个方面：首先，智能手机可以作为学生的学习终端，为学生提供便捷的学习资源和学习工具。学生可以通过智能手机访问在线学习平台、电子书籍、教学视频等学习资源，进行自主学习和探究学习。其次，智能手机可以实现互动教学。教师可以通过智能手机与学生进行互动交流，如发布作业、进行测试、开展讨论等，提高教学的参与度和效果。最后，智能手机可以作为教学管理工具，教师可以通过智能手机进行学生信息管理、教学资源管理、教学评价等工作，提高教学管理的效率和质量。

智能手机的使用需要注意以下几个问题：首先，智能手机的使用需要有良好的网络环境支持，否则会影响教学效果；其次，智能手机的使用需要注意学生的视力保护，控制学生使用智能手机的时间和距离；最后，智能手机的使用需要加强管理，防止学生沉迷于游戏和娱乐等非学习活动。

（5）教育管理信息化

1）学生信息管理

学生信息管理是教育管理信息化的重要内容之一。它包括学生的基本信息、学习成绩、考勤记录、奖惩情况等方面的管理。通过信息技术，学校可以实现学生信息的数字化管理，提高学生信息管理的效率和准确性。例如，学校可以利用学生信息管理系统，对学生的信息进行录入、查询、统计和分析，为学校的教学管理和决策提供依据。同时，学生信息管理系统可以实现学生信息的共享，方便教师、家长和学生之间的沟通与合作。

2）教师信息管理

教师信息管理是教育管理信息化的重要内容之一。它包括教师的基本信息、教学业绩、培训记录、职称评定等方面的管理。通过信息技术，学校可以实现教师信息的数字化管理，提高教师信息管理的效率和准确性。例如，学校可以利用教师信息管理系统，对教师的信息进行录入、查询、统计和分析，为学校的教师管理和决策提供依据。同时，教师信息管理系统可以实现教师信息的共享，方便教师之间的学习和交流，提高教师的教学水平和专业素养。

3）教学资源管理

教学资源管理是教育管理信息化的重要内容之一。它包括教学课件、教学视频、电子书籍、试题库等教学资源的管理。通过信息技术，学校可以实现教学资源的数字化管理，提高教学资源管理的效率和共享性。例如，学校可以利用教学资源管理系统，对教学资源进行分类、存储、检索和共享，为教师的教学和学生的学习提供丰富教学资源。同时，教学资源管理系统可以实现教学资源的更新和维护，保证教学资源的质量和时效性。

总之，教育信息化的内涵包括教育观念信息化、教育模式信息化、教学方法信息化、教学设备信息化和教育管理信息化等方面。这些方面相互联系、相互促进，共同推动着教育的改革和发展。在教育信息化的进程中，我们需要不断地探索和创新，充分发挥信息技术的优势，为培养具有创新精神和实践能力的高素质人才做出贡献。

二、现代信息技术在教学中的应用

（一）多媒体教学与数字化资源

1. 多媒体教学

（1）多媒体教学的定义与特点

1）多媒体教学的定义

多媒体教学是指在教学过程中，综合运用多种媒体手段，如文字、图像、音频、视频等呈现教学内容，以提高教学效果的一种教学方式。它打破了传统教学中单一的文字呈现方式，通过丰富多样的媒体形式，为学生带来了更加生动、直观的学习体验。

2）多媒体教学的特点

①直观性

多媒体教学重要特点之一是直观性。通过图像、音频、视频等多种媒体手段，可以将抽象的知识转化为具体、形象的内容，使学生更容易理解和掌握。例如，在地理教学中，对于复杂的地形地貌、气候现象等，教师可以通过播放视频、展示图片等方式，让学生直观地看到各种地理现象的实际情况，从而更好地理解地理知识；在物理教学中，对于一些抽象的物理概念，如电场、磁场等，教师可以通过动画演示的方式，让学生直观地看到其分布和变化情况，从而更好地理解物理概念。

②趣味性

多媒体教学具有趣味性。教师通过动画、游戏、视频等多种媒体手段，可以提升教学的趣味性，激发学生的学习兴趣。例如，在语文教学中，教师可以通过播放动画版的古诗词讲解视频，让学生在欣赏动画的同时，更好地理解古诗词的含义和意境；在数学教学中，教师可以通过设计数学游戏，让学生在游戏中学习数学知识，激发学生的学习兴趣和积极性。

③交互性

多媒体教学具有很强的交互性。教师通过互动式课件、在线测试等多种媒体手段，可以实现师生之间的互动和交流，提高教学效果。例如，教师可以设计互动式课件，让学生在课堂上通过点击课件中的按钮、回答问题等方式，参与教学过程；教师还可以通过在线测试平台，及时了解学生的学习情况，对学生的学习进行有针对性的指导。

（2）多媒体教学的优点

1）提高学生的学习效果

多媒体教学通过直观、生动的呈现方式，可以帮助学生更好地理解和掌握知识，提高学生的学习效果。例如，在历史教学中，教师可以通过播放历史纪录片、展示历史图片等方式，让学生更加直观地了解历史事件和历史人物；在生物教学中，教师可以通过播放生物实验视频、展示生物标本图片等方式，让学生更加直观地了解生物实验的过程和生物标本的特征。

2）激发学生的学习兴趣

多媒体教学通过趣味性的呈现方式，可以激发学生的学习兴趣，进而提高学生的学习积极性。例如，在英语教学中，教师可以通过播放英语电影、英语歌曲等方式，让学生在欣赏电影和歌曲的同时，提高英语听力和口语水平；在美术教学中，教师可以通过展示优秀的美术作品图片、播放美术创作过程视频等方式，让学生在欣赏美术作品和观看美术创作过程的同时，提高美术鉴赏能力和美术创作能力。

3）促进师生之间的互动和交流

多媒体教学可通过多样化工具搭建实时互动场景。例如，教师利用教学软件发起在线答题、投票或弹幕讨论，学生可即时反馈想法，教师根据数据快速调整教学节奏，如针对高错误率知识点深入讲解；在视频会议模式下开展分组协作任务，如小组在线完成历史事件角色扮演、生物模型设计等，教师可全程参与指导，打破传统课堂空间限制。此外，多媒体资源的共享平台（如云端课件、课后答疑视频）能延伸互动时间，学生随时提问，教师有针对性地回复，形成“课前预习 — 课中互动 — 课后巩固”的完整互动链条，增强教学参与感。同时，学生可以通过在线测试平台，向教师提出问题和建议，促进师生之间的互动和交流。

（3）多媒体教学的应用场景

1）课堂教学

在课堂教学中，教师可以运用多媒体课件、电子白板等多媒体教学设备，呈现教学内容，提高教学效果。例如，教师可以制作多媒体课件，将文字、图像、音频、视频等多种媒体元素融合在一起，通过生动、直观的呈现方式，吸引学生的注意力，激发学生的学习兴趣和积极性；教师还可以运用电子白板，进行板书、演示、互动等教学活动，提高教学效果。

2）在线教学

在在线教学中，教师可以通过网络平台，运用多媒体教学资源，如视频课程、在线测试等进行教学。例如，教师可以通过制作视频课程，将教学内容通过视频的方式呈现出来，让学生在任何时间、任何地点都可以进行学习；教师还可以通过在线测试平台，对学生的学习进行测试和评估，及时了解学生的学习情况，对学生的学习进行有针对性的指导。

3）远程教育

在远程教育中，多媒体教学更是发挥了重要作用。通过网络平台，教师可以将多媒体教学资源传递到学生手中，让学生在不同的地点都可以进行学习。例如，在乡村地区，由于教育资源相对匮乏，学生可以通过远程教育平台，获取来自城市的优质教育资源，提高自己的学习水平。同时，远程教育平台可以实现师生之间的互动和交流，让学生在学习过程中感受到教师的关心和指导。

（4）多媒体教学的实施策略

1）合理选择多媒体教学资源

在实施多媒体教学时，教师需要合理选择多媒体教学资源。多媒体教学资源包括文字、图像、音频、视频等多种形式，教师需要根据教学内容和教学目标，选择合适的多媒体教学资源。例如，对于一些抽象的知识，教师可以选择动画、视频等形式的多媒体教学资源，让学生更加直观地理解；对于一些需要记忆的知识，教师可以选择文字、图片等形式的多媒体教学资源，让学生更加容易记忆。

2）精心设计多媒体教学课件

多媒体教学课件是多媒体教学的重要组成部分，教师需要精心设计多媒体教学课件。多媒体教学课件应该具有简洁明了的界面、生动形象的内容、合理的布局。同时，多媒体教学课件应该具有互动性，让学生能够积极参与教学过程。例如，教师可以在多媒体教学课件中设置问题、练习等环节，让学生在学习过程中能够及时巩固所学知识。

3）正确使用多媒体教学设备

在实施多媒体教学时，教师需要正确使用多媒体教学设备。多媒体教学设备包括投影仪、电子白板、计算机等，教师需要熟悉这些设备的使用方法，正确操作这些设备。同时，教师需要注意多媒体教学设备的维护和保养，确保多媒体教学设备的正常运行。

4）加强师生之间的互动和交流

在实施多媒体教学时，教师需要加强师生之间的互动和交流。多媒体教学具有很强的交互性，教师可以通过互动式课件、在线测试等多种媒体手段，实现师生之间的互动和交流。同时，教师可以通过提问、讨论等方式，引导学生积极参与教学过程，提高学生的学习积极性和主动性。

（5）多媒体教学的发展趋势

1）智能化

随着人工智能技术的不断发展，多媒体教学将朝着智能化的方向发展。未来的多媒体教学将更加注重个性化教学，能根据学生的学习情况和学习需求，为学生提供个性化的学习方案。同时，未来的多媒体教学将更加注重智能化的教学辅助，通过人工智能技术，为教师提供教学建议和教学资源推荐，提高教师的教学效率和教学质量。

2）融合化

多媒体教学将与其他教学方式融合发展，形成更加多元化的教学模式。例如，多媒体教学将与在线教学、翻转课堂等教学方式融合发展，形成更加灵活、高效的教学模式。同时，多媒体教学将与虚拟现实、增强现实等技术融合发展，为学生带来更加沉浸式的学习体验。

3）全球化

随着互联网的普及和全球化的发展，多媒体教学将朝着全球化的方向发展。未来的多媒体教学将更加注重国际交流与合作，通过网络平台，学生可以与来自不同国家和地区的学生进行交流及学习，拓宽学生的国际视野。同时，未来的多媒体教学将更加注重全球教育资源的共享，让学生能够享受到来自全球的优质教育资源。

总之，多媒体教学作为一种现代化的教学方式，具有直观性、趣味性、交互性等优点，在课堂教学、在线教学、远程教育等场景中都有着广泛的应用。在实施多媒体教学时，教师需要合理选择多媒体教学资源，精心设计多媒体教学课件，正确使用多媒体教学设备，加强师生之间的互动和交流。未来，多媒体教学将朝着智能化、融合化、全球化的方向发展，为教育教学带来更加广阔的发展前景。

2. 数字化资源

（1）数字化资源的定义与特点

1）数字化资源的定义

数字化资源是指以数字形式存储和传播的教学资源，包括电子教材、教学课件、教学视频、在线测试等。这些教学资源通过数字技术进行处理和存储，可以在各种数字设备上进行访问和使用。

2）数字化资源的特点

①便捷性

数字化资源可以通过网络随时随地访问，学生可以在任何有网络连接的地方进行自主学习。无论是家中、学校还是其他场所，只要有数字设备和网络，学生就可以轻松获取所需的教学资源。这种便捷性打破了传统教学时间和空间的限制，为学生提供了更加灵活的学习方式。例如，学生可以在课余时间通过手机或平板电脑访问在线学习平台、观看教学视频、阅读电子教材，进行自主学习和复习。这种随时随地的学习方式可以满足学生不同的学习需求和学习节奏，提高学习效率。

②可重复性

数字化资源可以反复使用，学生可以根据自己的需要多次观看、阅读或练习。与传统的纸质教材和教学资料不同，数字化资源不会因为使用次数的增加而损坏或丢失。学生可以在不同的时间和地点反复使用数字化资源，进行复习和巩固，加深对知识的理解和掌握。例如，学生可以多次观看教学视频，反复学习重点和难点内容；可以多次进行在线测试，检验自己的学习成果，发现不足之处并及时进行改进。这种可重复性为学生提供了更多的学习机会，有助于提高学习效果。

③互动性

数字化资源可以通过互动式课件、在线测试等多种教学形式，实现师生之间的互动和交流，提高教学效果。互动式课件可以让学生在学习过程中参与互动，如回答问题、进行讨论、完成任务等，增强学习的趣味性和参与度。在线测试可以及时反馈学生的学习情况，让教师了解学生的学习进度和掌握程度，以便调整教学策略和方法。例如，互动式课件可以设置问题、案例分析、小组讨论等环节，让学生在学习过程中积极思考、交流合作，提高学生的思维能力和创新能力；在线测试可以提供详细的测试报告和分析，让学生了解自己的学习情况和不足之处，同时让教师了解学生的学习需求和问题，以便进行有针对性的教学和辅导。

（2）数字化资源的优点

1）提高学习效率

数字化资源的便捷性、可重复性和互动性可以提高学生的学习效率。学生可以根据自己的学习进度和需求，随时随地访问数字化资源，进行自主学习和复习。数字化资源的可重复性可以让学生多次学习重点和难点内容，加深对知识的理解和掌握。互动式课件和在线测试可以让学生积极参与学习过程，激发学习的趣味性，提高参与度，从而提高学习效率。例如，在课前，学生可以通过观看教学视频和阅读电子教材，预习课程内容，提高课堂学习的效率；在课堂上，学生可以通过互动式课件和小组讨论等方式，积极参与学习过程，加深对知识的理解和掌握；在课后，学生可以通过在线测试和观看教学视频等方式，巩固所学知识，提高学习效果。

2）满足个性化学习需求

数字化资源可以满足学生不同的学习需求和学习风格，实现个性化学习。每个学生的学习进度、学习能力和学习兴趣都不同，数字化资源可以根据学生的特点和需求，提供个性化的学习方案和学习资源。学生可以根据自己的情况选择适合自己的学习资源和学习方式，进行自主学习和探究学习。例如，学生可以根据自己的学习进度和能力，选择不同难度的教学视频和练习题进行学习。对于学习能力较强的学生，他们可以选择一些拓展性的学习资源，进行深入学习和探究；对于学习能力较弱的学生，他们可以选择一些基础的学习资源，进行巩固和提高。同时，学生可以根据自己的学习兴趣，选择一些感兴趣的学习资源进行学习，提高学习的积极性和主动性。

3）促进教育公平

数字化资源可以打破地域和时间的限制，让更多学生享受到优质的教育资源，促进教育公平。在传统的教育模式下，优质的教育资源往往集中在一些大城市和发达地区，而一些偏远地区和乡村地区的学生则难以享受到优质的教育资源。数字化资源可以通过网络平台，将优质的教育资源传递到各个地区，让更多的学生受益。例如，一些在线学习平台可以提供来自全国各地的优质教学视频和课程资源，学生可以通过网络平台免费或低价获取，进行自主学习和提高。同时，一些教育机构和企业可以通过捐赠与合作等方式，将优质的教育资源传递到偏远地区和乡村地区，促进教育公平。

（3）数字化资源的建设和应用

1）建设丰富的数字化教学资源库

教育机构可以通过自主开发、合作开发、购买等方式，建设丰富的数字化教学资源库。数字化教学资源库包括电子教材、教学课件、教学视频、在线测试、案例分析、学习资料等多种类型的教学资源，涵盖各个学科和领域。

①自主开发

教育机构可以组织教师和专业人员，根据教学大纲和课程标准，自主开发数字化教学资源。自主开发的数字化教学资源可以更好地满足教学需求，契合学生特点，具有较高的针对性和实用性。同时，自主开发可以提高教师的教学水平和专业能力，促进教学改革和创新。例如，学校可以组织教师开发校本课程的数字化教学资源，包括教学课件、教学视频、练习题等。这些资源可以根据学校的教学实际和学生的需求进行定制化开发，更好地满足教学需求。同时，教师在开发过程中还可以提高自己的信息技术应用能力和教学水平。

②合作开发

教育机构可以与企业、科研机构等合作，共同开发数字化教学资源。合作开发可以充分发挥各方的优势，提高数字化教学资源的质量。企业可以提供技术支持和资金支持，科研机构可以提供专业的教育理论和方法指导，教育机构可以提供教学需求和教学实践经验。例如，学校可以与教育科技企业合作，开发在线学习平台和数字化教学资源。企业可以提供技术支持和平台运营服务，学校可以提供教学内容和教学需求，共同打造高质量的在线学习平台和数字化教学资源。同时，学校可以与科研机构合作，开展教育教学研究，探索数字化教学的新模式和新方法。

③购买

教育机构可以通过购买的方式，获取丰富的数字化教学资源。购买数字化教学资源可以节省开发时间和成本，快速满足教学需求。同时，购买的数字化教学资源通常经过专业的制作和审核，具有较高的质量。例如，学校可以购买一些知名的在线学习平台的课程资源，供学生进行自主学习和提高。这些课程资源通常由专业的教师和教育机构制作，内容丰富、质量高，可以满足学生不同的学习需求，适应学生不同的学习水平。同时，学校可以购买一些教学软件和工具，如电子教材、教学课件制作软件等，提高教学效率和质量。

2）共享数字化教学资源

教育机构可以通过网络平台，将数字化教学资源共享给学生和教师，提高教学资源的利用效率。数字化教学资源的共享可以打破学校和地区的界限，让更多的学生和教师受益。同时，数字化教学资源的共享可以促进教学交流和合作，提高教学质量。

①建立网络教学平台

教育机构可以建立自己的网络教学平台，将数字化教学资源上传到平台上，供学生和教师访问与使用。网络教学平台可以提供课程管理、学习资源管理、在线测试、互动交流等功能，为学生和教师提供便捷的教学服务。例如，学校可以建立自己的在线学习平台，将校本课程的数字化教学资源上传到平台上，供学生进行自主学习与提升。同时，教师可以在平台上发布教学任务、批改作业、与学生进行互动交流等，提高教学效率和质量。

②参与教育资源共享平台

教育机构可以参与一些教育资源共享平台，将自己的数字化教学资源上传到平台上，与其他教育机构和教师进行共享。教育资源共享平台可以提供丰富的教学资源和交流合作机会，让教育机构和教师更好地进行教学交流与合作。例如，学校可以参与国家教育资源公共服务平台、省级教育资源平台等，将自己的优质教学资源上传到平台上，与其他学校和教师进行共享。同时，学校可以从平台上获取其他学校和教师的优质教学资源，进行学习和借鉴，提高自身教学质量。

（4）数字化资源在教育信息化中的重要地位

1）推动教育教学模式创新

数字化资源的应用可以推动教育教学模式的创新，实现个性化学习、自主学习、探究学习等新型学习方式。数字化资源的便捷性、可重复性和互动性为学生提供了更多的学习机会与学习资源，学生可以根据自己的需求和兴趣进行学习。同时，数字化资源为教师提供了更多的教学手段和方法，教师可以更好地进行教学活动。例如，翻转课堂教学模式就是一种基于数字化资源的新型教学模式。在翻转课堂中，学生在课前通过观看教学视频和阅读电子教材等数字化资源，进行自主学习和预习。在课堂上，教师则通过互动式课件、小组讨论、案例分析等方式，引导学生进行深入学习和探究。这种教学模式可以提高学生的学习积极性和主动性，培养学生的自主学习能力和创新能力。

2）提高教育教学质量

数字化资源的建设和应用可以提高教育教学质量。丰富的数字化教学资源可以为教师提供更多的教学素材和教学方法，教师可以更好地进行教学活动。同时，数字化资源的互动性和可重复性可以让学生更好地进行学习与复习，提高学习效果。例如，教师可以通过使用数字化教学资源，如教学视频、动画演示、虚拟实验等，让教学内容更加生动、形象，提高学生的学习兴趣和参与度。同时，教师可以通过在线测试、作业提交、互动交流等功能，及时了解学生的学习情况，进行有针对性的教学和辅导，提高教学质量。

3）促进教育公平发展

数字化资源的共享可以促进教育公平发展。通过网络平台，优质的数字化教学资源可以传递到各个地区，更多学生可以享受到优质的教育资源。同时，数字化资源的便捷性和可重复性可以让学生在不同的时间与地点进行学习，打破地域和时间的限制，促进教育公平发展。例如，一些偏远地区和乡村地区的学校可以通过网络平台，获取优质的数字化教学资源，提高教学质量。同时，学生可以通过网络平台，与其他地区的学生进行交流和合作，拓宽视野，提高综合素质。

总之，数字化资源作为教育信息化的重要内容，具有便捷性、可重复性和互动性等优点，可以提高学习效率、满足个性化学习需求、促进教育公平。教育机构应该加强数字化资源的建设和应用，建立丰富的数字化教学资源库，共享数字化教学资源，推动教育教学模式创新，提高教育教学质量，促进教育公平发展。

（二）在线学习平台与远程教育

1. 在线学习平台

（1）在线学习平台的定义与特点

1）在线学习平台的定义

在线学习平台是指通过网络提供教学服务的平台，如慕课平台、在线教育平台等。这些平台利用互联网技术，将教学资源、教学活动和教学管理等功能集成在一起，为学生和教师提供便捷、高效的教学服务。

2）在线学习平台的特点

①灵活性

在线学习平台重要特点之一是灵活性。学生可以随时随地访问平台，根据自己的时间和进度进行学习。无论是在家中、学校还是其他场所，只要有网络连接，学生就可以通过计算机、手机、平板电脑等设备进行学习。这种灵活性打破了传统课堂教学的时间和空间限制，学生能够更加自由地安排自己的学习时间，提高了学习效率。例如，一个在职人员想要提升自己的专业技能，可以在工作之余通过在线学习平台选择适合自己的课程进行学习。他可以根据自己的工作安排和生活节奏，合理安排学习时间，不受传统课堂教学时间的限制。同时，学生可以根据自己的学习进度调整学习计划，如果某个知识点掌握得不够扎实，则可以反复学习，直到完全理解。

②多样性

在线学习平台提供了丰富的课程资源，具有很强的多样性。学生可以根据自己的兴趣和需求选择课程，这些课程涵盖了各个学科领域和不同层次的学习内容。无论是学术课程、职业技能培训还是兴趣爱好培养，都能在在线学习平台找到相应的课程。例如，一个对编程感兴趣的学生可以在在线学习平台上找到从基础编程入门到高级编程技术的一系列课程。他可以根据自己的学习目标和现有水平，选择适合自己的课程进行学习。同时，在线学习平台会不断更新课程内容，以满足学生不断变化的学习需求。

③互动性

在线学习平台通过在线讨论、作业提交、考试等多种方式，实现师生之间和学生之间的互动与交流，提高教学效果。在传统课堂教学中，学生与教师之间的互动往往受到时间和空间的限制，而在线学习平台为学生提供了更加便捷的互动渠道。例如，学生可以在在线学习平台的讨论区与教师和其他学生进行交流，提出问题、分享学习心得和经验。教师也可以及时回复学生的问题，为学生提供指导和帮助。此外，学生还可以通过作业提交和考试等方式，获得教师的反馈和评价，了解自己的学习情况，及时调整学习策略。

（2）在线学习平台的优点

1）提高学习效率

在线学习平台的灵活性和多样性使学生能够根据自己的需求与学习进度进行学习，提高学习效率。学生可以在自己最有效的学习时间进行学习，避免了传统课堂教学中可能出现的注意力不集中等问题。同时，丰富的课程资源为学生提供了更多的学习选择，让学生能够更加有针对性地进行学习。例如，一个学生在某个学科上存在薄弱环节，可以通过在线学习平台选择专门针对该知识点的课程进行学习，快速提高自己的学习成绩。此外，在线学习平台可以通过智能化的学习推荐系统，根据学生的学习历史和兴趣爱好，为学生推荐适合的课程和学习资源，进一步提高学习效率。

2）满足个性化学习需求

每个学生的学习风格、学习进度和学习目标都不同，在线学习平台能够满足学生的个性化学习需求。学生可以根据自己的兴趣爱好和学习能力选择课程，制订个性化的学习计划。同时，在线学习平台还可以通过学习分析技术，了解学生的学习情况，为学生提供个性化的学习建议和指导。例如，一个学生在学习过程中喜欢通过视频学习，他可以在在线学习平台上选择以视频教学为主的课程。同时，在线学习平台可以根据他的学习进度和答题情况，为他提供个性化的学习建议，如加强某个知识点的学习或者进行更多的练习。这种个性化的学习方式能够更好地激发学生的学习兴趣，提高学习效果。

3）拓展学习资源

在线学习平台汇聚了来自全球各地的优质教学资源，为学生拓展了学习途径。学生可以通过在线学习平台接触到不同国家和地区的教学理念与教学方法，拓宽自己的视野。同时，在线学习平台可以邀请行业专家和知名学者进行授课，为学生提供更加专业和前沿的知识。例如，一个学生想要了解国际前沿的科技动态，可以通过在线学习平台选择由国外知名大学教授开设的课程。这些课程不仅能让学生了解到最新的科技成果，还能让学生学习到国外先进的教学方法和思维方式。此外，在线学习平台还可以与企业合作，为学生提供实践机会和实习岗位，让学生将所学知识应用到实际工作中。

（3）在线学习平台的应用场景

1）自主学习

在自主学习中，学生可以通过在线学习平台选择自己感兴趣的课程进行学习，提高自己的综合素质。自主学习强调学生的主动性和自主性，学生可以根据自己的兴趣爱好和学习目标，自主选择学习内容和学习方式。在线学习平台为学生提供了丰富的课程资源和学习工具，满足了学生自主学习的需求。例如，一个学生对摄影感兴趣，可以在在线学习平台上搜索相关的摄影课程进行学习。他可以通过观看教学视频、阅读教材、参加在线讨论等方式，学习摄影的基本知识和技巧。同时，他可以通过在线学习平台提供的摄影作品展示和评价功能，与其他摄影爱好者进行交流和分享，提高自己的摄影水平。

2）在线课程学习

在在线课程学习中，学生可以通过在线学习平台参加学校或教育机构开设的在线课程，完成课程学习和考试，获得相应的学分和证书。在线课程学习是一种正式的学习方式，与传统课堂教学相比，其学习时间和学习地点更加灵活。学生可以选择适合自己的在线课程，完成课程学习任务，通过考试获得学分和证书。例如，一个大学生可以在在线学习平台上选择自己所在学校开设的在线课程进行学习。他可以在课余时间通过观看教学视频、完成作业、参加在线讨论等方式，完成课程学习任务。同时，他可以通过在线学习平台提供的考试功能，参加课程考试，获得相应的学分。在线课程学习为学生提供了更加便捷的学习方式，学生能够更加灵活地安排自己的学习时间和学习进度。

3）混合式学习

在混合式学习中，学生可以将在线学习和传统课堂教学相结合，提高学习效果。混合式学习是一种将在线学习和传统课堂教学优势相结合的学习方式，既可以发挥在线学习的灵活性和多样性，又可以发挥传统课堂教学的互动性和实践性。学生可以先通过在线学习平台进行自主学习和预习，然后在传统课堂教学中与教师和同学进行互动及交流，解决学习中遇到的问题。例如，一个中学生可以先在在线学习平台上预习数学课程的知识点，观看教学视频，完成在线作业；然后，在传统课堂教学中，与教师和同学进行互动及交流，解决自己在预习中遇到的问题。同时，教师可以根据学生的在线学习情况，调整课堂教学内容和教学方法，提高教学效果。混合式学习为学生提供了更加丰富的学习体验，让学生能够更好地掌握知识和技能。

（4）在线学习平台的发展趋势

1）智能化

随着人工智能技术的不断发展，在线学习平台将越来越智能化。智能辅导系统、学习分析技术、个性化推荐系统等将成为在线学习平台的重要组成部分。智能辅导系统可以根据学生的学习情况，为学生提供个性化的学习建议和指导；学习分析技术可以分析学生的学习行为和学习效果，为教师提供教学决策支持；个性化推荐系统可以根据学生的兴趣爱好和学习目标，为学生推荐适合的课程及学习资源。例如，一个学生在学习过程中遇到了难题，智能辅导系统可以根据他的学习历史和答题情况，为他提供个性化的解题思路和方法；学习分析技术可以分析他的学习行为，发现他在某个知识点上存在薄弱环节，为教师提供教学决策支持；个性化推荐系统可以根据他的兴趣爱好和学习目标，为他推荐相关的课程和学习资源，帮助他提高自己的学习成绩。

2）社交化

在线学习平台将越来越注重社交化功能的开发。学生可以通过在线学习平台与教师和其他学生进行互动及交流，分享学习心得和经验，建立学习社区。社交化功能可以提高学生的学习积极性和参与度，让学生在学习过程中感受到更多的支持和鼓励。例如，一个学生在学习过程中遇到了问题，可以在在线学习平台的学习社区中提问，其他学生和教师可以及时回复他的问题，为他提供帮助和支持。同时，学生可以在学习社区中分享自己的学习心得和经验，与其他学生进行交流和互动，提高自己的学习效果。社交化功能可以让学生在学习过程中不再感到孤独和无助，而是能够与其他学生共同进步。

3）全球化

在线学习平台将越来越全球化。学生可以通过在线学习平台与来自不同国家和地区的学生进行互动及交流，学习不同国家和地区的文化与知识。全球化的在线学习平台可以为学生提供更加广阔的学习视野和交流平台，让学生更好地适应全球化的发展趋势。例如，一个学生可以在在线学习平台上参加由国外大学开设的课程，与来自不同国家和地区的学生进行互动及交流，学习不同国家和地区的文化与知识。同时，他可以通过在线学习平台参加国际学术会议和竞赛，与全球的学生和学者进行交流及合作，提高自己的学术水平和综合素质。全球化的在线学习平台可以让学生更好地了解世界，为未来的发展打下坚实基础。

总之，在线学习平台作为一种新型的教学方式，具有灵活性、多样性和互动性等优点，能够满足学生的个性化学习需求，提高学习效率，拓展学习资源。在线学习平台的应用场景广泛，包括自主学习、在线课程学习和混合式学习等。随着技术的不断发展，在线学习平台将越来越智能化、社交化和全球化，为学生提供更加优质的教学服务。

2. 远程教育

（1）远程教育的概念与特点

1）远程教育的概念

远程教育是指通过网络、电视、广播等远程通信手段进行教学的方式。它打破了传统教育的时空限制，使学生能够在不同的地点、时间进行学习。远程教育的核心是利用现代信息技术，将教学资源传递给学生，并通过各种交互方式实现师生之间的互动和交流。

2）远程教育的特点

①覆盖面广

远程教育可以通过网络、电视、广播等多种渠道开展教学，不受地理位置的限制。这使远程教育能够覆盖到偏远地区和乡村地区，为这些地区的学生提供优质的教育资源。在传统教育模式下，由于地理位置偏远、交通不便等原因，这些地区的学生往往难以享受到优质的教育资源；而远程教育的出现，为他们提供了一个获取知识的新途径。例如，一些贫困山区的学生可以通过网络课程学习到与城市学生相同的知识内容，从而缩小了城乡教育差距。同时，远程教育可以为一些特殊群体提供教育服务，如残疾人、老年人等，让他们也能够享受到教育的机会。

②灵活性高

远程教育具有很高的灵活性，学生可以根据自己的时间和进度进行学习。在传统教育模式下，学生需要按照学校的课程安排进行学习，时间和地点都比较固定；而远程教育则允许学生根据自己的实际情况，自由安排学习时间和进度。学生可以在自己方便的时候进行学习，不受传统课堂时间和地点的限制。同时，学生可以根据自己的学习进度，调整学习计划，对于不懂的知识点可以反复学习，直到掌握。例如，一些在职人员可以利用业余时间通过远程教育进行学习，提高自己的职业技能和素质。他们可以根据自己的工作安排，选择在晚上或周末进行学习，不会影响到正常的工作。同时，他们可以根据自己的学习进度，合理安排学习时间，提高学习效率。

③成本低

远程教育可以通过网络、电视、广播等远程通信手段进行教学，成本较低。在传统教育模式下，学校需要建设教学楼、实验室、图书馆等教学设施，同时需要聘请大量的教师进行教学，这些都需要投入大量的资金；而远程教育则可以利用现有的网络、电视、广播等资源进行教学，不需要建设大量的教学设施，也可以通过网络招聘优秀的教师进行教学，降低了教学成本。例如，一些教育机构可以通过网络平台开展远程教育，只需要投入一定的资金进行平台建设和维护，就可以为大量的学生提供教育服务。同时，这些教育机构可以通过网络招聘优秀的教师进行教学，不需要支付高额的工资和福利，降低了教学成本。

（2）远程教育的优点

1）为偏远地区和乡村地区的学生提供优质教育资源

远程教育的覆盖面广，可以为偏远地区和乡村地区的学生提供优质教育资源。在这些地区，由于教育资源匮乏，学生往往难以接受良好的教育。而远程教育的出现，为他们提供了一个获取优质教育资源的新途径。通过网络、电视、广播等远程通信手段，学生可以接受来自全国各地的优秀教师的教学，学习到先进的知识和技能。例如，一些贫困山区的学校可以通过远程教育平台与城市学校进行对接，共享优质的教育资源。城市学校可以将自己的优秀课程通过网络直播的方式传递到贫困山区的学校，让那里的学生也能够享受到优质教育。同时，远程教育可以为这些地区的教师提供培训和交流的机会，提高他们的教学水平和专业素养。

2）满足不同人群的学习需求

远程教育的灵活性高，可以满足不同人群的学习需求。无论是在职人员、残疾人、老年人还是其他特殊群体，都可以通过远程教育进行学习。在职人员可以利用业余时间进行学习，提高自己的职业技能和素质，为自己的职业发展打下坚实基础。残疾人、老年人等特殊群体可以通过远程教育平台获取适合自己的教育资源，满足自己的学习需求，提高自己的生活质量。例如，一些在职人员可以通过远程教育平台学习与自己工作相关的专业知识和技能，提高自己的工作能力和竞争力。他们可以根据自己的工作安排，选择在晚上或周末进行学习，不会影响到正常的工作。同时，他们可以根据自己的学习进度，合理安排学习时间，提高学习效率。一些残疾人可以通过远程教育平台学习一些适合自己的技能，如手工制作、计算机操作等，提高自己的生活自理能力和就业能力。

3）降低教育成本，提高教育效益

远程教育可以降低教育成本，提高教育效益。在传统教育模式下，学校需要建设大量的教学设施、聘请大量的教师，这些都需要投入大量的资金；而远程教育可以利用现有的网络、电视、广播等资源进行教学，不需要建设大量的教学设施，同时可以通过网络招聘优秀的教师进行教学，降低了教育成本。同时，远程教育可以为大量的学生提供教育服务，提高教育效益。例如，一些教育机构可以通过网络平台开展远程教育，只需要投入一定的资金进行平台建设和维护，就可以为大量的学生提供教育服务。同时，这些教育机构可以通过网络招聘优秀的教师进行教学，不需要支付高额的工资和福利，降低了教育成本。此外，远程教育还可以通过在线测试、作业提交等方式对学生的学习情况进行评估，提高了教学质量和效率。

（3）远程教育的应用场景

1）乡村教育

在乡村教育中，远程教育可以为乡村地区的学生提供优质的教育资源，缩小城乡教育差距。乡村地区由于地理位置偏远、交通不便等因素，教育资源相对匮乏。而远程教育的出现，则为乡村地区的学生提供了一个获取优质教育资源的新途径。通过网络、电视、广播等远程通信手段，乡村地区的学生可以接受来自全国各地优秀教师的教学，学习到先进的知识和技能。此外，远程教育还可以为乡村地区的学生提供一些特色课程，如农业技术、乡村电商等，帮助他们掌握一些实用的技能，为乡村地区的经济发展做出贡献。

2）职业教育

在职业教育中，远程教育可以为在职人员提供灵活的学习方式，提高他们的职业技能和素质。在职人员由于工作繁忙，往往难以抽出时间参加传统的课堂教学。而远程教育的出现，为在职人员提供了一个灵活的学习方式。通过网络、电视、广播等远程通信手段，在职人员可以在自己方便的时候进行学习，不会影响到正常的工作。同时，远程教育可以为在职人员提供一些与工作相关的专业课程，帮助他们提高自己的职业技能和素质，为他们的职业发展打下坚实基础。例如，一些企业可以通过远程教育平台为员工提供培训课程，提高员工的业务水平和综合素质。员工可以在自己的工作岗位上通过网络学习相关课程，不需要离开工作岗位，不会影响到正常的工作。同时，企业可以根据员工的学习情况进行评估和考核，激励员工积极学习，提高自己的职业技能和素质。此外，远程教育还可以为一些自由职业者提供学习机会，帮助他们掌握一些新的技能和知识，提高自己的竞争力。

3）继续教育

在继续教育中，远程教育可以为成年人提供便捷的学习方式，满足他们不断学习和提高自己的需求。成年人由于工作、家庭等原因，往往难以参加传统的课堂教学。而远程教育的出现，为他们提供了一个便捷的学习方式。通过网络、电视、广播等远程通信手段，成年人可以在自己方便的时候进行学习，不会影响到正常的工作和生活。同时，远程教育可以为成年人提供一些与自己兴趣爱好相关的课程，帮助他们丰富业余生活，提高综合素质。例如，一些成年人可以通过远程教育平台学习语言课程、艺术课程、健身课程等，满足自己的兴趣爱好和学习需求。他们可以在家中通过网络学习相关课程，不需要走出家门，非常方便。同时，远程教育可以为成年人提供一些与职业发展相关的课程，帮助他们提高职业技能和素质，为他们的职业发展打下坚实基础。此外，远程教育还可以为一些老年人提供学习机会，帮助他们跟上时代的步伐，丰富晚年生活。

（4）远程教育的发展趋势

1）智能化

随着人工智能技术的不断发展，远程教育将越来越智能化。未来的远程教育平台将能够根据学生的学习情况和需求，为学生提供个性化的学习方案和建议。同时，远程教育平台将能够通过智能辅导系统、智能评估系统等，为学生提供更加精准的学习支持和服务。例如，智能辅导系统可以根据学生的学习情况和问题，为学生提供个性化的辅导和解答；智能评估系统可以通过对学生的学习行为、作业完成情况、考试成绩等进行分析，为学生提供个性化的评估和反馈。此外，远程教育平台还可以通过人工智能技术实现自动化的教学管理和服务，提高教学效率和质量。

2）融合化

远程教育将与传统教育、在线教育等多种教育形式进行融合，形成更加多元化的教育模式。未来的远程教育将不再是一种独立的教育形式，而是与传统教育、在线教育等进行深度融合，为学生提供更加丰富、多样的学习体验和选择。例如，远程教育可以与传统教育进行融合，通过线上与线下相结合的方式为学生提供更加全面的教育服务。学生可以在传统课堂上进行面对面的学习和交流，也可以通过远程教育平台进行在线学习和互动。此外，远程教育还可以与在线教育进行融合，通过整合优质的教育资源和技术手段，为学生提供更加高效、便捷的学习服务。

3）全球化

随着全球化的不断发展，远程教育将越来越全球化。未来的远程教育平台将能够为学生提供来自世界各地的优质教育资源和学习机会。同时，远程教育平台将能够促进不同国家和地区之间的教育交流与合作，推动全球教育的发展和进步。例如，学生可以通过远程教育平台学习来自不同国家和地区的优秀课程与文化知识，拓宽国际视野，提高文化素养。同时，远程教育平台可以为不同国家和地区的学生提供交流与合作的机会，促进不同文化之间的交流和融合。此外，远程教育平台还可以为国际教育机构和企业提供合作与发展的平台，推动全球教育的产业化和国际化。

总之，远程教育作为一种新型的教育形式，具有覆盖面广、灵活性高、成本低等优点，能够为偏远地区和乡村地区的学生提供优质教育资源，满足不同人群的学习需求，降低教育成本，提高教育效益。随着信息技术的不断发展和应用，远程教育将在未来教育中发挥越来越重要的作用。

（三）智能化教学工具与评估系统

1. 智能化教学工具

（1）智能化教学工具的概念与特点

1）智能化教学工具的概念

智能化教学工具是指运用人工智能、大数据等现代信息技术，为教学提供智能化支持的工具。这些工具包括智能辅导系统、智能作业批改系统、智能学习分析系统等，它们能够根据学生的学习情况和需求，为每个学生制订个性化的学习计划和教学方案，提高教学效果。

2）智能化教学工具的特点

①个性化

智能化教学工具能够根据学生的学习情况和需求，为每个学生制订个性化的学习计划和教学方案。传统教学方式往往采用统一的教学内容和教学进度，无法满足学生的个性化需求；而智能化教学工具可以通过分析学生的学习数据，了解学生的学习风格、学习进度、知识掌握程度等信息，从而为学生提供个性化的学习支持。例如，智能辅导系统可以根据学生的学习情况，为学生推荐适合的学习资源和学习路径。如果学生在某个知识点上存在困难，系统则可以为学生提供有针对性的辅导和练习，帮助学生克服困难。同时，系统可以根据学生的学习进度，调整学习内容和难度，确保学生能够在适当的挑战下不断进步。

②实时性

智能化教学工具能够实时监测学生的学习情况和进度，及时发现学生的问题和困难，并提供相应的帮助和指导。在传统的教学方式中，教师往往难以实时了解每个学生的学习情况，只能通过课堂提问、作业批改等方式进行有限的反馈；而智能化教学工具可以通过传感器、数据分析等技术，实时监测学生的学习行为、学习进度、知识掌握程度等信息，从而及时发现学生的问题和困难，并提供相应的帮助和指导。例如，智能学习分析系统可以实时监测学生在在线学习平台上的学习行为，如学习时间、学习进度、答题情况等。如果系统发现学生在某个知识点上的答题错误率较高，或者学习时间过长，则可以及时向教师发送预警信息，教师可以根据预警信息及时调整教学策略，为学生提供有针对性的辅导和帮助。

③高效性

智能化教学工具能够自动化完成一些教学任务，如作业批改、学习分析等，提高教学效率。在传统的教学方式中，教师需要花费大量的时间和精力进行作业批改、学习分析等工作，这不仅效率低下，而且容易出现人为错误；而智能化教学工具可以通过自动化技术，快速、准确地完成这些工作，为教师节省大量的时间和精力，提高教学效率。例如，智能作业批改系统可以自动批改学生的作业，不仅速度快，而且准确率高。系统可以根据预设的答案和评分标准，对学生的作业进行自动评分和反馈，同时可以生成详细的作业分析报告，帮助教师了解学生的学习情况和问题。此外，系统还可以根据学生的作业情况，为学生提供个性化的学习建议和练习，帮助学生提高学习效果。

（2）智能化教学工具的应用场景

1）课堂教学

在课堂教学中，教师可以运用智能辅导系统、智能作业批改系统等智能化教学工具，为学生提供个性化的学习支持和指导。智能辅导系统可以根据学生的学习情况，为学生提供有针对性的辅导和练习，帮助学生克服困难。智能作业批改系统可以自动批改学生的作业，为教师节省时间和精力，同时可以生成详细的作业分析报告，帮助教师了解学生的学习情况和问题。例如，在数学课堂上，教师可以使用智能辅导系统为学生提供个性化的数学辅导。系统可以根据学生的数学水平和学习进度，为学生推荐适合的数学学习资源和练习题目。如果学生在某个数学知识点上存在困难，系统可以为学生提供有针对性的辅导和讲解，帮助学生克服困难。同时，教师可以使用智能作业批改系统自动批改学生的数学作业，节省时间和精力。系统可以根据预设的答案和评分标准，对学生的作业进行自动评分和反馈，同时可以生成详细的作业分析报告，帮助教师了解学生的学习情况和问题。

2）在线教学

在在线教学中，教师可以通过网络平台，运用智能学习分析系统等智能化教学工具，了解学生的学习情况和进度，及时调整教学策略。智能学习分析系统可以实时监测学生在在线学习平台上的学习行为，如学习时间、学习进度、答题情况等。教师可以根据系统提供的学习分析报告，了解学生的学习情况和问题，及时调整教学内容和教学方法，提高教学效果。例如，在在线英语教学中，教师可以通过网络平台，运用智能学习分析系统了解学生的英语学习情况和进度。系统可以实时监测学生在在线学习平台上的学习行为，如学习时间、学习进度、答题情况等。教师可以根据系统提供的学习分析报告，了解学生的英语水平和学习需求，及时调整教学内容和教学方法。如果系统发现学生在某个英语知识点上的答题错误率较高，教师则可以为学生提供有针对性的辅导和练习，帮助学生克服困难。同时，教师可以根据学生的学习进度，调整教学内容和难度，确保学生能够在适当的挑战下不断进步。

3）远程教育

在远程教育中，智能化教学工具可以为学生提供更加便捷、高效的学习支持。由于远程教育的学生通常分布在不同地区，教师无法进行面对面的教学和辅导。而智能化教学工具可以通过网络平台，为学生提供个性化的学习支持和指导。智能辅导系统可以根据学生的学习情况，为学生提供有针对性的辅导和练习，帮助学生克服困难。智能学习分析系统可以实时监测学生的学习情况和进度，为教师提供教学反馈，帮助教师调整教学策略。例如，在远程教育中，学生可以通过网络平台，使用智能辅导系统进行自主学习。系统可以根据学生的学习情况，为学生推荐适合的学习资源和学习路径。如果学生在某个知识点上存在困难，系统则可以为学生提供有针对性的辅导和讲解，帮助学生克服困难。同时，教师可以通过网络平台运用智能学习分析系统了解学生的学习情况和进度。系统可以实时监测学生的学习行为，如学习时间、学习进度、答题情况等。教师可以根据系统提供的学习分析报告，了解学生的学习情况和问题，及时调整教学内容和教学方法，为学生提供更加个性化的学习支持和指导。

（3）智能化教学工具的发展趋势

1）更加个性化

随着人工智能技术的不断发展，智能化教学工具将变得更加个性化。未来的智能化教学工具将能够更加准确地分析学生的学习情况和需求，为每个学生制订更加个性化的学习计划和教学方案。同时，智能化教学工具将能够根据学生的学习进度和反馈，不断调整学习内容和难度，确保学生能够在适当的挑战下不断进步。例如，未来的智能辅导系统将能够通过分析学生的学习行为、学习进度、知识掌握程度等信息，为学生提供更加个性化的辅导和练习。如果学生在某个知识点上存在困难，系统则能够根据学生的具体情况，为学生提供有针对性的辅导和讲解，帮助学生克服困难。

2）更加智能化

未来的智能化教学工具将变得更加智能化。人工智能技术的不断发展将使智能化教学工具能够更加准确地分析学生的学习情况和需求，为学生提供更加个性化的学习支持和指导。同时，智能化教学工具将通过自然语言处理、机器学习等技术，与学生进行更加自然、流畅的交互，提高学生的学习兴趣和学习效果。学生可以通过语音、文字等方式与系统进行交流，系统将能够理解学生的问题和需求，并为学生提供准确的回答和指导。同时，系统将能够通过机器学习技术，不断学习和改进自己的辅导策略，提高辅导效果。

3）更加融合化

未来的智能化教学工具将更加融合化。智能化教学工具将与传统教学方式进行更加深度的融合，为学生提供更加全面、高效的学习支持。同时，智能化教学工具将与其他教育技术进行更加紧密的结合，如虚拟现实、增强现实等技术，为学生提供更加丰富、生动的学习体验。例如，学生可以通过虚拟现实技术，身临其境地参观历史古迹、探索自然科学现象等，提高学习兴趣和学习效果。

总之，智能化教学工具作为一种新型的教学工具，具有个性化、实时性、高效性等优点，能够为教学提供智能化支持，提高教学效果。智能化教学工具的应用场景广泛，包括课堂教学、在线教学、远程教育等。随着人工智能技术的不断发展，智能化教学工具将变得更加个性化、智能化、融合化，为教学提供更加全面、高效的支持。

2. 评估系统

（1）评估系统的概念与类型

1）评估系统的概念

评估系统是指运用现代信息技术，对学生的学习效果进行评估的系统。它通过收集、分析学生在学习过程中的各种数据，如答题情况、作业完成情况、学习时间、参与度等，衡量学生对知识的掌握程度、技能水平、学习态度等方面的表现，为教学提供反馈和指导。

2）评估系统的主要类型

①在线测试系统

在线测试系统是一种常见的评估工具，它允许教师通过网络平台创建、发布和管理测试题目，学生可以在规定的时间内在线答题。在线测试系统具有自动评分、即时反馈等功能，能够快速、准确地评估学生的学习效果。例如，教师可以在在线测试系统中设置多种题型，包括选择题、填空题、简答题等，以全面考查学生对知识的掌握情况。学生提交答案后，系统会自动评分，并给出详细的答题分析，让学生了解自己的错误之处和改进方向。同时，教师可以通过在线测试系统查看学生的答题情况和成绩分布，及时了解学生的学习进度和存在的问题，以便调整教学策略。

②自动化评估系统

自动化评估系统利用人工智能和机器学习技术，对学生的作业、论文、项目等进行自动评估。它通过分析学生的文本内容，判断其逻辑结构、语言表达、知识运用等方面的质量，并给出相应的评分和反馈。例如，在英语写作教学中，自动化评估系统可以分析学生的作文语法、拼写、词汇使用、篇章结构等方面的问题，并给出具体的修改建议。这种评估方式不仅可以节省教师的时间和精力，还可以为学生提供更加及时、详细的反馈，帮助他们提高写作水平。

③学习档案袋

学习档案袋是一种综合性的评估工具，它收集学生在学习过程中的各种作品、作业、测试成绩、反思记录等，以展示学生的学习历程和成长变化。学习档案袋可以帮助教师全面了解学生的学习情况，发现学生的优势和不足，为个性化教学提供依据。例如，学生可以在学习档案袋中放入自己的作文、绘画作品、实验报告、小组项目成果等，还可以写下自己的学习反思和目标。教师可以定期查看学生的学习档案袋，与学生进行交流和反馈，帮助学生更好地认识自己的学习进度和发展方向。

（2）评估系统的优点

1）客观性

评估系统可以通过自动化的方式对学生的学习效果进行评估，避免了人为因素的干扰，具有很高的客观性。在传统的评估方式中，教师的主观因素可能会影响评估结果的公正性，如教师的个人喜好、情绪状态等；而评估系统依据预设的标准和算法进行评估，不受人为因素的影响，能够更加客观地反映学生的学习表现。例如，在线测试系统可以根据预设的答案和评分标准自动评分，避免了教师在批改试卷时可能出现的主观偏差。自动化评估系统可以对学生的作业进行客观分析，不受教师的主观判断影响。这种客观性可以提高评估结果的可信度，让学生更加信服评估结果，也有助于教师更加准确地了解学生的学习情况。

2）及时性

评估系统可以实时监测学生的学习情况和进度，及时对学生的学习效果进行评估，为教学决策提供依据。在传统的教学中，教师往往需要等到学生完成作业或考试后才能进行评估，这可能会导致反馈不及时，影响学生的学习效果；而评估系统可以在学生学习的过程中实时收集数据，并进行分析和评估，及时向学生和教师提供反馈。例如，在线测试系统可以在学生提交答案后立即给出评分和反馈，让学生及时了解自己的学习情况。自动化评估系统可以在学生提交作业后迅速进行分析，给出详细的反馈和建议。教师可以通过评估系统实时了解学生的学习进度和存在的问题，及时调整教学策略，提高教学效果。

3）全面性

评估系统可以从多个角度对学生的学习效果进行评估，如知识掌握程度、技能水平、学习态度等，具有很高的全面性。传统评估方式往往侧重于知识的考查，而忽略了学生技能和态度等方面的表现。评估系统则可以通过多种方式收集学生的学习数据，全面评估学生的学习效果。例如，在线测试系统可以考查学生对知识的掌握程度，自动化评估系统可以评估学生的技能水平，学习档案袋则可以反映学生的学习态度和成长变化。通过综合运用这些评估工具，教师可以更加全面地了解学生的学习情况，为个性化教学提供更加准确的依据。

（3）评估系统的应用场景

1）课堂教学

在课堂教学中，教师可以运用在线测试系统、自动化评估系统等评估工具，对学生的学习效果进行及时评估，了解学生的学习情况和进度，及时调整教学策略。例如，教师可以在课堂上使用在线测试系统进行小测验，以检验学生对知识的掌握情况。学生在规定的时间内完成测试后，系统会自动评分并给出反馈，教师可以根据学生的答题情况及时调整教学内容和方法。教师还可以使用自动化评估系统对学生的课堂作业进行评估，快速了解学生的学习进度和存在的问题，以便在课堂上进行有针对性的讲解和辅导。

2）在线教学

在在线教学中，教师可以通过网络平台，运用学习档案袋等评估系统，对学生的学习过程和学习效果进行全面评估，为学生提供个性化的学习支持和指导。例如，教师可以要求学生在在线学习平台上建立自己的学习档案袋，将自己的学习作品、作业、测试成绩等放入学习档案袋。教师通过定期查看学生的学习档案袋，了解学生的学习历程和成长变化，为学生提供个性化的学习建议和指导。同时，教师可以通过在线测试系统和自动化评估系统对学生的在线学习情况进行及时评估，确保学生的学习效果。

3）远程教育

在远程教育中，评估系统的作用更加重要。由于远程教育缺乏面对面的交流和互动，教师难以直接了解学生的学习情况。评估系统可以帮助教师实时监测学生的学习进度和效果，为学生提供及时的反馈和指导。例如，教师可以通过在线测试系统和自动化评估系统对学生的远程学习进行定期评估，了解学生的学习情况和存在的问题。教师还可以要求学生将自己的学习作品和反思记录放入学习档案袋，通过网络平台与教师进行交流和反馈。这样可以确保学生在远程教育中也能够得到有效的评估和指导，提高学习效果。

（4）评估系统的发展趋势

1）智能化

随着人工智能技术的不断发展，评估系统将变得更加智能化。智能评估系统可以通过分析学生的学习数据，自动生成个性化的评估报告和学习建议，为学生提供更加精准的学习支持。同时，智能评估系统可以与智能辅导系统相结合，为学生提供更加个性化的学习体验。例如，智能评估系统可以根据学生的学习历史和答题情况，分析学生的知识薄弱点和学习风格，为学生推荐适合的学习资源和学习方法；智能辅导系统可以根据学生的评估报告，为学生提供个性化的辅导和练习，帮助学生提高学习效果。

2）多元化

评估系统将变得更加多元化，不仅可以评估学生的知识掌握程度和技能水平，还可以评估学生的创新能力、合作能力、批判性思维等综合素质。多元化的评估方式可以更加全面地反映学生的学习效果，为学生的综合素质发展提供更加准确的指导。例如，教师可以通过小组项目、案例分析、演讲比赛等方式评估学生的合作能力和创新能力。评估系统可以对学生的项目报告、演讲视频等进行分析，给出相应的评分和反馈。同时，教师可以通过问卷调查、学生自评等方式了解学生的学习态度和学习动机，为教学提供更加全面的反馈。

3）可视化

评估系统将变得更加可视化，通过图表、报表等形式直观地展示学生的学习情况和评估结果，让教师和学生更加清晰地了解学习进展与存在的问题。可视化的评估结果可以帮助教师更好地调整教学策略，也可以激励学生更加积极地参与学习。例如，教师可以通过评估系统生成的学习进度图表，直观地了解学生的学习进度和知识掌握情况；学生可以通过自己学习档案袋中的可视化报表，了解自己的学习成果和不足之处。此举可以让教师和学生更加清晰地了解学习进展，及时调整学习策略，提高学习效果。

总之，评估系统作为现代信息技术在教育中的重要应用，具有客观性、及时性、全面性等优点，能够为教学提供有效的反馈和指导。评估系统的应用场景广泛，包括课堂教学、在线教学、远程教育等。随着技术的不断发展，评估系统将变得更加智能化、多元化和可视化，为教育教学提供更加精准、全面的评估服务。

综上所述，现代信息技术在教育领域的应用，为教育改革与发展带来了新的机遇和挑战。教育机构和教师应积极探索现代信息技术在教学中的应用，不断创新教学模式和教学方法，提高教学效果和质量，为培养适应社会发展需要的高素质人才做出贡献。

参考文献：

[1] 李涛，邬志辉．中国式农村教育现代化[M]．北京:社会科学文献出版社,2024.

[2] 秦玉友,等．农村学校布局调整评价研究[M]．北京:社会科学文献出版社,2019.

第三章　乡村基础教育与现代信息技术的初步融合

一、乡村基础教育与现代信息技术融合的背景和动因

（一）政策推动与技术支持

1. 政策推动

（1）国家政策导向

近年来，国家高度重视乡村教育的发展，将其作为实现教育公平、推动乡村振兴的重要举措。《国家中长期教育改革和发展规划纲要（2010—2020年）》明确提出，要加快教育信息化进程，把教育信息化纳入国家信息化发展整体战略。这一政策为乡村基础教育与现代信息技术的融合奠定了重要的政策基础，标志着国家开始从战略层面推动乡村教育信息化发展。教育信息化是实现教育现代化的重要手段，对于乡村教育而言，更是打破地域限制、缩小城乡教育差距的关键。国家将教育信息化纳入整体战略，意味着在政策制定、资金投入、资源配置等方面都会向教育信息化倾斜，为乡村基础教育与现代信息技术的融合提供了有力的政策支持。

教育信息化一直是我国教育事业建设的重点工程，而智慧校园的建设是教育信息化的重要组成部分。在总结《教育信息化"十三五"规划》的成果和经验的基础上，响应《中国教育现代化2035》中对打造智慧化校园、新型教育服务业态的要求，同时为编制中的《教育信息化中长期发展规划（2021—2035年）》和《教育信息化"十四五"规划》做好提前部

署，各省市纷纷针对各地区情况制定印发《教育信息化“十四五”规划》，对教育信息化、智慧校园的建设提出了相应的目标规划。

首先，《教育信息化“十四五”规划》要求加快推进基础设施建设，完善信息化基础设施，构建覆盖全国各地、整体协调、设施共享、布局灵活的教育信息化网络系统，建立校园内外在线教学平台。

其次，《教育信息化“十四五”规划》要求积极促进教育信息化资源共享，完善在线教学资源服务体系，使电子教学资源服务适应实际需求、支持各类终端的共享和互联互通，建设数据中心、信息中心、应用中心和服务中心，提供更加丰富的信息资源。

再次，《教育信息化“十四五”规划》要求大力推进智慧教学、智慧教育，实现教育教学智能化，通过智能识别技术、数据挖掘技术、知识图谱技术、自然语言处理技术等构建教学智能服务系统，提供个性化教学服务，实现教学管理的智能化。

最后，《教育信息化“十四五”规划》要求强化安全保障，构建课堂安全运行的技术体系，加强课堂安全维护，确保上课环境安全。

《教育信息化“十四五”规划》的实施，对实现教育信息化的普及提出了更高、全新的要求，需要教育信息化发展方案在帮助学生提高学习效果、增强教师教学能力、促进教育质量提升方面发挥重要作用，积极支持下沉贫困地区教育，强化教育的远程服务功能，为实现教育信息化的普及做出贡献。

总之，中国教育信息化的《教育信息化“十四五”规划》要求加快推进基础设施建设，积极促进教育信息化资源共享，大力推进智慧教学、智慧教育，强化安全保障。相信在实施过程中，教育信息化将取得越来越大的发展，为提高教育质量、增强教师教学能力、提升教学效果、推进教育智能化、实现教育信息化的普及提供更多的可能性。

（2）各级政府响应

各级政府积极响应国家政策，加大对乡村教育信息化的投入。通过设立专项资金、改善网络基础设施、配备教学设备等措施，为乡村学校提供了良好的信息化环境，如图 3 -1 所示。

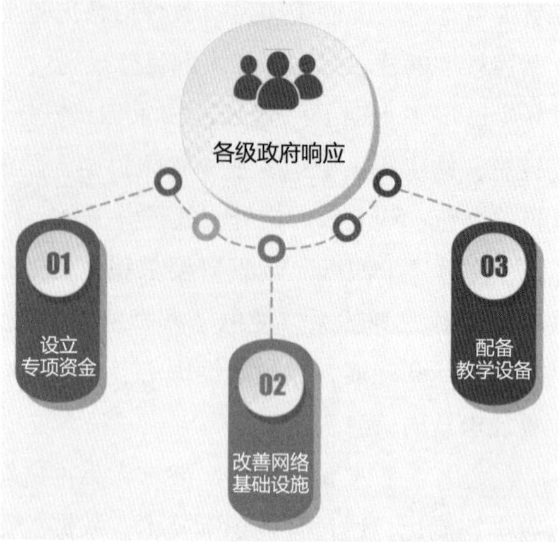

图 3－1　政府响应国家政策措施

1）设立专项资金

各级政府纷纷设立乡村教育信息化专项资金，用于支持乡村学校的信息化建设。这些专项资金主要用于购买计算机、多媒体教学设备、网络设备等硬件设施，以及建设校园网络、开发教育软件等。例如，贵州省设立了乡村教育信息化专项资金，每年投入数千万元，为全省乡村学校配备了计算机教室、多媒体教室，实现了校园网络全覆盖。据统计，近年来，全国各级政府投入乡村教育信息化的专项资金逐年增加。2023 年，全国乡村教育信息化专项资金投入达到数十亿元，为乡村学校的信息化建设提供了有力的资金保障。

2）改善网络基础设施

网络基础设施是实现教育信息化的基础。各级政府加大对乡村学校网络基础设施的建设力度，提高网络带宽，改善网络稳定性和可靠性。通过实施“宽带网络校校通”工程，许多乡村学校实现了宽带网络接入，网络带宽不断提高。四川省成都市新津区通过与电信运营商合作，为全区乡村学校铺设了光纤网络，网络带宽在 100 兆以上，满足了学校教学和管理的需求。同时，一些地方政府积极推进无线网络覆盖，为师生提供更加便捷的网络接入方式。例如，某市在乡村学校建设了无线网络，实现了校园无线网络全覆盖。师生可以通过手机、平板电脑等移动设备随时随地接入网络，获取学习资源和教学信息。

3）配备教学设备

为了提高乡村学校的教学质量，各级政府为乡村学校配备了丰富的教学设备。其中，多媒体教室、计算机教室中的设备是最常见的教学设备。多媒体教室配备了投影仪、电子白板、音响等设备，为教师教学提供了更加生动、直观的教学手段。计算机教室配备了一定数量的计算机，为学生提供了信息技术课程学习和课外自主学习的场所。此外，一些地方政府还为乡村教师配备了笔记本电脑、平板电脑等教学工具，方便教师进行教学和备课。例如，某省为全省乡村教师每人配备了一台笔记本电脑，为教师开展信息化教学提供了便利。

（3）教师培训举措

教育部门加强了对乡村教师的信息技术培训，提高了他们的信息化教学能力。通过举办培训班、开展网络教研、组织教学竞赛等方式，引导教师积极运用信息技术进行教学改革和创新。

1）举办培训班

教育部门定期举办乡村教师信息技术培训班，邀请专家学者和优秀教师为乡村教师授课。培训班的内容涵盖了信息技术基础知识、教学软件应用、教学设计等方面。通过培训，乡村教师可以掌握信息技术教学的基本方法和技能，提高信息化教学水平。四川省成都市大邑县每年举办两期乡村教师信息技术培训班，每期培训时间为一周。培训内容包括计算机基础知识、办公软件应用、多媒体教学设备使用、教学设计等。通过培训，全县乡村教师的信息技术应用能力得到了显著提高。

2）开展网络教研

网络教研是一种新型的教研方式，它利用网络技术实现教师之间的交流和合作。教育部门通过建立网络教研平台，组织乡村教师开展网络教研活动。教师可以通过在平台上分享教学经验、交流教学问题、探讨教学方法，提高教学水平。四川省建立了乡村教师网络教研平台，平台上设有教学论坛、资源共享、在线答疑等板块。乡村教师可以在平台上与全省的教师进行交流和互动，分享教学资源和教学经验。通过网络教研，乡村教师可以及时了解最新的教学动态和教学方法，提高教学质量。

3）组织教学竞赛

教育部门组织乡村教师参加信息技术教学竞赛，激发教师的教学积极性和创新精神。教学竞赛的内容包括教学设计、课堂教学、教学资源制作等方面。通过竞赛，教师可以展示自己的信息技术教学成果、学习他人的先进经验，从而提高教学水平。四川省江油市每年举办一次乡村教师信息技术教学竞赛，竞赛分为初赛和决赛两个阶段。初赛由各区县组织，选拔出优秀教师参加决赛。决赛由市教育局组织，邀请专家评委对参赛教师的教学设计、课堂教学、教学资源制作等进行综合评价。通过竞赛，全市乡村教师的信息技术教学水平得到了显著提高。

2. 技术支持

（1）互联网技术的普及

随着信息技术的飞速发展，互联网技术在乡村学校得到了广泛普及。互联网技术的普及使乡村学校能够与外界实现信息的快速交流和资源的共享，为乡村基础教育与现代信息技术的融合提供了强大的技术支持。

1）教学资源获取

乡村教师可以通过互联网获取丰富的教学资源，包括优质的课程视频、教学课件、教案等。这些教学资源来自全国各地的教育机构、学校和教师，涵盖了中小学各个学科的教学内容。乡村教师可以根据自己的教学需要，选择合适的教学资源进行教学，拓宽了教学思路，提高了教学质量。某乡村学校的语文教师在教学过程中，通过互联网搜索到了一些优质的课文朗读音频和教学视频。在课堂上，教师通过播放这些音频和视频，帮助学生更好地理解课文内容。同时，教师从网上下载了一些教学课件和教案，借鉴其中的教学方法和设计思路，提高自己的教学水平。

2）自主学习与合作学习

学生可以通过网络进行自主学习、在线交流和合作学习，拓展了学习空间，培养了自主学习能力和合作精神。学生可以在网上搜索自己感兴趣的学习内容，进行自主学习。同时，学生可以通过在线学习平台与同学进行交流和合作，共同完成学习任务。例如，某乡村学校的学生在学习数学时，遇到了一些难题，学生通过在线学习平台向教师和同学请教，得到了及时的解答。同时，同学之间还可以组成学习小组，通过在线讨论的方式共同解决问题，提高学习效果。

（2）多媒体技术的应用

多媒体技术的应用丰富了教学手段，增强了教学的直观性和趣味性。乡村教师可以利用多媒体设备，如投影仪、电子白板、音响等，将文字、图片、音频、视频等多种形式的教学内容呈现给学生，使教学更加生动形象，激发学生的学习兴趣。

1）语文教学中的应用

在语文教学中，教师可以通过播放课文朗读音频、展示相关图片和视频等方式，帮助学生更好地理解课文内容。例如，在教学古诗词时，教师可以播放古诗词朗诵音频，让学生感受古诗词的韵律之美。同时，教师可以展示与古诗词相关的图片和视频，帮助学生理解古诗词的意境和作者的情感。某乡村学校的语文教师在教学《望庐山瀑布》一诗时，通过播放庐山瀑布的视频，让学生直观地感受到了庐山瀑布的雄伟壮观。同时，教师播放了古诗词朗诵音频，学生在优美的音乐声中感受到了古诗词的魅力。通过多媒体教学，学生对这首诗的理解更加深刻，学习兴趣也更加浓厚。

2）数学教学中的应用

在数学教学中，教师可以利用动画演示数学公式的推导过程，使抽象的数学知识变得更加直观易懂。例如，在教学几何图形时，教师可以通过动画演示图形的变化过程，帮助学生理解几何图形的性质和特点。某乡村学校的数学教师在教学三角形内角和定理时，通过动画演示将三角形的三个内角剪下来拼成一个平角的过程，让学生直观地理解了三角形内角和为180度的定理。通过多媒体教学，学生对数学知识的理解更加深刻，学习效果也更加显著。

（3）大数据和人工智能技术的发展

大数据和人工智能技术的发展为个性化教学提供了可能。通过对学生学习数据的分析，教师可以了解学生的学习情况和学习需求，为学生提供个性化的学习建议和指导。

1）学习数据分析

大数据技术可以对学生的学习数据进行收集、分析和处理，为教师提供学生的学习情况和学习需求信息。教师可以通过分析学生的学习数据，了解学生的学习进度、学习难点和学习兴趣，为学生提供个性化的学习建议和指导。在线学习平台可以通过对学生的学习记录和测试成绩进行分析，了解学生的学习情况和学习需求。平台可以根据学生的学习情况和学习需求，为学生推荐适合的学习内容和学习方法，实现精准教学。

2）智能学习辅导

人工智能技术可以为学生提供智能化的学习辅导，如智能答疑、智能作业批改等。智能答疑系统可以根据学生的问题自动生成答案，为学生提供及时的解答。智能作业批改系统可以自动批改学生的作业，为教师减轻批改作业的负担。某智能学习辅导软件可以通过语音识别技术，实现智能答疑。软件可以自动识别学生语音提问的问题，并给出答案。同时，软件可以通过图像识别技术，实现智能作业批改。学生可以将作业拍照上传，软件会自动批改作业，并给出详细的批改报告。

总之，乡村基础教育与现代信息技术的融合是时代发展的必然趋势，也是实现乡村教育振兴的重要途径。政策推动和技术支持为乡村基础教育与现代信息技术的融合提供了有力保障。在政策推动方面，国家和各级政府出台了一系列政策，加大了对乡村教育信息化的投入，为乡村学校提供了良好的信息化环境。同时，教育部门加强了对乡村教师的信息技术培训，提高了他们的信息化教学能力。在技术支持方面，互联网技术的普及、多媒体技术的应用、大数据和人工智能技术的发展为乡村基础教育与现代信息技术的融合提供了强大的技术支持。这些技术的应用丰富了教学手段，提高了教学质量，为乡村学生的学习和发展提供了更多的机会与可能。

（二）乡村教育发展的内在需求

1. 提高教育质量的需求

（1）乡村教育质量现状及问题

乡村教育一直面临着教育质量不高的问题，这主要体现在以下几个方面。

1）师资力量薄弱

乡村学校由于地理位置偏远、生活条件相对艰苦，难以吸引和留住优秀教师。据统计，目前乡村学校教师中，本科及以上学历的比例远低于城市学校，且具有高级职称的教师数量较少。乡村教师的培训机会也相对较少，导致他们在教学理念、教学方法和专业知识等方面更新较慢。例如，一项针对乡村教师的调查显示，近一年内参加过省级及以上培训的乡村教师仅占总人数的12%。师资力量的薄弱直接影响了教学质量，使乡村学生在知识的传授和能力的培养方面受到限制。

2）教学资源匮乏

乡村学校的图书、实验设备、多媒体教学资源等严重不足。以图书为例，乡村学校的生均图书拥有量远低于城市学校，且图书更新速度缓慢。实验设备的缺乏，使学生在理科学习中缺乏实践操作的机会，难以深入理解和掌握知识。例如，在一些乡村学校，物理、化学等学科的实验课由于缺乏实验设备而无法正常开展。教学资源的匮乏限制了乡村学生的学习视野和综合素质的提升。

3）教学方法落后

乡村教师在教学方法上相对传统，以讲授式教学为主，缺乏创新和多样化的教学方法。例如，小组合作学习、探究式学习等在城市学校较为常见的教学方法，在乡村学校的应用较少。教学方法的落后难以激发学生的学习兴趣和主动性，导致学生的学习效果不佳。

（2）现代信息技术对提高乡村教育质量的作用

为了提高乡村教育质量，乡村学校需要借助现代信息技术，其作用主要体现在以下几个方面。

1）引进优质教育资源

通过在线课程平台，乡村学生可以学习到城市名校的优质课程，拓宽知识面。例如，一些知名的在线教育平台提供了丰富课程资源，涵盖了中小学各个学科，乡村学生可以根据自己的需求进行选择学习。教师也可以通过在线课程平台学习先进的教学理念和教学方法，提高教学水平。例如，教师可以观看优秀教师的教学视频，学习他们的教学设计、教学方法和课堂管理技巧。

2）改进教学方法

现代信息技术为乡村教师提供了多样化的教学工具和教学方法。例如，教师可以利用多媒体教学设备，如投影仪、电子白板等，将文字、图片、音频、视频等多种形式的教学内容呈现给学生，使教学更加生动形象，激发学生的学习兴趣。教师还可以利用在线教学平台开展翻转课堂教学，让学生在课前自主学习，在课堂上进行讨论和交流，提高学生的自主学习能力和合作学习能力。

3）提供教学质量监测和评估手段

现代信息技术可以通过大数据分析，为乡村学校提供教学质量监测和评估的手段。例如，学校可以通过对学生考试成绩、作业完成情况、课堂表现等数据的分析，了解学生的学习情况和教师的教学效果，及时发现问题并采取相应的改进措施。教师可以通过对学生学习数据的分析，了解学生的学习薄弱环节，有针对性地进行辅导。例如，教师可以通过在线教学平台的数据分析功能，了解学生在某个知识点上的掌握情况，然后针对学生的薄弱环节进行重点讲解和练习。

2. 促进教育公平的需求

（1）乡村教育公平面临的问题

乡村地区由于地理位置偏远、经济发展水平低等因素，教育资源相对匮乏，教育机会不均等问题较为突出，主要表现在以下几个方面。

1）教育资源分配不均

城市和乡村在教育资源的分配上存在较大差距。城市学校拥有更多的优质教师、丰富的教学资源和先进的教学设备，而乡村学校相对匮乏。例如，在图书资源方面，城市学校的生均图书拥有量可能是乡村学校的数倍甚至更多；在实验设备方面，城市学校可能配备了先进的实验室和齐全的实验器材，而乡村学校则可能缺乏基本的实验设备。

2）师资队伍差距大

城市学校吸引了大量优秀教师，而乡村学校面临着师资短缺和师资质量不高的问题。城市学校的教师往往具有更高的学历、更丰富的教学经验和更先进的教学理念。例如，在某项调查中，城市学校的教师中具有硕士及以上学历的比例明显高于乡村学校的教师。同时，城市学校的教师参加培训和学术交流的机会更多，这让他们能够不断更新教学理念和教学方法，提高教学水平。

3）教育机会不平等

由于乡村地区经济条件相对较差，一些家庭可能无法承担孩子的教育费用，部分学生无法接受良好的教育。此外，乡村学生在升学、参加竞赛等方面也面临着更多的困难和限制。在一些贫困的乡村地区，部分学生可能因为家庭经济困难而辍学，无法完成义务教育；而在城市，学生则有更多的机会参加各种课外活动和竞赛，拓宽自己的视野并提高自己的能力。

（2）现代信息技术促进乡村教育公平的途径

现代信息技术的发展为促进乡村教育公平提供了新的途径，主要体现在以下几个方面。

1）实现教育资源共享

通过网络，乡村学生可以享受到与城市学生同等的优质教育资源，打破了地域和时间的限制。例如，一些在线教育平台为乡村学生提供了免费的课程资源和学习辅导，让乡村学生也能接受到高质量的教育。学校可以利用网络平台共享教学资源，如教学课件、教案、试题等，提高乡村学校的教学质量。例如，一些地区建立了教育资源共享平台，乡村学校的教师可以在平台上下载优质的教学资源用于教学。

2）为乡村教师提供专业发展机会

现代信息技术可以通过网络培训、在线教研等方式，为乡村教师提供专业发展的机会。乡村教师可以与城市教师进行交流和合作，学习先进的教学经验和教学方法，提高自身的专业素养。例如，一些师范院校和教育机构通过网络平台开展乡村教师培训项目，为乡村教师提供专业知识和教学技能的培训。同时，在线教研平台为乡村教师提供了与同行交流和分享教学经验的机会，促进了乡村教师的专业成长。

3）缩小城乡教育差距

现代信息技术的应用可以在一定程度上缩小城乡教育差距。通过引进优质教育资源、提高乡村教师的专业素养和为乡村学生提供更多的学习机会，逐步实现城乡教育的均衡发展。例如，一些地区通过实施“互联网 + 教育”项目，为乡村学校配备了多媒体教学设备和网络教学平台，让乡村学生能够享受到与城市学生同等的教育资源，获得与城市学生同等的教学质量。同时，通过加强乡村教师的培训和交流，提高了乡村教师的教学水平，缩小了城乡教师之间的差距。

3. 适应时代发展的需求

（1）时代发展对乡村教育的要求

当今时代，信息技术已经广泛应用于各个领域，成为推动社会发展的重要力量。为了适应时代发展的需求，乡村学生需要掌握一定的信息技术知识和技能，培养创新精神和实践能力，乡村教育也需要进行相应的改革和创新。

1）掌握信息技术知识和技能

随着信息技术的飞速发展，它已经成为人们生活和工作中不可或缺的一部分。乡村学生需要掌握计算机操作、网络应用、多媒体制作等信息技术知识和技能，以便更好地适应未来的社会发展。例如，在现代社会中，计算机和网络已经广泛应用于各个行业，掌握信息技术知识和技能可以为乡村学生提供更多的就业机会与发展空间。

2）培养创新精神和实践能力

创新是推动社会发展的重要动力，乡村学生需要培养创新精神和实践能力，以适应未来社会的发展需求。信息技术为学生提供了丰富的创新实践平台，如科技创新活动、编程比赛等。例如，学生可以通过参加科技创新活动，运用信息技术进行创新实践，培养创新思维和实践能力。同时，编程教育可以培养学生的逻辑思维和问题解决能力，为他们的未来发展奠定基础。

（2）乡村基础教育与现代信息技术融合的作用

乡村基础教育与现代信息技术的融合为学生提供了学习信息技术的机会和平台，提高了学生的信息素养，同时为乡村学校的管理和服务提供了新的手段。

1）为学生提供学习信息技术的机会和平台

通过信息技术课程的学习，学生可以掌握计算机操作、网络应用、多媒体制作等技能。例如，学校可以开设信息技术课程，让学生系统地学习信息技术知识和技能。学生还可以通过参加科技创新活动，运用信息技术进行创新实践，培养创新思维和实践能力。例如，学校可以组织学生参加科技创新比赛、机器人竞赛等活动，让学生在实践中提高信息技术应用能力。

2）提高学生的信息素养

信息素养是指人们在信息社会中获取、处理、利用和创造信息的能力。乡村基础教育与现代信息技术的融合可以提高学生的信息素养，使他们更好地适应信息社会的发展需求。例如，学生可以通过网络学习、在线交流等方式，提高自己的信息获取和处理能力。同时，通过参与信息技术项目和活动，学生可以培养自己的信息创造和创新能力。

3）为乡村学校管理和服务提供新手段

现代信息技术可以为乡村学校的管理和服务提供新手段。通过信息化管理系统，学校可以实现教学管理、学生管理、教师管理等方面的信息化，提高管理效率和服务水平。例如，学校可以通过学生信息管理系统，对学生的学籍、成绩、奖惩等情况进行管理；通过教师信息管理系统，对教师的教学计划、教学进度、教学评价等情况进行管理。同时，学校可以利用网络平台为家长提供学生的学习情况信息和学校的教育动态，加强家校合作。

乡村教育发展的内在需求推动了乡村基础教育与现代信息技术的融

合。提高教育质量、促进教育公平和适应时代发展的需求，使现代信息技术在乡村教育中发挥着越来越重要的作用。通过引进优质教育资源、改进教学方法、构建教学质量监测和评估手段，现代信息技术可以提高教育质量；通过实现教育资源共享、为乡村教师提供专业发展机会，现代信息技术可以促进教育公平；通过为学生提供学习信息技术的机会和平台、提高学生的信息素养、为乡村学校管理和服务提供新手段，现代信息技术可以适应时代发展。

二、乡村基础教育与现代信息技术融合的现状和成效

（一）基础设施建设与设备普及

1. 网络基础设施建设

（1）国家对乡村教育信息化的重视与投入

近年来，国家高度重视乡村教育信息化的发展，将其作为推动乡村教育现代化、促进教育公平的重要举措。为了改善乡村学校的网络基础设施，国家不断加大投入力度，通过多种渠道为乡村学校提供资金支持。

国家出台了一系列政策文件，明确了乡村教育信息化的发展目标和重点任务。例如，《教育信息化 2.0 行动计划》进一步强调，要推动信息技术与教育教学深度融合，提升乡村教育质量。国家通过中央财政专项资金、地方配套资金等方式，为乡村学校的网络基础设施建设提供了充足的资金保障。据统计，近年来，国家每年投入乡村教育信息化的资金达数十亿元，有力地推动了乡村学校网络基础设施的改善。

（2）乡村学校网络基础设施的显著改善

在国家的重视和大力投入下，乡村学校的网络基础设施建设得到了显著改善。目前，大部分乡村学校已经接入了互联网，网络带宽不断提高，网络稳定性和可靠性也得到了增强。

过去，许多乡村学校由于地理位置偏远、经济条件落后等原因，无法接入互联网。如今，随着“宽带网络校校通”工程的推进，越来越多的乡村学校实现了网络接入。据不完全统计，目前全国乡村学校的网络接入基

本实现了“校校通”的目标。随着技术的不断进步和投入的增加，乡村学校的网络带宽也在不断提升。从最初的几兆带宽，到现在的几十兆甚至上百兆带宽，乡村学校的网络速度得到了极大提高。这使教师和学生能够更加流畅地访问网络资源，开展在线教学和学习活动。

为了确保乡村学校网络的稳定运行，相关部门采取了一系列措施，加强网络维护和管理。例如，建立网络监控系统，及时发现和解决网络故障；加强网络安全防护，保障网络数据的安全。这些措施有效地提高了乡村学校网络的稳定性和可靠性，为信息化教学奠定了坚实基础。

（3）“宽带网络校校通”工程的推进

一些地方政府积极推进“宽带网络校校通”工程，实现了乡村学校无线网络全覆盖。这一工程的实施，为乡村学校的师生带来了诸多便利，提高了学习和教学的效率。

无线网络的全覆盖使学生和教师可以随时随地接入互联网，获取学习资源和教学信息。无论是在教室、图书馆、操场还是宿舍，师生都能够通过无线网络进行学习和交流。这打破了时间和空间的限制，为个性化学习和教学提供了可能。为了实现乡村学校无线网络全覆盖，地方政府采取了多种措施。一方面，加大资金投入，购买无线网络设备，如无线路由器、无线接入点等；另一方面，加强技术支持，组织专业人员对乡村学校的网络进行规划和建设。同时，通过培训等方式，提高乡村学校教师和管理人员的网络应用能力。

无线网络的全覆盖为乡村学校教学带来了新的活力。教师可以利用无线网络开展在线教学、翻转课堂等新型教学模式，提高教学效果。学生可以通过无线网络进行自主学习、合作学习，拓展学习渠道。此外，无线网络还为学校的管理提供了便利，如实现了校园一卡通、智能考勤等功能。

2. 多媒体教学设备普及

（1）多媒体教学设备在乡村学校的普及趋势

随着教育信息化的不断推进，多媒体教学设备在乡村学校的普及程度不断提高。目前，大部分乡村学校都配备了投影仪、电子白板、音响等多媒体教学设备，一些学校还配备了智能交互平板等高端设备。

国家和地方政府出台了一系列政策文件，鼓励和支持乡村学校配备多媒体教学设备。例如，《教育信息化“十三五”规划》提出，要加强多媒体教学设备的配备和应用，提高教学质量。各地政府也纷纷制订了相应的实施计划，加大对乡村学校多媒体教学设备的投入力度。

为了确保多媒体教学设备的普及，国家和地方政府通过多种渠道筹集资金。中央财政专项资金、地方配套资金、社会捐赠等资金的投入，为乡村学校购买多媒体教学设备提供了资金保障。据统计，近年来，全国乡村学校多媒体教学设备的配备率逐年提高。

（2）多媒体教学设备对教学的积极影响

多媒体教学设备的使用，丰富了教学手段，提高了教学效果。这些设备将文字、图片、音频、视频等多种形式的教学内容呈现给学生，使教学更加生动、形象，激发了学生的学习兴趣，如表 3－1 所示。

表 3－1　多媒体教学设备对教学的积极影响

多媒体教学设备	对教学的积极影响
投影仪	投影仪是乡村学校最常见的多媒体教学设备之一。教师可以通过投影仪将教学课件、图片、视频等内容展示给学生，使教学更加直观。例如，在语文教学中，教师可以通过投影仪播放课文的朗诵音频、相关的图片和视频，帮助学生更好地理解课文内容；在数学教学中，教师可以利用投影仪展示几何图形的变化过程、数学公式的推导过程等，使抽象的数学知识变得更加直观易懂
电子白板	电子白板是一种集投影、书写、交互等功能于一体的多媒体教学设备。与传统的黑板相比，电子白板具有更多的优势。教师可以在电子白板上进行书写、绘图、标注等操作，还可以播放教学课件、视频等内容。电子白板的交互功能还可以让学生参与到教学中来，提高学生的学习积极性和主动性。例如，在英语教学中，教师可以利用电子白板的交互功能进行单词拼写比赛、口语对话练习等活动，增强学生的学习兴趣和参与度
智能交互平板	智能交互平板是一种高端的多媒体教学设备，集成了计算机、投影仪、电子白板等多种功能。智能交互平板具有操作简单、功能强大、互动性强等特点，为乡村学校的教学带来了新的变革。教师可以通过智能交互平板进行教学演示、课堂互动、作业批改等操作，提高教学效率。学生可以通过智能交互平板进行自主学习、小组讨论、作品展示等活动，培养创新精神和实践能力

（3）乡村学校计算机教室建设的加强

乡村学校的计算机教室建设得到了加强。许多乡村学校配备了一定数量的计算机，为学生提供了信息技术课程学习和课外自主学习的场所。

计算机教室是乡村学校开展信息技术教育的重要场所。在计算机教室里，学生可以学习计算机基础知识，掌握办公软件的使用方法，进行编程实践等。通过信息技术课程的学习，学生可以提高信息素养，为未来的学习和生活打下坚实基础。

为了加强乡村学校计算机教室的建设，国家和地方政府投入了大量的资金。许多乡村学校配备了全新的计算机设备，计算机数量不断增加，计算机性能也得到了提升。同时，学校加强了计算机教室的管理和维护，确保计算机设备的正常运行。

一些乡村学校还建设了数字化实验室、创客空间等特色教学场所，为学生的创新实践提供了平台。数字化实验室配备了先进的实验设备和软件，学生可以通过数字化实验平台进行物理、化学、生物等学科的实验操作，提高实验教学效果。创客空间则为学生提供了一个开放、创新的学习环境，学生可以在这里进行创意设计、手工制作、科技发明等活动，培养创新精神和实践能力。

3. 数字教育资源建设

(1) 国家和地方政府建设数字教育资源库的举措

数字教育资源的建设和应用是乡村基础教育与现代信息技术融合的重要内容。目前，国家和地方政府已经建设了一批优质的数字教育资源库，如国家教育资源公共服务平台、各省市的教育资源平台等。

国家教育资源公共服务平台是由教育部主办的国家级数字教育资源库。平台汇聚了海量的优质教育资源，包括课程视频、教学课件、教案、试题等，涵盖了中小学各个学科。乡村教师和学生可以通过平台免费获取这些资源，用于教学和学习。国家教育资源公共服务平台还提供了在线教学、互动交流、资源共享等功能，为乡村学校的信息化教学提供了有力支持。

各省市也纷纷建设了自己的教育资源平台，结合本地的教育实际情况，开发了具有地方特色的数字教育资源。这些教育资源平台不仅为本地的乡村学校提供了丰富教学资源，还促进了区域内教育资源的共享和交流。例如，一些省市的教育资源平台推出了“同步课堂”“名师工作室”等特色栏目，通过这些栏目，乡村学校的师生能够与城市学校的师生进行互动交流，共同提高教学质量。

（2）数字教育资源库的内容和特点

数字教育资源库涵盖了中小学各个学科的教学资源，具有丰富性、多样性、优质性等特点。

数字教育资源库包含课程视频、教学课件、教案、试题等多种类型的教学资源。课程视频涵盖了中小学各个学科的知识点，由优秀教师录制，讲解清晰、生动形象。教学课件制作精美、内容丰富，能够帮助教师更好地进行课堂教学。教案、试题则为教师的教学与学生的学习提供了参考和指导。

数字教育资源库的资源形式多样，除了文字、图片、音频、视频等传统形式之外，还包括动画、虚拟现实、增强现实等新型资源形式。这些新型资源形式能够更加生动地呈现教学内容，提高学生的学习兴趣和参与度。例如，在地理教学中，教师可以利用虚拟现实技术让学生身临其境感受不同地区的自然风光和人文景观，增强学生的学习体验。

数字教育资源库的资源经过严格的筛选和审核，确保资源的质量。资源的制作团队由专业的教师、教育技术专家、学科专家等组成，他们根据教学大纲和课程标准，精心制作了这些资源。同时，数字教育资源库不断更新和完善资源内容，确保资源的时效性和实用性。

（3）企业和社会组织参与数字教育资源建设与推广

除了国家和地方政府之外，一些企业和社会组织也在积极参与数字教育资源的建设与推广。

1）在线教育平台提供免费资源和服务

一些在线教育平台为乡村学校提供了免费的课程资源和学习辅导服务。这些平台拥有丰富的教学资源和专业的教师团队，能够为乡村学生提供个性化的学习支持。例如，一些在线教育平台推出了“乡村教育公益计划”，为乡村学校捐赠了大量的课程资源和学习设备，帮助乡村学生提高学习成绩。

2）教育科技企业捐赠数字教育资源

一些教育科技企业为乡村学校捐赠了电子图书、教学软件等数字教育资源。这些资源能够丰富乡村学校的教学资源，提高教学效果。例如，一些教育科技企业为乡村学校捐赠了智能教学软件，该软件具有智能批改作业、个性化学习推荐等功能，能够帮助教师提高教学效率，帮助学生提高学习成绩。乡村基础教育信息化基础设施建设与设备普及是推动乡村教育现代化的重要举措。通过国家的重视和投入、地方政府的积极推进、企业和社会组织的参与，乡村学校的网络基础设施、多媒体教学设备、数字教育资源等方面都得到了显著改善。这些举措为乡村学校开展信息化教学奠定了坚实基础，提高了乡村教育质量，促进了教育公平。

（二）教学模式与方法的创新

1. 在线教学模式的应用

（1）在线教学在乡村基础教育中的重要性

在线教学作为现代信息技术在教育教学中的重要应用模式之一，为乡村基础教育带来了诸多变革。在乡村地区，由于地理位置偏远、教育资源相对匮乏，学生往往难以接触到优质的教育资源。而在线教学模式的应用，为乡村学生提供了更加灵活、便捷的学习方式，打破了时间和空间的限制，让他们能够享受到与城市学生同等的教育机会。

1）提供灵活便捷的学习方式

在线课程平台的出现，使学生可以随时随地进行学习。无论是在家中、田间地头还是在学校的课余时间，只要有网络连接，学生就可以登录平台进行学习。这种学习方式不受传统课堂时间和地点的限制，充分满足了乡村学生多样化的学习需求。例如，一些乡村学生在放学后可以通过在线课程平台复习当天所学的知识，或者提前预习将要学习的内容。对于那些因家庭原因无法按时到校上课的学生来说，在线教学更是提供了一种宝贵的学习途径，确保他们不会落下课程。

2）实现优质教育资源共享

在线教学可以实现优质教育资源的共享，让乡村学生也能享受到城市名校的优质课程。通过网络直播技术，城市学校的优秀教师可以为乡村学校的学生进行远程授课，将先进的教学理念、教学方法和教学资源传递到乡村地区。这不仅拓宽了乡村学生的知识面，提高了他们的学习水平，也有助于缩小城乡教育差距。例如，一些乡村学校与城市学校开展了在线同步课堂教学活动，乡村学生可以实时观看城市学校的课堂教学，与城市学生一起互动交流，共同学习进步。此外，一些在线教育平台还为乡村学生提供了丰富的学习资源，如课程视频、教学课件、练习题等，学生可以根据自己的学习情况和需求进行选择与学习。

（2）乡村学校在线教学的具体实践

1）在线同步课堂教学活动

为了实现城乡教育资源的共享，一些乡村学校与城市学校开展了在线同步课堂教学活动。通过网络直播技术，城市学校的教师可以为乡村学校的学生进行远程授课。在这种教学模式下，乡村学生可以实时观看城市教师的教学过程，与城市学生一起参与课堂互动，如回答问题、提出疑问等。同时，乡村学校的教师可以在课堂上协助城市教师进行教学管理，组织学生进行讨论和交流。例如，在一节语文同步课堂上，城市教师通过网络直播为乡村学生讲解了一篇古诗词。在讲解过程中，城市教师运用多媒体教学手段，播放了古诗词的朗诵音频和相关的视频资料，让学生更加直观地感受到了古诗词的意境和魅力。乡村学生在课堂上积极参与互动，提出了自己的疑问和见解，城市教师及时给予解答和指导。通过这种在线同步课堂教学活动，乡村学生不仅学到了知识、拓宽了视野，还提高了学习兴趣和积极性。

在线同步课堂教学活动的开展，需要学校之间的密切合作和技术支持。首先，学校之间需要建立稳定的网络连接，确保视频直播的流畅性和清晰度。其次，教师之间需要进行充分的沟通和协调，共同制订教学计划和教学内容，确保教学的连贯性和一致性。最后，学校需要为学生提供必要的学习设备和技术支持，如计算机、平板电脑、网络摄像头等，确保学生能够顺利参与在线同步课堂教学活动。

2）在线教育平台的个性化学习服务

除了在线同步课堂教学活动之外，一些在线教育平台还为乡村学生提供了个性化的学习服务。这些平台通过大数据分析和人工智能技术，了解学生的学习情况和需求，为学生推荐适合的学习内容和学习方法。例如，一些在线教育平台会根据学生的学习历史、答题情况、错题记录等数据，分析学生的学习薄弱环节和知识漏洞，然后为学生推荐相应的课程视频、练习题和学习资料。同时，平台会根据学生的学习进度和能力水平，调整学习内容的难度和进度，确保学生能够在自己的能力范围内进行学习。

在线教育平台的个性化学习服务还包括在线辅导和答疑。学生在学习过程中遇到问题时，可以随时向平台上的教师或学习助手提问，获得及时的解答和指导。这种一对一的辅导和答疑方式，能够更好地满足学生的个性化需求，提高学生的学习效果。例如，一些乡村学生在学习数学时遇到了难题，他们可以通过在线教育平台向教师提问，教师会通过文字、图片、视频等方式进行解答，帮助学生理解和掌握知识点。此外，一些在线教育平台还会为学生提供学习社区和交流平台，让学生可以与其他学生交流和讨论，分享学习经验和心得，提高学习的积极性和主动性。

2. 翻转课堂教学模式的探索

（1）翻转课堂教学模式的特点和优势

翻转课堂是一种将传统课堂教学模式翻转过来的新型教学模式。在传统的课堂教学中，教师通常在课堂上进行知识的传授，学生在课后进行复习和巩固；而在翻转课堂中，学生在课前通过观看教学视频、阅读教材等方式进行自主学习，课堂上则主要进行讨论、答疑、实践等活动。翻转课堂教学模式具有以下特点和优势。

1）提高学生的自主学习能力

翻转课堂教学模式要求学生在课前进行自主学习，这有助于培养学生的自主学习能力。学生需要自己安排学习时间、制订学习计划、选择学习方法，独立完成学习任务。在这个过程中，学生学会了自我管理和自我约束，提高了学习的主动性和积极性。例如，一些乡村学生在学习英语时，通过观看在线教学视频，学习了英语单词的发音和拼写方法。在观看视频的过程中，学生可以根据自己的学习进度暂停、回放视频，反复学习自己不懂的内容。通过这种自主学习的方式，学生不仅掌握了英语单词，还提高了自己的自主学习能力。

2）增强学生的合作学习能力

在翻转课堂中，课堂上的主要活动是讨论、答疑和实践，这需要学生进行合作学习。学生可以组成学习小组，共同讨论问题、解决难题、完成项目任务。在合作学习的过程中，学生学会了倾听他人的意见和建议，与他人沟通和交流，进行分工合作和团队协作。例如，一些乡村学校的数学教师在教学中采用了翻转课堂教学模式。在课前，学生通过观看教学视频学习了数学公式的推导过程。在课堂上，教师组织学生进行小组讨论，让学生共同探讨如何运用数学公式解决实际问题。学生在小组讨论中积极发言，互相交流自己的想法和方法，最终共同解决了问题。通过这种合作学习的方式，学生不仅掌握了数学知识，还增强了自己的合作学习能力。

3）提高教学的针对性和实效性

翻转课堂教学模式可以让教师更好地了解学生的学习情况和需求，从而提高教学的针对性和实效性。在课前，教师可以通过在线教学平台了解学生的学习进度和学习情况，发现学生的学习难点和问题。在课堂上，教师可以根据学生的实际情况进行有针对性的教学，重点讲解学生不懂的内容，解答学生的疑问。同时，教师可以通过课堂讨论和实践活动，了解学生对知识的掌握程度和应用能力，及时调整教学策略和方法。例如，一些乡村学校的语文教师在教学中采用了翻转课堂教学模式。在课前，教师通过在线教学平台布置了阅读任务，让学生阅读一篇课文并回答问题。教师通过平台了解到学生的答题情况，发现学生对课文中的某些段落理解存在困难。在课堂上，教师重点讲解了这些段落，帮助学生理解了课文的内容和主旨。通过这种有针对性的教学方式，教师提高了教学的实效性，学生也更好地掌握了知识。

（2）乡村基础教育中翻转课堂的实践探索

1）教师制作教学视频和布置自主学习任务

在乡村基础教育中，翻转课堂教学模式的实施需要教师制作教学视频和布置自主学习任务。教师可以根据教学大纲和课程标准，制作生动有趣、简洁明了的教学视频，让学生在课前进行观看学习。教学视频可以包括知识点的讲解、例题的分析、实验的演示等内容，帮助学生更好地理解和掌握知识。同时，教师可以布置一些自主学习任务，如阅读教材、做练习题、查阅资料等，让学生在自主学习的过程中发现问题、提出问题。例如，一些乡村学校的物理教师在教学中制作了一系列的教学视频，介绍了物理实验的操作方法和注意事项。在课前，学生通过观看这些视频，了解了实验的目的、步骤和原理。同时，教师布置了一些自主学习任务，让学生在观看视频的基础上，设计自己的实验方案。在课堂上，教师组织学生进行实验操作，让学生在实践中掌握物理知识。教师在制作教学视频和布置自主学习任务时，需要考虑学生的实际情况和学习需求。教学视频的内容要难易适中，既不能过于简单，让学生觉得没有挑战性；又不能过于复杂，让学生难以理解。自主学习任务的难度也要适中，要让学生在完成任务的过程中感受到成就感，同时能提高自己的学习能力。此外，教师还可以通过在线教学平台与学生进行互动交流，及时了解学生的学习情况和问题，为学生提供必要的指导和帮助。

2）课堂上组织小组讨论和开展实践活动

在翻转课堂中，课堂上的主要活动是小组讨论和实践活动。教师可以根据学生的学习情况和兴趣爱好，将学生分成若干个学习小组，让学生在小组内进行讨论和交流。小组讨论的内容可以是课前自主学习中遇到的问题、教师提出的问题或者是与课程内容相关的实际问题。在小组讨论的过程中，教师要引导学生积极发言，倾听他人的意见和建议，共同探讨问题的解决方案。例如，一些乡村学校的化学教师在教学中采用了翻转课堂教学模式。在课堂上，教师组织学生进行小组讨论，让学生探讨如何利用化学知识解决乡村环境污染问题。学生在小组讨论中积极发言，提出了很多有创意的解决方案。通过这种小组讨论的方式，学生不仅掌握了化学知识，还提高了自己的问题解决能力和创新思维能力。除了小组讨论之外，教师还可以组织学生开展实践活动。实践活动可以是实验操作、实地考察、社会调查等形式，让学生在实践中巩固和应用所学的知识。例如，一些乡村学校的生物教师在教学中组织学生进行了一次实地考察活动。学生在教师的带领下，来到了当地的农田和果园，观察了农作物和果树的生长情况，了解了生态环境对农作物和果树生长的影响。通过这次实地考察活动，学生不仅学到了生物知识，还提高了自己的观察能力和实践能力。

3. 项目式学习模式的尝试

（1）项目式学习模式的理念和价值

项目式学习模式是一种以学生为中心的教学模式，通过让学生参与真实的项目实践，培养学生的问题解决能力、合作能力和创新能力。在乡村基础教育中，项目式学习模式的尝试为学生提供了更加贴近生活实际的学习体验，具有以下理念和价值。

1）以学生为中心

项目式学习模式强调以学生为中心，让学生在学习过程中发挥主体作用。学生不再是被动地接受知识，而是主动地参与项目实践，通过自己的努力和探索解决问题、完成任务。在这个过程中，学生学会了自主学习、合作学习和探究学习，提高了自己的学习能力和综合素质。例如，一些乡村学校的美术教师在教学中采用了项目式学习模式。教师让学生以“家乡的美景”为主题，进行美术创作。学生在教师的指导下，分成若干个小组，通过实地考察、查阅资料、拍摄照片等方式，收集了大量的素材。然后，学生运用所学的美术知识和技能，进行美术创作，最终完成了一幅幅精美的作品。通过这个项目，学生不仅提高了自己的美术水平，还增强了对家乡的热爱之情。

2）培养学生的问题解决能力

项目式学习模式要求学生在项目实践中解决各种实际问题，这有助于培养学生的问题解决能力。学生需要通过分析问题、提出假设、收集证据、验证假设等步骤，找到问题的解决方案。在这个过程中，学生学会了运用所学的知识和技能，提高了自己的思维能力和创新能力。例如，一些乡村学校的数学教师在教学中组织学生进行了一次“测量校园面积”的项目式学习活动。学生在教师的指导下，分成若干个小组，通过实地测量、计算、绘图等方式，完成了校园面积的测量任务。在这个过程中，学生遇到了很多问题，如测量工具的选择、测量方法的确定、数据的处理等。学生通过不断尝试和探索，最终解决了这些问题，完成了任务。通过这个项目，学生不仅掌握了数学知识和技能，还提高了自己的问题解决能力。

3）培养学生的合作能力和创新能力

项目式学习模式通常需要学生组成学习小组，共同完成项目任务。在这个过程中，学生需要学会与他人合作，共同解决问题。同时，学生需要发挥自己的创新能力，提出独特的解决方案和创意。例如，一些乡村学校的信息技术教师在教学中组织学生进行了一次“制作校园网站”的项目式学习活动。学生在教师的指导下，分成若干个小组，分别负责网站的设计、编程、内容制作等工作。在项目实施过程中，学生需要相互沟通、协调配合，共同完成网站的制作任务。同时，学生需要发挥自己的创新能力，设计出具有特色的网站界面和功能。通过这个项目，学生不仅提高了自己的信息技术水平，还培养了合作能力和创新能力。

（2）乡村学校项目式学习的具体实践

1）结合当地特色资源开展项目式学习活动

乡村学校可以结合当地的农业、文化等特色资源，开展项目式学习活动。例如，一些乡村学校结合当地的农业资源，开展了农业科技项目式学习活动。学生在教师的指导下，通过实地调研、查阅资料、实验探究等方式，了解当地的农业生产情况，学习农业科技知识，探索提高农业生产效益的方法。一些乡村学校结合当地的文化资源，开展了文化传承项目式学习活动。学生通过走访当地的文化名人、参观文化遗址、学习传统技艺等方式，了解当地的文化历史和传统习俗，传承和弘扬当地的文化。例如，一些乡村学校位于少数民族聚居地区，学校结合当地的民族文化资源，开展了民族文化传承项目式学习活动。学生学习了本民族的语言、歌舞、手工艺等传统文化，制作了民族文化宣传手册和视频，向外界宣传和推广了本民族的文化。通过这些项目式学习活动，学生不仅学到了知识，还提高了自己的综合素养，增强了对家乡的热爱之情。在结合当地特色资源开展项目式学习活动时，教师要充分发挥引导作用，帮助学生确定项目主题、制订项目计划、组织项目实施。同时，教师要为学生提供必要的资源和技术支持，如书籍、资料、实验设备等。此外，教师还可以邀请当地的专家、学者、艺人等参与项目指导，为学生提供专业的知识和技能支持。

2）学生在项目式学习中的成长和收获

通过参与项目式学习活动，学生在知识、技能、情感等方面都得到了很大的提升。在知识方面，学生通过项目实践，学到了很多书本上学不到的知识，拓宽了自己的知识面。在技能方面，学生提高了自己的问题解决能力、合作能力、创新能力、实践能力等综合素质。在情感方面，学生增强了对家乡的热爱之情、对传统文化的认同感、对科学技术的兴趣等。例如，一些乡村学生在参与农业科技项目式学习活动后，对农业生产产生了浓厚的兴趣，立志长大后成为一名农业科学家，为家乡的农业发展做出贡献；一些乡村学生在参与文化传承项目式学习活动后，对本民族的文化充满了自豪感，积极参与文化传承和弘扬活动。项目式学习活动还可以激发学生的学习兴趣和积极性，提高学生的学习效果。在项目式学习活动中，学生不再是被动地接受知识，而是主动地参与项目实践，通过自己的努力和探索解决问题、完成任务。这种学习方式让学生感受到了学习的乐趣和成就感，提高了他们的学习兴趣和积极性。同时，项目式学习活动可以培养学生的自主学习能力和终身学习意识，为他们的未来发展奠定坚实基础。

乡村基础教育教学模式与方法的创新是推动乡村教育发展的重要动力。在线教学模式的应用为乡村学生提供了更加灵活、便捷的学习方式，实现了优质教育资源的共享；翻转课堂教学模式的探索提高了学生的自主学习能力和合作学习能力，增强了教学的针对性和实效性；项目式学习模式的尝试为学生提供了更加贴近生活实际的学习体验，培养了学生的问题解决能力、合作能力和创新能力。这些教学模式与方法的创新，为乡村基础教育带来了新的活力和机遇，有助于提高乡村教育质量，促进乡村学生的全面发展。

（三）学生学习方式与学习效果的改善

1. 学生学习方式的转变

（1）从被动接受式学习向主动探究式学习转变

乡村基础教育与现代信息技术的融合，为学生提供了更广阔的学习空间和更多的学习资源，促使学生从传统的被动接受式学习向主动探究式学习转变。

在传统的乡村教育中，学生往往被动地接受教师传授的知识，缺乏主动探索和思考的机会。而现代信息技术的引入，让学生能够通过网络自主获取学习资源，根据自己的兴趣和需求进行学习。例如，学生可以在在线学习平台上搜索自己感兴趣的课程，如历史文化、科学技术、艺术创作等，进行自主学习。在学习过程中，学生不再是被动地等待教师的讲解，而是主动地探索知识、提出问题、寻找答案。这种主动探究式学习方式，不仅能提高学生的学习兴趣和积极性，还能培养学生的自主学习能力和创新思维能力。

此外，现代信息技术还为学生提供了丰富的学习工具和资源，如电子书籍、在线课程、学习软件等，让学生能够更加便捷地进行学习。学生可以利用这些学习工具和资源，进行自主学习和探究，拓宽自己的知识面和视野。例如，学生可以通过阅读电子书籍，了解不同领域的知识和文化；可以通过观看在线课程，学习专业的知识和技能；可以通过使用学习软件，进行练习和测试，巩固自己的学习成果。

（2）从单一的课堂学习向多元化的学习方式转变

现代信息技术的发展，让学生的学习方式从单一的课堂学习向多元化的学习方式转变。除了传统的课堂学习之外，学生还可以通过网络学习、实践学习、合作学习等方式，进行多元化的学习。

网络学习是现代信息技术带来的一种新型学习方式。学生可以通过网络，随时随地进行学习，不受时间和空间的限制。例如，学生可以在课余时间，通过在线学习平台进行学习，补充课堂学习的不足；可以在假期里，通过网络参加各种学习活动，拓宽自己的知识面和视野。网络学习还可以让学生根据自己的学习进度和需求进行自主调整，满足不同学生的学习需求。

实践学习是一种让学生通过实际操作和体验学习知识与技能的学习方式。现代信息技术为学生提供了更多的实践学习机会，如科技创新活动、社会实践活动等。学生可以通过参加这些活动，将所学的知识和技能应用到实际中，提高自己的实践能力和创新能力。例如，学生可以参加科技创新比赛，设计和制作科技作品，锻炼自己的动手能力和创新思维能力；可以参加社会实践活动，了解社会问题，提出解决方案，培养自己的社会责任感和实践能力。

合作学习是一种让学生通过合作与交流学习知识和技能的学习方式。现代信息技术为学生提供了更多的合作学习机会，如在线讨论、小组项目等。学生可以通过网络与教师及同学进行交流和互动，分享学习经验和心得，提高学习效果。例如，学生可以在在线学习平台上参加讨论组，与同学一起讨论问题，共同解决难题；可以参加小组项目，与同学一起合作完成任务，培养自己的合作能力和团队精神。

2. 学生学习效果的提升

（1）多媒体教学设备的使用提高学习效果

在乡村基础教育中，多媒体教学设备的使用，让教学内容更加生动、形象，激发了学生的学习兴趣，提高了学生的学习积极性。

多媒体教学设备可以将文字、图片、音频、视频等多种形式的教学内容呈现给学生，让学生更加直观地感受和理解知识。例如，在语文教学中，教师可以通过播放课文朗读音频、展示相关的图片和视频，让学生更加深入地理解课文内容；在数学教学中，教师可以通过动画演示数学公式的推导过程，让学生更加直观地理解数学概念。多媒体教学设备还可以让教学内容更加生动有趣，吸引学生的注意力，提高学生的学习兴趣。例如，在英语教学中，教师可以通过播放英语歌曲、电影片段等，让学生在轻松愉快的氛围中学习英语。

此外，多媒体教学设备还可以提高教学的效率和质量。教师通过多媒体教学设备能更便捷地展示教学内容，节省教学时间；还能利用其进行互动教学，提高学生的参与度和学习效果。例如，教师可以通过电子白板，进行书写、绘画、标注等操作，与学生进行互动交流；可以通过投影仪，播放教学视频、展示教学课件等，让学生更加直观地感受教学内容。

（2）在线教学、翻转课堂等教学模式的应用提高教学针对性和实效性，帮助学生更好地掌握知识和技能。

1）在线教学

在线教学是一种通过网络进行教学的方式。在乡村基础教育中，在线教学可以让学生享受到城市名校的优质课程资源，打破地域限制，实现教育公平。在线教学也可以让学生根据自己的学习进度和需求进行自主学习，提高学习的针对性和实效性。例如，学生可以在在线学习平台上观看课程视频、完成作业、参加测试等，自主掌握学习进度和节奏。在线教学还可以让教师更加便捷地进行教学管理和评价，提高教学效率和质量。例如，教师可以通过在线学习平台，了解学生的学习情况，进行作业批改和测试评价，及时反馈学生的学习成果。

2）翻转课堂

翻转课堂是一种将传统课堂教学模式翻转过来的教学模式，如图 3－2 所示。在翻转课堂中，学生在课前通过观看教学视频、阅读教材等方式进行自主学习，在课堂上则主要进行讨论、答疑、实践等活动。翻转课堂可以提高学生的自主学习能力和合作学习能力，增强教学的针对性和实效性。例如，在乡村基础教育中，教师可以通过制作教学视频，让学生在课前进行自主学习，了解课程内容和重点、难点；在课堂上，教师则可以针对学生的问题进行答疑和讨论，引导学生进行深入思考和探究。翻转课堂还可以让学生更加积极地参与教学过程，提高学生的学习兴趣和积极性。

（3）在线同步课堂教学活动和项目式学习等提升学生综合素质

一些乡村学校通过开展在线同步课堂教学活动和项目式学习等教学模式的尝试，不仅提高了学生的学习成绩，还提升了学生的综合素质。

1）在线同步课堂教学活动

在线同步课堂教学活动可以让乡村学生享受到城市名校的优质课程资源，拓宽乡村学生的知识面和视野。在线同步课堂教学活动还可以让城乡学生进行互动交流，共同学习进步，促进教育公平。例如，一些乡村学校与城市学校开展在线同步课堂教学活动，让乡村学生与城市学生一起上课、一起讨论、一起完成作业。通过这种方式，乡村学生不仅学到了知

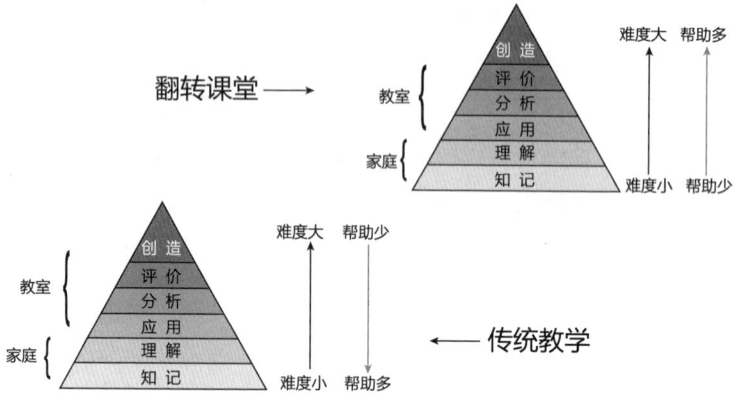

图3-2　翻转课堂教学模式

识，还提高了自己的沟通能力和合作能力。

2）项目式学习

项目式学习是一种以学生为中心的教学模式，通过让学生参与真实的项目实践，培养学生的问题解决能力、合作能力和创新能力。在乡村基础教育中，项目式学习可以让学生结合当地的实际情况，开展项目实践活动，提高学生的综合素质。例如，一些乡村学校结合当地的农业资源，开展农业科技项目式学习活动，让学生通过实地调研、实验探究等方式，了解农业科技知识，提高自己的实践能力和创新能力。项目式学习还可以让学生在项目实践中，学会团队合作和沟通交流，提高自己的合作能力和领导能力。

乡村基础教育与现代信息技术的融合，带来了学生学习方式的转变和学习效果的提升。学生从被动接受式学习向主动探究式学习转变，从单一的课堂学习向多元化的学习方式转变，提高了学生的自主学习能力和创新思维能力。多媒体教学设备的使用和在线教学、翻转课堂等教学模式的应用，以及在线同步课堂教学活动和项目式学习等教学模式的尝试，提高了教学的针对性和实效性，帮助学生更好地掌握了知识和技能，提升了学生的综合素质。

总之，乡村基础教育与现代信息技术的初步融合，为乡村教育的发展带来了新的机遇和挑战。在政策推动与技术支持下，乡村学校的基础设施建设与设备普及得到了显著改善，教学模式与方法不断创新，学生的学习方式与学习效果得到了有效提升。然而，乡村基础教育与现代信息技术的融合还存在一些问题和不足，如信息技术应用水平不高、教师信息技术素养有待提升、数字教育资源建设不均衡等。未来，我们需要进一步加大对乡村教育信息化的投入，加强教师信息技术培训，优化数字教育资源配置，推动乡村基础教育与现代信息技术的深度融合，为乡村学生的成长和发展提供更好的教育服务。

参考文献：

[1]李华. 信息时代乡村教育的数字化转型[M]. 北京:科学出版社,2022.

[2]陶洁,刘继清,黄金花. 现代信息技术基础[M]. 北京:中国铁道出版社有限公司,2022.

[3]姚松. 农村教育布局调整中的利益博弈[M]. 北京:科学出版社,2016.

第四章 乡村基础教育与现代信息技术深度融合的障碍和挑战

一、技术层面的障碍

（一）网络覆盖与带宽问题

1. 乡村地区网络覆盖现状及挑战

（1）国家推进“智慧校园”“宽带网络校校通”等工程后的成效与不足

近年来，国家大力推进“智慧校园”“宽带网络校校通”等工程，为乡村学校的网络接入带来了积极变化。许多乡村学校的网络接入率有了一定提高，这使部分乡村地区的教育信息化迈出了重要一步。学生和教师能够在一定程度上接触到网络资源，为教学和学习提供了新的途径。然而，尽管取得了这些成绩，仍有部分偏远乡村学校未能实现稳定的网络连接。这些学校通常位于交通不便的山区、海岛等地，给网络基础设施建设带来了巨大的挑战。

1）山区乡村学校的网络覆盖困境

地理位置偏僻是山区乡村学校面临的首要问题。由于地处偏远，通信基站建设难度极大。山区地形复杂、道路崎岖，施工设备和材料的运输成本高，且施工过程中面临着诸多安全风险。例如，在一些陡峭的山坡上，施工人员需要克服险峻地形带来的困难，才能进行基站的建设和维护工作。

网络信号微弱甚至无法覆盖是常见现象。即使在一些有信号的山区乡村学校，也可能受地形因素影响而不稳定。山区的地形起伏大，信号容易被山体阻挡和干扰。例如，在山谷中的学校，可能会因为周围山体的遮挡，网络信号极弱，甚至完全无法接收到信号。

气候条件会对网络信号产生影响。在山区，恶劣的天气如暴雨、暴雪、大风等较为常见，这些天气条件可能会损坏通信设备，导致网络中断。例如，在暴雨天气中，山体滑坡可能会破坏通信线路，使学校的网络陷入瘫痪。

2）海岛乡村学校的网络覆盖难题

海洋环境的特殊性使网络铺设面临技术和成本上的双重挑战。海岛与大陆之间的距离较远，铺设海底电缆需要高昂的成本和先进的技术。同时，海洋中的盐雾、海浪等因素会对通信设备造成腐蚀和损坏，增加了维护的难度。例如，海底电缆的铺设需要专业的海洋工程技术和设备，而且一旦出现故障，维修成本极高。

网络覆盖情况不容乐观。由于技术和成本的限制，很多海岛乡村学校的网络覆盖程度较低。即使有网络信号，也可能受海浪、风暴等海洋天气的影响而不稳定。例如，在台风季节，海岛乡村学校的网络可能会频繁中断，严重影响教学的正常进行。

3）乡村地区网络覆盖不均衡的影响

经济相对发达的乡村地区网络覆盖情况较好，而贫困乡村地区网络建设仍然滞后。这种不均衡现象不仅影响了教育公平，也制约了乡村基础教育与现代信息技术的深度融合。在经济发达的乡村，学校和家庭可能更容易获得网络接入与高速带宽，学生能够享受到更多的在线教育资源和数字化学习机会；而在贫困乡村，由于网络覆盖不足，学生和教师的学习与教学资源受到严重限制。

教育公平受到挑战。网络覆盖的不均衡使不同地区的学生在获取教育资源方面存在巨大差距。城市学生和经济发达的乡村地区学生可以通过网络参加在线课程、获取丰富的学习资料，而贫困乡村地区的学生却因为网络限制而无法享受到这些资源。这进一步拉大了城乡教育差距，不利于教育公平的实现。

制约乡村基础教育与现代信息技术的深度融合。网络覆盖不均衡使乡村学校在推进教育信息化的过程中面临困难。贫困乡村地区的学校由于网络条件差，无法有效地开展在线教学、利用数字教育资源进行教学创新，从而影响了乡村基础教育与现代信息技术的深度融合。

（2）乡村地区网络覆盖现状

目前，我国乡村学校的网络接入率虽然有所提高，但仍有一定比例的偏远乡村学校未能接入网络。例如，在某些偏远山区省份，仍有15% 的乡村学校没有稳定的网络连接。网络带宽方面，乡村地区的平均网络带宽远低于城市地区。在一些贫困乡村，网络带宽可能只有几兆甚至更低，而城市地区的网络带宽通常在几十兆甚至上百兆。网络稳定性方面，乡村地区的网络中断频率明显高于城市地区。在一些山区和海岛乡村，每月可能会出现多次网络中断的情况，严重影响了教学和学习的正常进行。案例分析如表 4 – 1 所示。

表 4 – 1　乡村地区网络覆盖案例分析

案例地区	案例分析
西昌市大箐乡中心小学	这所学校位于大山深处，距离最近的城镇也有几十公里。由于地理位置偏僻，通信基站建设困难，学校的网络信号非常微弱。即使有信号，也经常出现断网、卡顿等现象。在进行在线教学时，学生很难听清教师的授课内容，视频播放也不流畅。学校的教师为了让学生更好地学习，不得不采用传统的教学方法，但教学效果受到了很大的影响
海岛乡村学校鹿西小学	这所海岛乡村学校面临着海洋环境带来的网络覆盖难题。由于海底电缆铺设成本高，目前学校只能通过卫星通信获取网络信号。但卫星通信的带宽有限，且信号不稳定。在下载数字教育资源时，速度非常缓慢，甚至经常下载失败。学校的教师和学生渴望能够有更稳定、更快速的网络连接，以便更好地开展教学和学习活动

2. 网络带宽不足对乡村教育的影响

（1）在线课程卡顿、视频播放不流畅对学习体验和效果的影响

在线教学在乡村教育中发挥着越来越重要的作用，但网络带宽不足导致的在线课程卡顿、视频播放不流畅问题，严重影响了乡村学生的学习体验和效果。

1）学习体验方面

学生在观看在线课程时，如果画面出现卡顿、延迟等问题，就会感到非常烦躁和沮丧。他们无法集中精力听讲，容易分心，从而降低了学习的积极性和主动性。例如，在一节英语在线课程中，由于网络带宽不足，学生经常听不到教师的发音，或者看到的画面是断断续续的，这使他们对学习英语的兴趣大打折扣。

视频播放不流畅也会影响学生的学习体验。一些高质量的教学视频对于学生的学习非常有帮助，但如果网络带宽不足，视频播放就会出现卡顿、缓冲等问题，学生无法完整地观看视频内容，这会影响他们对知识的理解和掌握。例如，在一节科学实验视频课上，学生因为网络卡顿，无法清晰地看到实验的过程和结果，对实验原理的理解也变得困难。

2）学习效果方面

在线课程卡顿和视频播放不流畅会直接影响学生对知识点的理解。在学习过程中，学生需要通过教师的讲解、演示和视频等多种方式理解知识点。如果网络出现问题，学生就可能会错过关键的内容，导致对知识点的理解出现偏差。例如，在一节数学在线同步课堂上，由于网络带宽不足，乡村学生难以清晰地看到教师的板书和演示，导致对知识点的理解出现困难，影响学习效果。

网络问题还会影响学生的学习进度。如果在线课程经常卡顿，学生则需要花费更多的时间等待视频加载和恢复播放，这会浪费大量的学习时间，导致学习进度落后。例如，在一个学期的在线学习过程中，由于网络问题，一些乡村学生的学习进度比城市学生慢了很多，影响了他们的学习成绩和综合素质的提升。

（2）限制数字教育资源下载和使用对教学质量的影响

数字教育资源对于乡村教育的发展至关重要，但网络带宽不足限制了数字教育资源的下载和使用，从而影响了乡村教育的教学质量。

1）资源获取困难

一些高质量的教学课件、视频资源等文件较大，需要较高的网络带宽才能快速下载。但在乡村地区，由于网络带宽有限，下载这些资源可能需要很长时间，甚至无法下载成功。这导致乡村教师和学生无法及时获取最新、最优质的教育资源，影响了教学和学习的效果。例如，一位乡村教师想要下载一个关于物理实验的教学视频，但由于网络带宽不足，下载了几个小时都没有成功，最后不得不放弃。

资源更新缓慢也是一个问题。由于网络带宽的限制，乡村学校无法及时更新数字教育资源，教学内容陈旧，无法满足学生的学习需求。例如，一些乡村学校的电子图书馆中，书籍和资料已经很久没有更新，学生无法获取到最新的知识和信息。

2）教学方法受限

数字教育资源的丰富性和多样性为教师提供了更多的教学方法选择。例如，教师可以利用多媒体教学课件、在线互动课程等方式进行教学，提高学生的学习兴趣和参与度。但如果网络带宽不足，教师无法顺利下载和使用这些资源，就只能采用传统的教学方法，教学效果将大打折扣。例如，一位乡村语文教师原本计划使用一个在线互动教学平台进行作文教学，但由于网络带宽不足，无法登录该平台，最后只能采用传统的板书和讲解的方式进行教学。

学生的自主学习也受到限制。数字教育资源为学生提供了自主学习的机会，他们可以根据自己的学习进度和需求，选择合适的资源进行学习。但如果网络带宽不足，学生无法下载和使用这些资源，就无法进行有效的自主学习。例如，一些乡村学生想要通过在线学习平台进行英语听力练习，但由于网络带宽不足，无法加载听力材料，只能放弃自主学习的计划。

（3）对学校信息化管理的影响

网络带宽不足不仅影响教学，还会对学校的信息化管理产生不良影响。

1）办公自动化系统运行缓慢

学校的办公自动化系统需要稳定的网络连接和足够的带宽支持。如果网络带宽不足，办公自动化系统就可能会运行缓慢，甚至出现故障。例如，教师在使用办公自动化系统进行文件上传、下载、审批等操作时，可能会因为网络卡顿而耗费大量的时间，影响工作效率。学校的通知、文件等信息无法及时传达。如果办公自动化系统运行缓慢，学校的通知和文件就可能无法及时发送到教师与学生手中，影响学校的正常管理和教学安排。例如，学校发布的重要通知因为网络问题无法及时传达给教师和学生，一些工作无法按时完成。

2）学生信息管理系统受影响

学生信息管理系统对于学校的管理至关重要。它可以记录学生的基本信息、学习成绩、考勤情况等，为学校的教学管理和决策提供依据。但如果网络带宽不足，学生信息管理系统就可能会出现数据加载缓慢、查询困难等问题。例如，教师在查询学生的成绩时，可能需要等待很长时间才能看到结果，影响了教学评估和反馈的及时性。学生信息的安全也可能受到威胁。如果网络带宽不足，学生信息管理系统就更容易受到黑客攻击，增加数据泄露的风险。例如，一些不法分子可能会利用网络漏洞，窃取学生的个人信息，给学生和学校带来严重的损失。

3. 解决网络覆盖与带宽问题的策略

（1）政府加大投入力度的具体措施和政策支持

政府在解决乡村地区网络覆盖与带宽问题中起着关键作用。通过加大对乡村网络基础设施建设的投入力度，制定相关政策，可以有效地推动乡村网络建设的发展。

1）提供补贴和税收优惠

政府可以通过提供补贴的方式，激励电信运营商在偏远乡村地区建设通信基站和铺设网络线路。例如，对于在偏远山区和海岛地区建设通信基站的电信运营商，政府可以给予一定的建设补贴，降低他们的建设成本。同时，政府可以对在乡村地区提供网络服务的电信运营商给予税收优惠，鼓励他们加大对乡村网络建设的投入力度。补贴和税收优惠的具体实施可以根据不同地区的实际情况进行调整。对于经济特别困难的乡村地区，可以给予更高的补贴和更优惠的税收政策，以吸引更多的电信运营商参与乡村网络建设。例如，在一些贫困山区，政府可以对建设通信基站的电信运营商给予全额补贴，并在一定期限内免征企业所得税，以鼓励他们尽快完成网络建设任务。

2）制定专项规划和政策

政府可以制定专项规划，明确乡村网络基础设施建设的目标、任务和时间表。同时，政府可以出台相关政策，鼓励和支持社会力量参与乡村网络建设。例如，允许企业和社会组织通过投资、捐赠等方式参与乡村网络建设，并给予相应的政策支持和奖励。加强政策的执行和监督也是非常重要的。政府要建立健全政策执行机制，确保各项政策措施能够得到有效落实；同时，要加强对乡村网络建设的监督和评估，及时发现问题并采取措施加以解决。例如，政府可以成立专门的监督机构，对乡村网络建设项目进行定期检查和评估，确保项目建设质量和进度符合要求。

（2）技术创新在解决乡村地区网络覆盖问题中的应用

技术创新是解决乡村地区网络覆盖问题的重要手段。采用先进的网络技术，可以为偏远乡村学校提供稳定的网络连接，提高网络带宽的利用效率。

1）卫星通信技术

卫星通信技术可以为偏远山区和海岛乡村学校提供有效的网络覆盖解决方案。卫星通信受地理条件限制较小，能在多数偏远地区实现网络连接。例如，在一些交通不便的偏远山区和海岛地区，通过卫星通信可以快速建立起网络连接，为学校提供稳定的网络服务。卫星通信技术的应用需要解决成本和带宽限制等问题。虽然卫星通信可以覆盖偏远地区，但成本较高，而且带宽相对有限。为了解决这些问题，可以通过技术创新和合作，降低卫星通信的成本，提高带宽利用效率。例如，与卫星通信运营商合作，开发专门针对乡村学校的卫星通信服务套餐，降低服务价格；采用先进的卫星通信技术，提高带宽的利用率，满足乡村学校的网络需求。

2）无线 mesh 网络技术

无线 mesh 网络技术是一种新型的无线网络技术，它可以通过多个节点之间的无线连接，实现网络的覆盖和扩展。在乡村地区，无线 mesh 网络技术可以利用现有的通信设施，如电线杆、建筑物等，快速搭建起无线网络，为乡村学校提供网络服务。例如，在一些乡村地区，可以通过在电线杆上安装无线 mesh 节点，实现整个村庄的网络覆盖。无线 mesh 网络技术的优势在于成本低、部署快、灵活性高。与传统的有线网络相比，无线 mesh 网络不需要铺设大量的电缆，建设成本低。而且，无线 mesh 网络可以根据实际需求进行灵活部署，扩展方便。例如，在一些乡村学校，如果需要扩大网络覆盖范围，则可以通过添加新的无线 mesh 节点实现，无须进行大规模的网络改造。

3）优化网络资源分配算法

优化网络资源分配算法可以提高网络带宽的利用效率，确保在线教学和数字教育资源的顺畅使用。对网络流量进行智能管理和分配，可以优先保证在线教学和数字教育资源的传输，提高网络的稳定性和流畅性。例如，采用流量整形技术，对不同类型的网络流量进行分类和限速，确保在线教学和数字教育资源的传输不受其他网络流量的影响。网络资源分配算法的优化需要结合乡村地区的实际情况进行。例如，在乡村学校的上课时间，可以优先分配网络带宽给在线教学平台和数字教育资源服务器，保证教学的正常进行；在课余时间，可以适当调整网络资源分配策略，满足学生的娱乐和其他需求。同时，要根据乡村地区的网络使用特点，不断优化算法，提高网络资源的利用效率。

（3）多方合作机制在乡村网络建设中的作用和实施方式

建立多方合作机制，共同推进乡村网络基础设施建设，是解决乡村网络覆盖与带宽问题的有效途径。企业、社会组织、政府等各方应加强合作，发挥各自的优势，为乡村学校提供网络服务。

1）企业的参与方式

企业可以通过捐赠网络设备、提供技术支持等方式，帮助乡村学校改善网络条件。例如，一些电信运营商可以为乡村学校捐赠路由器、交换机等网络设备，提高学校的网络接入能力。同时，企业可以为乡村学校提供技术支持和维护服务，确保网络的稳定运行。例如，定期对乡村学校的网络设备进行巡检和维护，及时解决网络故障问题。企业还可以与乡村学校开展合作，共同开发数字教育资源和在线教学平台。例如，一些互联网企业可以与乡村学校合作，根据乡村学校的实际需求，开发适合乡村学生的数字教育资源和在线教学平台。同时，企业可以为乡村学校提供培训和指导服务，帮助教师和学生更好地使用这些资源及平台。

2）社会组织的作用

社会组织可以开展公益活动，为乡村学校筹集网络建设资金。例如，一些慈善组织可以发起“乡村网络建设公益项目”，通过募捐等方式筹集资金，为乡村学校建设网络基础设施。同时，社会组织可以组织志愿者为乡村学校提供网络技术培训和服务，提高乡村学校的网络使用水平。社会组织还可以发挥监督和评估的作用，对乡村网络建设项目进行监督和评估，确保项目建设质量达标和资金使用合理。例如，一些公益组织可以成立专门的监督小组，对乡村网络建设项目进行定期检查和评估，及时发现问题并提出改进建议。

3）政府的协调和引导作用

政府在多方合作机制中起着协调和引导的作用。政府要制定相关政策，鼓励和支持企业、社会组织参与乡村网络建设；同时，要加强对各方合作的协调和管理，确保合作项目的顺利实施。例如，政府可以成立乡村网络建设协调小组，负责协调各方的合作事宜，解决合作过程中出现的问题。政府还可以为多方合作提供平台和支持。例如，举办乡村网络建设合作论坛，为企业、社会组织和乡村学校提供交流及合作的平台。同时，政府可以为合作项目提供资金支持和政策保障，确保项目的顺利进行。

（二）设备维护与更新成本

1. 乡村学校设备维护面临的困难

（1）缺乏专业技术人员的影响

在乡村学校，专业技术人员的匮乏是设备维护面临的首要难题。由于地理位置偏远、经济发展相对滞后等因素，乡村学校很难吸引到专业的计算机维修人员等技术人才。这使设备一旦出现故障，学校往往就会陷入被动局面。

1）维修时间的延迟

当乡村学校的计算机教室设备出现故障后，由于学校没有专业的维修人员在场，只能等待外部技术人员前来维修。而外部技术人员可能来自较远的地区，需要花费一定的时间才能到达学校。在这个过程中，设备长时间无法使用，严重影响了教学进度。例如，在一节信息技术课上，学生正准备进行编程实践，却突然发现计算机出现故障无法启动。由于没有专业维修人员，学校只能联系外部技术人员。在等待维修的过程中，这节课的教学计划被打乱，学生的学习积极性也受到了影响。

2）对教学质量的冲击

设备故障得不到及时维修，不仅会影响教学进度，还会对教学质量产生负面影响。在现代教育中，多媒体教学设备、计算机等已经成为教学的重要工具。如果这些设备不能正常运行，教师就无法有效地进行教学。例如，在语文教学中，教师原本计划使用投影仪展示一篇优美的散文，让学生更好地感受文字的魅力，但由于投影仪出现故障无法使用，教师只能通过口头讲解，教学效果大打折扣。

3）增加教师负担

在缺乏专业技术人员的情况下，一些教师不得不尝试自己解决设备故障问题。然而，教师并非专业的技术人员，他们在维修设备时往往会遇到各种困难，这不仅浪费了大量的时间和精力，还可能因为操作不当使设备进一步损坏。例如，一位数学教师在上课前发现电子白板无法正常显示，为了不影响教学，他尝试自己进行维修，但由于不熟悉电子白板的技术原理，他在维修过程中误操作了一些设置，使问题变得更加严重。

（2）设备维护经费有限的困境

乡村学校的经费紧张是一个普遍存在的问题，这也导致了设备维护经费的严重不足，设备维护经费的影响如表 4－2 所示。

表 4－2　设备维护经费的影响

影响	内容
影响设备的正常维护	设备的维护和保养需要一定的经费支持，包括购买维修配件、聘请专业人员进行定期维护等。但乡村学校由于经费有限，往往无法投入足够的资金进行设备维护。例如，一些乡村学校的多媒体教学设备出现故障后，由于缺乏维修经费，只能选择简单维修或放弃维修。这样一来，设备的小问题可能会逐渐演变成大问题，大大缩短使用寿命

续表

影响	内容
制约学校的发展	设备维护经费不足不仅影响了现有设备的正常使用，还制约了学校的发展。在信息技术不断发展的今天，学校需要不断更新和升级教学设备，以满足教学的需求。但由于缺乏经费，乡村学校很难做到这一点。例如，一些乡村学校的计算机设备已经使用了多年，性能落后，无法满足教学需求，但由于缺乏资金，学校无法及时进行更新，这使学生在学习信息技术等课程时面临很大的困难
不公平的教育资源分配	乡村学校设备维护经费有限，也反映了教育资源分配的不公平。与城市学校相比，乡村学校在设备购置、维护等方面的投入明显不足。这种不公平的教育资源分配，进一步拉大了城乡教育差距，不利于乡村学生的全面发展。例如，城市学校可以定期对教学设备进行全面维护和升级，而乡村学校却只能勉强维持设备的基本运行，这使乡村学生在享受优质教育资源方面处于劣势

（3）设备使用环境差带来的挑战

乡村学校的设备使用环境相对较差，这也给设备维护带来了很大的难度。

1）灰尘多的问题

乡村学校的教室可能存在灰尘多的问题，这对设备的性能和寿命产生了不良影响。例如，一些乡村学校的投影仪在使用过程中，由于教室灰尘较多，容易出现镜头模糊、亮度降低等问题。这不仅影响了教学效果，还需要经常进行清洁和维护，增加了设备维护的工作量。此外，灰尘还可能进入计算机等设备内部，影响设备的散热和运行稳定性，甚至导致设备故障。

2）湿度大的影响

在一些乡村地区，湿度较大也是一个常见的问题。高湿度环境会对电子设备造成腐蚀和损坏，缩短设备的使用寿命。例如，在潮湿的环境中，计算机主板、显示器等可能会出现生锈、短路等问题。而且，湿度大容易滋生霉菌，对设备的卫生和安全造成威胁。为了解决这个问题，学校需要采取一些防潮措施，如使用干燥剂、安装除湿设备等，但这又会增加设备维护的成本。

3）环境因素的综合影响

除了灰尘多和湿度大之外，乡村学校的设备使用环境还可能存在其他问题，如温度变化大、电力供应不稳定等。这些因素综合起来，对设备的性能和寿命产生了较大影响。例如，在一些乡村学校，电力供应不稳定，经常出现电压波动和停电的情况。这可能会导致设备损坏，甚至数据丢失。为了应对这些问题，学校需要配备稳压设备、UPS 等，但这又需要投入更多的资金。

2. 设备更新成本高带来的挑战

(1) 经费来源单一的局限

乡村学校的经费主要依靠政府拨款，这在一定程度上限制了学校在设备更新方面的投入，如表4－3所示。

表4－3 经费来源单一的局限

局限性	表现
政府拨款的有限性	政府拨款往往是根据一定的标准和计划进行分配的，对于乡村学校来说，这些拨款可能难以满足设备更新的需求。例如，一些乡村学校的计算机设备已经严重老化，需要全面更新，但由于政府拨款有限，学校只能购买少量的新设备，无法满足教学的实际需求。而且，政府拨款的分配可能会受到各种因素的影响，如地区经济发展水平、财政状况等，这使乡村学校在设备更新方面的资金保障存在不确定性
对教学需求的不适应性	随着信息技术的不断发展，教学对设备的要求也在不断提高。但政府拨款的速度往往跟不上教学需求的变化，这使乡村学校在设备更新方面总是处于被动地位。例如，现在很多学科都需要使用多媒体教学设备、智能交互平板等高端设备，但由于政府拨款有限，乡村学校很难购买这些设备。这不仅影响了教学质量，也限制了学生的学习体验和发展空间
缺乏灵活性和主动性	经费来源单一使乡村学校在设备更新方面缺乏灵活性和主动性。学校只能等待政府拨款，而无法根据自身的实际情况和发展需求主动进行设备更新。例如，一些乡村学校发现了一些新的教学设备或技术，认为这些设备或技术对教学有很大的帮助，但由于没有足够的资金，无法及时进行引进和应用。这使乡村学校在教育教学改革中往往落后于城市学校

(2) 教学设备价格高的压力

教学设备的价格较高，对于乡村学校来说是一笔不小的开支。

1) 高端教学设备的昂贵成本

智能交互平板、数字化实验室设备等高端教学设备价格昂贵，乡村学校往往难以承担。这些设备虽然具有很多先进的功能和优势，但对于经费紧张的乡村学校来说，购买这些设备无疑是一个巨大的挑战。例如，一个智能交互平板的价格可能高达数万元，而一个数字化实验室的建设费用更是高达几十万元甚至上百万元。对于大多数乡村学校来说，这是一笔难以承受的开支。

2）价格波动的影响

教学设备的价格可能会受到市场供求关系、技术进步等因素的影响而出现波动。这使乡村学校在购买设备时需要更加谨慎，以免因为价格波动而蒙受不必要的损失。例如，一些乡村学校在购买计算机时，由于没有考虑到价格波动的因素，结果在购买后不久，市场上出现了价格更低、性能更好的产品，这让学校感到非常后悔。而且，价格波动可能会影响学校的设备更新计划，这使学校在设备更新方面更加犹豫不决。

3）性价比的考量

在面对高价格的教学设备时，乡村学校需要更加注重性价比的考量。但由于缺乏专业的设备评估人员和技术支持，乡村学校很难准确判断设备的性价比。这可能会导致学校购买到一些价格高但性能并不理想的设备，或者错过一些性价比高的设备。例如，一些乡村学校在购买多媒体教学设备时，只关注价格而忽视了设备的质量和性能，结果购买到的设备在使用过程中经常出现故障，给教学带来了很大的困扰。

（3）兼容性和培训成本的问题

设备更新需要考虑兼容性和培训成本等问题，这也给乡村学校带来了很大的压力。

1）兼容性的挑战

新设备的引入可能需要对学校的网络环境、教学软件等进行升级和调整，以确保设备的正常运行和兼容性。但这一过程往往需要投入大量的时间和精力，而且可能会出现兼容性问题。例如，一些乡村学校在购买新的计算机设备后，发现与学校现有的教学软件不兼容，导致教师无法正常使用这些软件进行教学。为了解决这个问题，学校需要花费大量的时间和资金进行软件升级与调试，这增加了设备更新的成本和难度。

2）培训成本的压力

教师和学生需要进行新设备的使用培训，这也需要投入一定的时间和精力。对于乡村学校来说，培训成本是一个不可忽视的问题。一方面，学校需要聘请专业的培训人员对教师和学生进行培训，这需要支付一定的费用；另一方面，教师和学生需要抽出时间来参加培训，这可能会影响教学进度和学习效果。例如，一些乡村学校在购买了智能交互平板后，教师和学生对这些设备不熟悉，需要进行专门的培训，但由于学校经费紧张，无法聘请专业的培训人员，只能由学校的信息技术教师进行简单的培训。这样一来，培训效果并不理想，教师和学生在使用设备时仍然会遇到很多问题。

3. 降低设备维护与更新成本的措施

（1）政府加大资金支持力度

政府应加大对乡村学校设备维护与更新的资金支持，为乡村教育的发展提供坚实保障。

1）设立专项经费

政府可以设立专项经费，用于乡村学校设备的维护、保养和更新。专项经费的设立可以确保资金的专款专用，提高资金的使用效率。例如，政府可以设立“乡村学校设备维护与更新专项资金”，每年根据乡村学校的实际需求进行分配。这样一来，乡村学校就可以有足够的资金进行设备维护和更新，确保教学的正常进行。

2）集中采购降低成本

政府可以通过集中采购等方式，降低设备采购成本，为乡村学校提供性价比更高的教学设备。集中采购可以发挥规模效应，降低采购价格，同时可以保证设备的质量和售后服务。例如，政府可以组织相关部门对教学设备进行统一采购，与供应商进行谈判，争取更优惠的价格和服务。这样一来，乡村学校就可以以更低的价格购买到高质量的教学设备，降低设备更新的成本。

3）政策扶持与引导

政府可以通过制定相关政策，扶持和引导企业、社会组织等参与乡村学校设备维护与更新。例如，政府可以出台税收优惠政策，鼓励企业为乡村学校捐赠教学设备或提供技术支持；可以设立奖励机制，对在乡村学校设备维护与更新方面做出突出贡献的企业和社会组织进行表彰及奖励。这样一来，就可以充分调动社会各方的积极性，共同为乡村教育的发展贡献力量。

（2）学校加强设备管理

学校应加强设备管理，提高设备的使用效率和寿命，降低设备维护与更新的成本。

1）制定设备使用规范

学校应制定设备使用规范，明确教师与学生在使用设备时的责任和义务。规范的制定可以包括设备的操作方法、维护保养要求、安全注意事项等方面。例如，学校可以制定《多媒体教学设备使用规范》，要求教师在使用投影仪、电子白板等设备时，按照正确的方法进行操作，避免操作不当造成设备损坏。同时，学校可以要求学生爱护设备，不得随意损坏设备。

2）加强设备使用培训

学校应加强对教师和学生的设备使用培训，提高他们的设备操作技能和维护意识。培训可以包括设备的基本操作、常见故障处理、维护保养方法等方面。例如，学校可以定期组织教师和学生参加设备使用培训，邀请专业技术人员进行讲解和示范。通过培训，教师和学生可以更好地掌握设备的使用方法，减少人为操作不当造成设备损坏。

3）建立设备维护合作机制

学校可以与企业合作，建立设备维护合作机制，通过定期维护、故障预警等方式，降低设备维护成本。例如，学校可以与计算机维修公司、多媒体设备供应商等签订合作协议，由他们定期对学校的设备进行维护和保养。同时，企业可以为学校提供故障预警服务，及时发现设备的潜在问题，并采取相应的措施进行处理，避免设备故障的发生。这样一来，学校就可以在设备维护方面节省大量的时间和资金。

（3）企业提供优惠与支持

企业可以为乡村学校提供更加优惠的设备价格和售后服务，帮助乡村学校降低设备维护与更新的成本。

1）降低设备价格

企业可以通过降低设备价格，提供分期付款等购买方式，减轻乡村学校的资金压力。例如，企业可以针对乡村学校的实际需求，推出一些价格优惠的教学设备套餐。同时，企业可以与金融机构合作，为乡村学校提供分期付款等购买方式，让学校在不影响正常教学的情况下，逐步支付设备款项。

2）提供优质售后服务

企业应提供长期的设备维护和技术支持服务，确保设备的正常运行。例如，企业可以为乡村学校提供免费的设备巡检和维修服务，及时解决设备故障问题。同时，企业可以为学校提供技术咨询和培训服务，帮助教师和学生更好地使用设备。这样一来，学校就可以在设备维护方面节省大量的时间和资金，提高设备的使用效率，延长设备的使用寿命。

3）参与公益活动

企业可以通过参与公益活动，为乡村学校捐赠教学设备或提供技术支持。例如，一些企业可以发起“乡村教育公益行动”，为乡村学校捐赠计算机、投影仪等教学设备。同时，企业可以组织技术人员到乡村学校进行设备维护和培训，提高乡村学校的设备管理水平。这样一来，不仅可以帮助乡村学校解决设备维护与更新的问题，还可以提升企业的社会形象和品牌价值。

（4）社会组织和公益机构的助力

社会组织和公益机构可以通过捐赠二手教学设备、提供技术支持等方式，帮助乡村学校降低设备维护与更新的成本。

1）捐赠二手教学设备

社会组织和公益机构可以为乡村学校捐赠二手教学设备，这些设备经过翻新和检测后，可以满足学校的基本教学需求。例如，一些公益组织可以收集社会上闲置的计算机、投影仪等设备，经过专业的翻新和检测后，捐赠给乡村学校。这样一来，既可以充分利用社会资源，又可以为乡村学校提供必要的教学设备，降低设备更新的成本。

2）提供技术支持

社会组织和公益机构可以为乡村学校提供免费的设备维护培训，提高学校的设备维护能力。例如，一些技术协会可以组织专业技术人员到乡村学校进行设备维护培训，传授设备维护的基本知识和技能。同时，社会组织和公益机构可以为乡村学校提供在线技术支持，及时解答教师和学生在设备使用过程中遇到的问题。这样一来，学校就可以在设备维护方面更加自主和高效，降低设备维护的成本。

3）发起公益项目

社会组织和公益机构可以发起各种公益项目，为乡村学校设备维护与更新筹集资金和资源。例如，一些慈善基金会可以发起“乡村学校设备更新公益项目”，通过募捐等方式筹集资金，为乡村学校购买新的教学设备。同时，社会组织和公益机构可以与企业、政府等合作，共同推动乡村学校设备维护与更新工作的开展。这样一来，就可以充分发挥社会各方的力量，为乡村教育的发展提供更多的支持和帮助。

总之，乡村学校设备维护与更新面临着诸多困难和挑战，但政府、学校、企业、社会组织和公益机构等各方通过共同努力，可以采取一系列有效措施降低设备维护与更新的成本，提高设备的使用效率，延长设备的使用寿命，为乡村教育的发展提供更好保障。

二、教育理念与师资的挑战

（一）传统教育观念的束缚

1. 传统教育观念在乡村地区的表现

（1）乡村教师和家长对现代信息技术作用认识不足

在乡村地区，传统教育观念的根深蒂固首先体现在乡村教师和家长对现代信息技术在教育中的作用认识严重不足。

1）乡村教师的观念局限

许多乡村教师习惯于传统的教学方法，经过多年的教学实践，他们对黑板、粉笔以及口头讲授的方式有着强烈的依赖。在他们看来，这些传统方法已经能够满足教学的基本需求，对于引入现代信息技术，他们往往觉得可有可无。例如，一些乡村语文教师在教授古诗词时，习惯在黑板上抄写诗句，逐字逐句地讲解含义和意境，认为这样的方式能够让学生更好地理解和记忆。而对于使用多媒体教学设备展示相关的图片、视频或者音频资料，他们觉得这只是一种锦上添花的辅助手段，并非教学的必需。

这种观念的形成有多方面原因。一方面，乡村教师可能由于自身成长环境和教育背景的限制，对现代信息技术的接触和了解相对较少。他们在接受师范教育时，可能没有系统地学习过信息技术在教学中的应用方法，导致在实际教学中缺乏运用信息技术的意识和能力。另一方面，乡村学校的教学条件相对简陋，设备不足、网络不稳定等问题使教师在尝试使用现代信息技术时遇到诸多困难，进而进一步降低了他们对信息技术的认可度。

2）乡村家长的担忧与抵触

乡村家长同样对现代信息技术在教育中的应用存在担忧。他们担心孩子使用电子设备会影响视力，认为长时间盯着屏幕会对孩子的眼睛造成伤害。此外，他们也担心孩子使用在线学习平台等现代信息技术工具会分散其注意力，影响其学习成绩。例如，一些乡村家长看到孩子在家中使用平板电脑学习时，会担心孩子借此机会玩游戏或者浏览与学习无关的内容。他们更倾向于让孩子通过传统的纸质书籍和作业本进行学习，认为这样更加踏实和可靠。

乡村家长的这种观念主要源于他们对现代信息技术的不了解以及对孩子学习的过度关注。在乡村地区，家长的文化水平相对普遍较低，对新兴的信息技术缺乏正确认识。他们往往只看到了电子设备可能带来的负面影响，而忽视了其在教育中的积极作用。同时，由于乡村地区的教育资源相对匮乏，家长对孩子的学习成绩寄予了更高期望，对任何可能影响学习成绩的因素都持谨慎态度。

（2）传统教学评价体系的局限

传统的教学评价体系在乡村地区仍然占据主导地位，严重限制了现代信息技术在乡村教育中的应用。

1）以考试成绩为主要标准

在乡村地区，教学评价往往以学生的考试成绩作为主要甚至唯一的标准。学校、教师和家长都高度关注学生在各种考试中的表现，将其视为衡量教学质量和学生学习成果的重要指标。例如，在一些乡村学校，教师的教学绩效主要根据学生的考试成绩评定，学生的升学机会也主要取决于考试成绩的高低。这种评价体系使教师在教学过程中不得不将重点放在知识的灌输上，以确保学生能够在考试中取得好成绩。

这种以考试成绩为主要标准的教学评价体系存在诸多弊端。首先，这种评价体系过于注重学生的记忆能力和应试技巧，而忽视了学生的综合素质和创新能力的培养。学生在这样的评价体系下，往往只是被动地接受知识，缺乏主动思考和创新的动力。其次，这种评价体系使教师在教学方法的选择上受到限制。为了提高学生的考试成绩，教师更倾向于采用传统的讲授式教学方法，注重知识的系统性和完整性，而忽视了学生的个体差异和学习需求。

2）忽视综合素质和创新能力培养

传统教学评价体系忽视了学生的综合素质和创新能力的培养。在这种评价体系下，学生的品德、思维能力、实践能力、创新精神等方面的发展往往得不到应有的重视。例如，一些乡村学校在评价学生时，只关注学生的语文、数学等主要学科的考试成绩，而对于学生在音乐、美术、体育等学科的表现以及学生的团队合作能力、创新思维能力等方面则很少关注。这使学生在学习过程中只注重知识的积累，而忽视了自身综合素质的提升。

这种评价体系的形成与乡村地区的教育观念和社会环境密切相关。在乡村地区，人们普遍认为教育的主要目的是让学生通过考试，获得更好的升学机会和发展前景。因此，学校和家长更加注重学生的考试成绩，而对学生综合素质和创新能力的培养缺乏足够重视。

3）对教学方法的影响

传统教学评价体系使教师在教学过程中更倾向于采用传统的讲授式教学方法，注重知识的灌输，而忽视了学生的自主学习和创新思维的培养。例如，一些乡村学校的教师为了提高学生的考试成绩，大量布置书面作业，让学生死记硬背知识点。在课堂上，教师主要采用讲授的方式，将知识系统地传授给学生，很少给学生提供自主学习和探究的机会。这种教学方法虽然能够在一定程度上提高学生的考试成绩，但不利于学生的全面发展。

讲授式教学方法的长期采用，使学生逐渐养成了被动接受知识的习惯，缺乏主动思考和创新的能力。同时，这种教学方法使课堂气氛沉闷，学生的学习积极性不高，影响了教学效果的提升。

（3）乡村学校对信息技术课程重视不足

在乡村地区，传统教育观念导致乡村学校对信息技术课程的重视程度不足。

1）信息技术课程被视为副科

在一些乡村学校，信息技术课程被视为副科，与语文、数学、英语等主科相比，其地位明显较低。学校在课程安排上，往往会优先保证主科的课时，而信息技术课程的课时安排则相对较少。例如，一些乡村学校每周只安排一节到两节信息技术课，而且这些课程可能会因为各种原因被其他主科占用。这种情况使学生无法系统地学习信息技术知识和技能，影响了他们对现代信息技术的应用能力和创新能力的培养。

信息技术课程被视为副科的观念主要源于乡村学校对传统学科的重视以及对信息技术课程的认识不足。在乡村地区，学校和家长普遍认为语文、数学、英语等传统学科是学生升学与未来发展的关键，而信息技术课程则被认为是可有可无的。此外，一些学校领导和教师对信息技术课程的重要性认识不足，认为信息技术只是一种工具，不需要专门开设课程进行教学。

2）信息技术课程教学内容简单

乡村学校的信息技术课程教学内容也比较简单，往往只涉及一些基本的计算机操作和办公软件的使用，缺乏对信息技术前沿知识和应用的介绍。例如，在一些乡村学校的信息技术课上，教师只是简单地教授学生如何打字、如何使用 Word 和 Excel 等办公软件，而对于编程、多媒体制作、网络安全等方面的知识则很少涉及。这种简单的教学内容无法满足学生对信息技术的学习需求，也无法培养学生的学习兴趣和创新能力。

信息技术课程教学内容简单的原因主要有两个方面：一方面，乡村学校的信息技术教师队伍相对薄弱，教师的专业素养和教学水平有限，难以开展深入的信息技术教学；另一方面，乡村学校的教学资源相对匮乏，缺乏先进的信息技术设备和教学软件，限制了教学内容的丰富和拓展。

2. 传统教育观念对深度融合的影响

（1）阻碍乡村教师教学方法创新

传统教育观念的束缚对乡村基础教育与现代信息技术的深度融合产生了多方面的负面影响，其中之一就是阻碍了乡村教师教学方法的创新。

1）教师的顾虑

在传统教育观念的影响下，乡村教师往往不敢尝试新的教学方法和手段，担心影响学生的考试成绩。他们认为传统的讲授式教学方法虽然可能比较枯燥，但能够确保学生掌握基础知识，从而在考试中取得较好的成绩。例如，一些乡村教师虽然知道翻转课堂、项目式学习等新型教学模式能够激发学生的学习兴趣和主动性，培养学生的创新思维和实践能力，但他们担心学生不适应这些新型教学模式，导致考试成绩下降，不敢在实际教学中尝试。教师的这种顾虑主要源于传统教学评价体系的压力。在以考试成绩为主要标准的评价体系下，教师的教学绩效和职业发展都与学生的考试成绩密切相关。因此，他们不敢轻易尝试新的教学方法，以免影响学生的考试成绩，给自己带来不良后果。

2）现代信息技术应用受限

由于教师不敢尝试新的教学方法，现代信息技术在教学中的应用也受到了限制。虽然现代信息技术具有丰富的教学资源、多样化的教学手段和互动性强等优势，但如果教师不能将其与新的教学方法相结合，就无法充分发挥其优势。例如，一些乡村教师虽然在课堂上使用了多媒体教学设备，但只是简单地播放 PPT 课件，没有充分利用现代信息技术的互动性和个性化教学功能。这种方式虽然比传统的黑板教学有所进步，但仍然无法满足学生的学习需求，也无法实现乡村基础教育与现代信息技术的深度融合。现代信息技术应用受限还会导致乡村教育与城市教育的差距进一步拉大。在城市地区，教师普遍采用新的教学方法和手段，充分利用现代信息技术提高教学质量；而在乡村地区，由于传统教育观念的束缚，教师无法有效地应用现代信息技术，使乡村学生在学习资源、教学方法和学习效果等方面与城市学生存在较大差距。

（2）影响乡村学生对现代信息技术的接受和应用

传统教育观念不仅影响了乡村教师，也对乡村学生对现代信息技术的接受和应用产生了负面影响。

1）学生的偏见

在家长和教师的影响下，乡村学生可能对现代信息技术存在偏见，认为使用电子设备学习会影响视力和学习成绩。他们往往认为传统的纸质书籍和作业本更加可靠，而对在线学习平台等现代信息技术工具持怀疑态度。例如，一些乡村学生在家长的教导下，认为使用平板电脑学习会伤害眼睛，因此不愿意使用在线学习平台进行学习。他们更愿意通过阅读纸质书籍和做纸质作业完成学习任务。学生的这种偏见主要源于他们对现代信息技术的不了解以及家长和教师的错误引导。在乡村地区，学生接触现代信息技术的机会相对较少，对其了解也比较有限。同时，家长和教师的担忧与抵触情绪会传递给学生，使他们对现代信息技术产生偏见。

2）缺乏动力和兴趣

由于对现代信息技术存在偏见，乡村学生在学习过程中缺乏主动使用现代信息技术的动力和兴趣。他们没有意识到现代信息技术在学习中的重要性和优势，也没有体验到现代信息技术带来的学习乐趣和便利。例如，一些乡村学生在学习过程中，即使有机会使用现代信息技术工具，也只是被动地按照教师的要求完成任务，没有主动探索和创新的意识。他们更愿意采用传统的学习方法，认为这样更加轻松和熟悉。缺乏动力和兴趣会影响学生的学习效果与对其创新能力的培养。现代信息技术具有丰富的学习资源和多样化的学习方式，可以激发学生的学习兴趣和主动性，培养学生的创新思维和实践能力。但如果学生缺乏使用现代信息技术的动力和兴趣，就无法充分发挥其优势，从而影响自己的学习效果和未来的发展。

（3）使乡村学校在教育信息化建设方面缺乏积极性和主动性

传统教育观念使乡村学校在教育信息化建设方面缺乏积极性和主动性。

1）对教育信息化建设的错误认识

学校领导和教师可能认为教育信息化建设只是一种形式，对提高教学质量没有实际作用。他们认为教育信息化建设需要投入大量的资金和精力，而效果却不明显，因此不愿意在这方面投入过多的资源。例如，一些乡村学校虽然配备了一些多媒体教学设备和计算机，但由于教师不会使用或者使用频率较低，这些设备往往成了摆设。学校领导也没有认识到教育信息化建设的重要性，没有制定相应的发展规划和政策措施，导致教育信息化建设进展缓慢。这种错误认识主要源于传统教育观念的影响。在传统教育观念下，学校和教师更加注重知识的传授与考试成绩的提高，而对教育信息化建设的重要性和紧迫性认识不足。他们没有意识到教育信息化建设可以为教学带来巨大的变革和提升，也没有看到教育信息化建设对学生未来发展的重要意义。

2）投入不足的影响

由于对教育信息化建设缺乏积极性和主动性，乡村学校在网络基础设施建设、教学设备配备、教师信息技术培训等方面投入不足。这使乡村学校的教育信息化水平远远落后于城市学校，影响了乡村基础教育与现代信息技术的深度融合。例如，一些乡村学校的网络速度慢、不稳定，无法满足在线教学和数字教育资源的使用需求。教学设备也比较陈旧，缺乏更新和维护，影响了教学效果。教师信息技术培训机会少，教师的信息技术水平无法得到有效提高，也限制了现代信息技术在教学中的应用。投入不足还会导致乡村学校在教育信息化建设方面陷入恶性循环。由于投入不足，教育信息化水平低，教学效果差，学校与教师对教育信息化建设的积极性和主动性更低，从而进一步减少投入，使教育信息化建设更加困难。

3. 突破传统教育观念束缚的策略

（1）加强宣传和培训，提高认识

加强宣传和培训是突破传统教育观念束缚的重要策略之一。通过举办讲座、培训课程、经验交流会等形式，可以向乡村教师与家长介绍现代信息技术在教育中的优势和应用案例，提高他们对现代信息技术的认识。

1）邀请专家举办讲座

邀请教育专家、信息技术专家到乡村学校举办讲座，向教师与家长介绍教育信息化的发展趋势和现代信息技术在教学中的应用方法。专家可以通过生动的案例和实际操作演示，让教师与家长直观地感受到现代信息技术在教育中的魅力和作用。例如，可以邀请教育技术专家到乡村学校举办“现代信息技术在教育中的应用”讲座，向教师与家长介绍如何利用在线学习平台、多媒体教学设备等现代信息技术工具提高教学质量和学生学习效果。专家可以现场展示一些优秀的教学案例，让教师和家长看到现代信息技术在教学中的实际应用效果。

2）组织培训课程

组织乡村教师参加信息技术培训课程，提高他们的信息技术应用能力和教学水平。培训课程可以包括计算机操作、多媒体教学设备使用、在线教学平台应用等方面的内容。通过培训，教师可以掌握现代信息技术的基本操作技能，学会如何将现代信息技术与学科教学进行有效整合。例如，可以组织乡村教师参加“信息技术与学科教学整合”培训课程，让教师学习如何利用现代信息技术设计教学方案、制作教学课件、开展在线教学等。培训课程可以采用理论讲解与实践操作相结合的方式，让教师在学习过程中不断提高自己的信息技术应用能力。

3）举办经验交流会

举办乡村教师和家长经验交流会，让他们分享自己在使用现代信息技术进行教育教学和家庭教育方面的经验与体会。经验交流会可以为教师和家长提供一个交流与学习的平台，让他们相互借鉴、共同进步。例如，可以举办“现代信息技术在乡村教育中的应用”经验交流会，邀请一些在信息技术应用方面取得较好效果的乡村教师和家长分享自己的经验与做法。

他们可以介绍自己是如何利用在线学习平台、多媒体教学设备等现代信息技术工具提高学生学习效果和家庭教育质量的，让其他教师和家长从中受到启发。

（2）改革教学评价体系，注重综合素质

改革教学评价体系是突破传统教育观念束缚的关键策略之一。建立多元化的教学评价体系，不仅要关注学生的考试成绩，还要关注学生的学习过程、创新能力、实践能力等方面的表现，以促进学生的全面发展。

1）采用过程性评价

采用过程性评价方式，对学生的学习过程进行评价。过程性评价的内容包括学生的课堂表现、作业完成情况、小组合作能力、自主学习能力等方面。通过过程性评价，教师可以及时了解学生的学习情况，发现学生的问题和不足，及时调整教学策略，提高教学效果。例如，在语文教学中，教师可以通过观察学生的课堂发言、小组讨论表现、作业完成质量等方面，对学生的学习过程进行评价。教师可以给予学生及时的反馈和指导，鼓励学生积极参与课堂活动，提高自主学习能力和合作能力。

2）引入表现性评价

引入表现性评价方式，对学生的创新能力和实践能力进行评价。表现性评价的内容包括学生的作品展示、项目报告、实验操作等方面。通过表现性评价，教师可以了解学生的创新思维和实践能力，激发学生的学习兴趣和创新精神。例如，在科学教学中，教师可以让学生进行科学实验，并要求学生撰写实验报告并进行实验展示。教师可以通过学生的实验报告和实验展示，评价学生的实验设计能力、操作能力、数据分析能力和创新思维能力。

3）组织科技创新比赛和社会实践活动

组织学生参加科技创新比赛、社会实践活动等，对学生的创新能力和实践能力进行评价。这些活动可以为学生提供一个展示自己才华和能力的平台，激发学生的学习兴趣和创新精神。同时，通过参加这些活动，学生可以将所学的知识应用到实际中，提高自己的实践能力和综合素质。例如，学校可以组织学生参加科技创新大赛，让学生设计和制作科技作品。

学生可以在这个过程中锻炼自己的创新思维和实践能力，同时可以提高自己的团队合作能力和沟通能力。学校还可以组织学生参加社会实践活动，让学生了解社会问题，提出解决方案，培养学生的社会责任感和实践能力。

（3）提高对信息技术课程的重视程度，加强信息技术教育

提高对信息技术课程的重视程度，加强信息技术教育是突破传统教育观念束缚的重要策略之一。将信息技术课程纳入学校的主科课程体系，增加课时安排，丰富教学内容，以提高学生的信息技术应用能力和创新能力。

1）将信息技术课程纳入主科课程体系

学校应重新审视信息技术课程的重要性，将其从副科提升为主科。这意味着在课程设置、教学资源分配、教师配备等方面给予信息技术课程与语文、数学、英语等传统主科同等的待遇。例如，学校可以制定明确的信息技术课程教学大纲和教学计划，规定每个学期的教学目标、教学内容和教学方法。同时，学校可以为信息技术课程配备专业的教师，提供先进的教学设备和软件，确保教学质量。将信息技术课程纳入主科课程体系，可以让学生更加重视这门课程，提高他们学习信息技术的积极性和主动性；同时，可以让教师更加认真地对待信息技术教学，提高教学水平和教学效果。

2）增加课时安排

为了让学生有足够的时间学习信息技术知识和技能，学校应增加信息技术课程的课时安排，可以根据学生的年级和学习需求，合理确定每周的信息技术课时数。例如，小学阶段每周可以安排两节到三节信息技术课；初中阶段每周可以安排三节到四节信息技术课；高中阶段可以根据学生的专业方向和兴趣爱好，适当增加信息技术课程的选修课时。增加课时安排可以让学生系统地学习信息技术知识和技能，提高他们的信息技术应用能力和创新能力；同时，可以让教师有更多的时间进行教学和指导，提高教学质量。

3）丰富教学内容

学校应不断丰富信息技术课程的教学内容，使其更加贴近学生的实际生活和未来发展需求。除了传统的计算机操作和办公软件使用等内容之外，还可以增加编程、多媒体制作、网络安全、人工智能等前沿信息技术知识和技能的教学。例如，在小学阶段，可以通过游戏化的教学方式，让学生学习简单的编程知识和图形化编程工具的使用；在初中阶段，可以让学生学习多媒体制作软件的使用，制作自己的视频、音频作品；在高中阶段，可以开设人工智能选修课，让学生了解人工智能的基本原理和应用场景，培养他们的创新思维和实践能力。丰富教学内容可以激发学生的学习兴趣和创新精神，提高他们的信息技术应用能力和综合素质；同时，可以让学生更好地适应未来社会的发展需求，为他们的未来发展打下坚实基础。

4）加强信息技术教师队伍建设

提高信息技术课程的教学质量，关键在于加强信息技术教师队伍建设。学校应重视信息技术教师的专业发展，为他们提供更多的培训和学习机会，提高他们的专业素养和教学水平。例如，学校可以组织信息技术教师参加专业培训课程、学术交流活动、教学研讨会等，让他们了解信息技术的最新发展动态和教学方法，不断更新自己的知识和技能。同时，学校可以鼓励信息技术教师开展教学研究和创新实践，探索适合乡村学生的信息技术教学模式和方法。此外，学校还可以引进信息技术专业人才到乡村学校任教，充实信息技术教师队伍。例如，学校可以通过招聘、特岗教师计划、支教等方式，吸引优秀的信息技术专业人才来到乡村学校，为乡村学生带来先进的信息技术教育理念和教学方法。

5）整合信息技术与学科教学

为了更好地发挥信息技术在教育教学中的作用，学校应积极探索信息技术与学科教学的整合。将信息技术作为一种教学工具和手段，融入各个学科的教学，提高教学效果和学生的学习兴趣。例如，在语文教学中，可以利用多媒体教学设备展示文学作品的图片、视频资料，让学生更加直观地感受文学作品的魅力；在数学教学中，可以使用数学软件进行图形绘制、数据分析等，帮助学生更好地理解数学概念和解题方法；在科学教学中，可以通过在线实验平台让学生进行虚拟实验，培养学生的实验操作能力和科学探究精神。整合信息技术与学科教学可以打破学科之间的界限，培养学生的综合素养和创新能力；同时，可以让学生在学习过程中更好地掌握信息技术知识和技能，提高他们的信息技术应用能力。

总之，突破传统教育观念的束缚，实现乡村基础教育与现代信息技术的深度融合，需要政府、学校、教师、家长和社会各方的共同努力。通过加强宣传和培训，提高乡村教师和家长对现代信息技术在教育中作用的认识；改革教学评价体系，注重学生的综合素质和创新能力的培养；提高对信息技术课程的重视程度、加强信息技术教育等策略，可以逐步改变乡村地区传统教育观念，为乡村基础教育的发展注入新的活力。

（二）教师信息技术能力的不足

1. 乡村教师信息技术能力现状

（1）信息技术基础知识薄弱

在乡村地区，很多乡村教师的信息技术基础知识掌握不够，这严重影响了他们在教学中对现代信息技术的应用。

1）计算机操作不熟练

对于许多乡村教师来说，计算机操作仍然是一个难题。他们可能不熟悉基本的操作系统功能，如文件管理、软件安装与卸载等。例如，一些乡村教师在保存文件时，不知道如何选择合适的存储位置，导致文件丢失或难以找到。他们在安装教学软件时，也可能因为不了解安装步骤而出现错误，影响软件的正常使用。此外，键盘输入速度慢也是一个普遍问题。在编写教案、制作课件等工作中，教师需要输入大量的文字内容，但由于键盘操作不熟练，乡村教师往往花费大量时间在输入文字上，降低了工作效率。例如，一些教师在制作课件时，因为打字速度慢，不得不花费更多时间完成课件的制作，影响了教学准备的质量和进度。

2）网络应用能力不足

乡村教师在网络应用方面存在诸多不足。很多教师不了解网络资源的搜索方法，无法快速、准确地找到所需的教学资料。例如，在准备教学内容时，他们可能不知道如何利用搜索引擎查找相关的图片、视频、文献等资源，导致教学内容相对单一。同时，乡村教师对网络交流工具的使用不熟练。在现代教育中，教师可以通过电子邮件、在线聊天工具等与学生、家长和同事进行沟通交流，但乡村教师可能由于不熟悉这些工具的使用方法，而无法充分发挥其作用。例如，一些教师不知道如何使用电子邮件发送作业和通知，也不知道如何利用在线聊天工具对学生进行答疑解惑，影响了教学效果和沟通效率。

3）多媒体教学设备使用不熟练

多媒体教学设备如投影仪、电子白板等在乡村学校的普及程度越来越高，但乡村教师对这些设备的操作并不熟练。例如，一些教师不会调试投影仪，导致投影画面不清晰、大小不合适等问题。在使用电子白板时，一些教师也可能不知道如何进行书写、批注、擦除等操作，影响了课堂教学的效果。此外，乡村教师对多媒体教学资源的制作和使用也存在困难。乡村教师可能不知道如何制作多媒体课件，或者制作的课件质量不高，缺乏吸引力。例如，一些教师制作的课件只是简单地将文字和图片堆砌在一起，没有考虑到教学内容的逻辑性和趣味性，无法激发学生的学习兴趣。

（2）信息技术应用能力有限

虽然一些乡村教师掌握了一定的信息技术基础知识，但在实际教学中，他们的信息技术应用能力仍然十分有限。

1）简单播放教学课件

在教学中，一些乡村教师只是简单地播放教学课件，没有充分发挥信息技术的优势。他们可能只是将课件作为一种展示工具，按照课件的内容进行讲解，缺乏与学生的互动和交流。例如，在语文课堂上，教师只是播放课件中的课文内容和图片，没有引导学生进行思考和讨论，导致学生的参与度不高。这种简单的课件播放方式无法满足学生多样化学习的需求。在现代教育中，学生需要更多的互动式、个性化的学习体验。而乡村教师的这种教学方式无法提供这样的体验，影响了学生的学习效果和兴趣。

2）缺乏互动教学和个性化教学

乡村教师在教学中往往缺乏互动教学和个性化教学的意识与能力。他们可能不知道如何利用信息技术开展互动教学，如在线提问、小组讨论、投票等。例如，在数学课堂上，教师可以通过在线提问的方式，让学生在课堂上回答问题，及时了解学生的学习情况；但乡村教师可能因为不熟悉相关技术，而无法开展这样的互动教学。个性化教学也是乡村教师面临的一个难题。信息技术可以为学生提供个性化的学习资源和学习路径，但乡村教师可能不知道如何利用这些技术实现个性化教学。例如，一些教师不知道如何根据学生的学习情况和兴趣爱好，为学生推荐合适的学习资源和学习活动，导致学生的学习积极性不高。

（3）信息技术创新能力不足

在教育信息化的背景下，教师需要不断创新教学方法和手段，利用现代信息技术提高教学质量，但很多乡村教师缺乏创新意识和能力。

1）不了解新型教学模式

一些乡村教师不知道如何利用在线学习平台开展翻转课堂、项目式学习等新型教学模式。他们可能对这些新型教学模式的概念和方法不了解，也不知道如何将其应用到实际教学中。例如，翻转课堂教学要求学生先在课前通过在线学习平台观看教学视频，自主学习知识，然后在课堂上进行讨论和交流；但乡村教师可能不知道如何制作教学视频，也不知道如何组织学生进行课堂讨论，导致无法开展翻转课堂教学。项目式学习也是一种创新的教学模式，它要求学生通过完成一个项目学习知识和技能；但乡村教师可能不知道如何设计项目、组织学生进行项目实施和评估，影响了学生创新能力和实践能力的培养。

2）无法灵活运用信息技术进行教学创新

即使一些乡村教师了解一些新型教学模式，可能也无法根据教学实际情况，灵活运用信息技术进行教学创新。例如，在教学过程中，可能会出现各种突发情况，教师需要及时调整教学方法和手段；但乡村教师可能因为缺乏创新能力，而无法应对这些情况，影响了教学效果。此外，乡村教师可能也缺乏对信息技术的创新应用意识。他们可能只是将信息技术作为一种辅助教学的工具，而没有想到如何利用信息技术创造新的教学方法和教学环境。例如，一些教师可能不知道如何利用虚拟现实、增强现实等新兴技术开展教学活动，丰富教学内容和形式。

2. 教师信息技术能力不足的原因

（1）培训机会少

乡村教师因地理位置偏远、学校经费紧张等因素，参加信息技术培训的机会相对较少，这是他们信息技术能力不足的一个重要原因。

1）地理位置偏远的影响

乡村学校通常位于偏远地区，交通不便，这使乡村教师参加培训的难度加大。他们可能需要花费大量的时间和精力在路途上，而且培训成本相对较高。例如，一些乡村教师可能需要乘坐几个小时的汽车或火车才能到达培训地点，这不仅浪费了他们的时间，也增加了他们的经济负担。此外，由于地理位置偏远，乡村教师可能无法及时了解到培训信息。一些优质的信息技术培训可能只在城市地区举办，乡村教师由于信息不畅，无法得知这些培训的存在，从而错过了提升自己信息技术能力的机会。

2）学校经费紧张的限制

乡村学校的经费通常比较紧张，这使学校无法为教师提供足够的信息技术培训机会。学校可能没有足够资金支付教师参加培训的费用，包括培训费用、交通费用、住宿费用等。例如，一些乡村学校可能因为经费有限，无法派教师参加一些收费较高的信息技术培训课程，教师的信息技术能力也就无法得到提升。同时，学校经费紧张可能导致学校无法购买先进的信息技术设备和教学资源，这也影响了教师在教学中对信息技术的应用和实践。例如，一些乡村学校可能没有足够的资金购买电子白板、多媒体教学软件等设备和资源，导致教师在教学中无法进行实际操作和练习，从而影响了他们信息技术应用能力的提升。

3）培训内容和方式的问题

即使乡村教师有一些培训机会，培训内容针对性不强、培训方式单一等问题也可能导致培训效果不佳。一些信息技术培训只是简单地介绍软件的操作方法，没有结合学科教学实际进行培训，教师在培训后仍然不知道如何将信息技术应用到教学中。例如，一些培训课程可能只是讲解如何使用办公软件、制作课件等基本操作，而没有针对不同学科的教学特点和需求，提供相应的信息技术应用案例和方法。培训方式单一也是一个问题。一些信息技术培训可能只是采用集中授课的方式，教师被动地接受知识，缺乏实际操作和互动交流的机会。例如，在一些信息技术培训中，可能只是教师在课堂上听讲座，没有实际操作的环节，教师在培训后可能很快就忘记了所学的内容，无法将其应用到实际教学中。

（2）缺乏自主学习意识

一些乡村教师对信息技术的重要性认识不足，缺乏自主学习的意识和动力，这也是他们信息技术能力不足的一个原因。

1）对信息技术重要性认识不足

一些乡村教师可能认为传统的教学方法已经足够，不需要引入现代信息技术。他们可能没有认识到信息技术在教育教学中的重要作用，如丰富教学内容、提高教学效率、培养学生的创新能力等。例如，一些乡村教师可能认为在课堂上使用黑板和粉笔进行教学就可以了，没有必要使用多媒体教学设备和在线学习平台等信息技术工具。此外，一些乡村教师可能对信息技术存在恐惧心理，认为信息技术过于复杂，自己无法掌握。他们可能担心在使用信息技术时出现问题，影响教学进度和效果。例如，一些乡村教师可能害怕操作失误导致设备损坏，而不敢尝试使用多媒体教学设备和教学软件。

2）习惯于传统教学方法

很多乡村教师习惯于传统的教学方法，不愿意花费时间和精力学习新的信息技术知识与技能。他们可能已经形成了固定的教学模式和习惯，不愿意改变。例如，一些教师可能已经习惯了在课堂上进行讲授式教学，不愿意尝试互动教学、个性化教学等新的教学方法。同时，传统教学方法在一定程度上能够满足教学需求，这使乡村教师缺乏学习信息技术的紧迫感。他们可能认为即使不使用信息技术，也能完成教学任务，因此不愿意主动学习信息技术知识和技能。

3）年龄因素的影响

一些乡村教师认为自己年龄较大，学习信息技术比较困难，因此不愿意主动学习。他们可能觉得自己的学习能力和接受能力下降，无法掌握新的信息技术知识和技能。例如，一些年龄较大的教师可能认为自己已经习惯了传统教学方法，不愿意学习新的信息技术工具和教学模式。此外，年龄较大的教师可能也缺乏学习信息技术的动力和兴趣。他们可能认为信息技术是年轻人的领域，自己已经过了学习新技术的年龄，因此不愿意花费时间和精力去学习。

（3）学校支持力度不够

乡村学校在信息技术设备配备、技术支持等方面往往存在不足，这也影响了教师信息技术能力的提升。

1）信息技术设备老化和落后

一些乡村学校的计算机设备老化、软件版本落后，这给教师的教学带来了很大困难。老旧的设备可能运行速度慢、容易出现故障，影响教师的使用体验和教学效果。例如，一些乡村学校的计算机可能配置较低，无法运行一些新的教学软件和播放多媒体资源，教师在教学中无法充分利用信息技术的优势。软件版本落后也可能导致教师无法使用一些新的功能和工具。例如，一些教学软件可能会不断更新升级，增加新的教学功能和资源；但乡村学校的软件版本可能没有及时更新，教师无法使用这些新的教学功能和资源，影响了教学质量的提升。

2）缺乏专业技术人员的支持

乡村学校通常缺乏专业的技术人员，这使教师在使用信息技术设备和教学软件时遇到问题无法及时得到解决。例如，当教师在使用多媒体教学设备时出现故障，可能需要等待很长时间才能得到维修，影响了教学进度。同时，缺乏专业技术人员的培训和指导影响了教师信息技术能力的提升。教师在使用新的信息技术设备和教学软件时，可能需要一些技术支持和培训；但乡村学校由于缺乏专业技术人员，无法为教师提供及时有效的培训和指导，教师在使用信息技术时存在困难。

3）学校对信息技术应用的重视程度不够

一些乡村学校对信息技术在教学中的应用重视程度不够，没有为教师提供良好的信息技术教学环境。学校可能没有制定相关的政策和措施，鼓励教师使用信息技术进行教学。例如，一些学校可能没有为教师提供足够的信息技术设备和教学资源，也没有对教师使用信息技术教学进行考核和评价，导致教师缺乏使用信息技术的动力和积极性。此外，学校领导可能对信息技术的重要性认识不足，没有给予足够的支持和投入。他们可能认为信息技术只是一种辅助教学的工具，没有必要投入大量的资金和精力去发展信息技术教育。例如，一些学校领导可能没有为教师提供信息技术培训的机会，也没有为学校配备专业的技术人员，影响了教师信息技术能力的提升。

3. 提升乡村教师信息技术能力的措施

（1）加强教师信息技术培训

政府和学校应加大对乡村教师信息技术培训的投入力度，制订科学合理的培训计划，提高培训的针对性和实效性。

1）加大培训投入力度

政府和学校应认识到乡村教师信息技术培训的重要性，加大对培训的投入力度。政府可以通过提供专项经费、补贴等方式，支持乡村教师信息技术培训。学校也可以从有限的经费中拿出一部分，用于乡村教师信息技术培训。例如，政府可以为乡村教师信息技术培训提供专项资金，支持培训课程的开发、培训教师的聘请、培训设备的购置等。学校可以设立教师信息技术培训基金，鼓励教师参加培训。同时，政府和学校可以通过多种渠道筹集培训资金。例如，可以与企业合作，争取企业的赞助和支持；可以利用社会捐赠等方式，为乡村教师信息技术培训提供资金保障。

2）制订科学合理的培训计划

培训计划应根据乡村教师的实际需求和信息技术发展的趋势，确定科学合理的培训内容和培训方式。培训内容应涵盖信息技术基础知识、教学软件应用、信息技术与学科教学整合等方面。培训方式可以采用集中培训、网络培训、校本培训等多种形式，满足不同教师的学习需求。例如，可以根据乡村教师的信息技术水平和教学需求，分为初级、中级、高级三个层次进行培训。初级培训主要针对信息技术基础知识薄弱的教师，重点培训计算机操作、网络应用、多媒体教学设备的使用等方面的知识和技能。中级培训主要针对已经掌握一定信息技术基础知识的教师，重点培训教学软件应用、信息技术与学科教学整合等方面的知识和技能。高级培训主要针对信息技术应用能力较强的教师，重点培训信息技术创新应用、新型教学模式的探索等方面的知识与技能。此外，培训计划还应注重培训的持续性和系统性。信息技术发展迅速，教师需要不断学习和更新知识与技能。因此，学校应定期组织教师参加培训，为教师提供持续的学习机会；还应注重培训内容的系统性，从基础知识到应用能力再到创新能力，逐步提升教师的信息技术能力。

3）提高培训的针对性和实效性

培训教师应结合乡村教师的实际教学情况，提高培训的针对性和实效性。培训教师可以先通过实地调研、问卷调查等方式，了解乡村教师的教学需求和信息技术应用中存在的问题，然后根据这些问题制定培训内容和培训方法。例如，培训教师可以先深入乡村学校，观察乡村教师的课堂教学，了解乡村教师在使用信息技术时存在的问题和困难，然后针对这些问题进行有针对性的培训。同时，培训应注重实践操作和案例分析。信息技术培训不仅应注重理论讲解，还应注重实践操作和案例分析。培训教师可以通过实际操作演示、案例分析等方式，让乡村教师更好地理解与掌握信息技术知识和技能。例如，培训教师可以在课堂上进行实际操作演示，让乡村教师亲身体验信息技术在教学中的应用方法和效果；同时，培训教师可以通过分析一些成功的信息技术教学案例，让乡村教师学习借鉴他人的经验和方法，提高自己的信息技术应用能力。

（2）鼓励教师自主学习

政府和学校应提高乡村教师对信息技术重要性的认识，激发他们的自主学习意识和动力，为教师提供自主学习的资源和平台。

1）提高对信息技术重要性的认识

政府和学校应通过多种方式，提高乡村教师对信息技术重要性的认识，可以组织教师参加信息技术专题讲座、研讨会等活动，让教师了解信息技术在教育教学中的重要作用和发展趋势。例如，可以邀请信息技术专家到乡村学校举办讲座，介绍信息技术在教育教学中的创新应用和成功案例，让教师认识到信息技术可以为教学带来巨大的变革和提升。同时，学校可以通过组织教师参加信息技术教学观摩活动、教学比赛等方式，让教师亲身体验信息技术在教学中的应用效果，激发他们学习信息技术的兴趣和动力。例如，学校可以组织教师参加信息技术教学观摩活动，让教师观看优秀教师的信息技术教学示范课，学习他人的经验和方法；还可以组织教师参加信息技术教学比赛，鼓励教师积极探索信息技术在教学中的应用，提高教师的信息技术应用能力和教学水平。

2）激发自主学习意识和动力

学校可以通过建立激励机制，激发乡村教师的自主学习意识和动力。例如，可以设立教师信息技术应用奖励基金，对在信息技术教学方面表现突出的教师进行表彰和奖励；还可以将教师信息技术应用能力纳入教师绩效考核体系，作为教师评优评先、职称晋升的重要依据。这样可以激发教师学习信息技术的积极性和主动性，提高教师的信息技术应用能力。同时，学校可以通过组织教师信息技术学习小组、开展信息技术学习交流活动等方式，营造良好的学习氛围，激发教师的自主学习意识和动力。例如，学校可以组织教师成立信息技术学习小组，定期开展学习交流活动，分享学习经验和心得；还可以在学校内部建立信息技术学习论坛，让教师在论坛上交流学习心得、提出问题、寻求帮助，共同提高信息技术能力。

3）提供自主学习的资源和平台

学校可以为教师提供自主学习的资源和平台，方便教师随时随地进行学习。例如，可以购买信息技术学习软件、订阅信息技术教育期刊等，为教师提供丰富的学习资源；还可以建立教师信息技术学习在线平台，为教师提供在线课程、学习资料、交流互动等服务。教师可以根据自己的需求和时间安排，选择合适的学习资源和学习方式，进行自主学习。同时，学校可以鼓励教师利用互联网资源进行自主学习。例如，教师可以通过在线学习平台、教育博客、教育论坛等渠道，获取信息技术学习资源和交流学习经验；还可以关注一些信息技术教育专家的微博、微信公众号等，及时了解信息技术教育的最新动态和发展趋势。

（3）加大学校支持力度

乡村学校应重视信息技术在教学中的应用，加大对信息技术设备的投入和更新力度，为教师提供良好的信息技术教学环境。同时，学校应配备专业的技术人员，为教师提供技术支持和服务。

1）重视信息技术在教学中的应用

学校领导要充分认识到信息技术对教育教学的重要性，将信息技术应用纳入学校发展规划和教学管理体系。例如，学校可以制定信息技术应用的目标和计划，明确各部门和教师在信息技术应用方面的职责及任务。同时，学校领导要带头学习和使用信息技术，为教师树立榜样。学校可以通过组织教师参加信息技术培训、开展信息技术教学观摩活动、举办信息技术教学比赛等方式，营造浓厚的信息技术应用氛围，激发教师使用信息技术的积极性和主动性。例如，学校可以定期组织教师参加信息技术培训，邀请专家开展讲座和指导，提高教师的信息技术应用能力。同时，学校可以开展信息技术教学观摩活动，让教师互相学习和交流，共同提高信息技术教学水平。

2）加大对信息技术设备的投入和更新力度

学校要加大对信息技术设备的投入和更新力度，确保教师有足够的设备进行教学。例如，学校可以购置先进的多媒体教学设备、计算机、投影仪等，为教师提供良好的教学条件。同时，学校要及时更新信息技术设备，确保设备的性能和功能能够满足教学需求。学校可以通过多种渠道筹集资金，用于信息技术设备的投入和更新。例如，学校可以向政府申请专项资金，争取社会捐赠和企业赞助等。同时，学校要合理规划资金的使用，确保资金用在刀刃上，提高资金的使用效益。

3）配备专业的技术人员

学校要配备专业的技术人员，为教师提供技术支持和服务。技术人员可以负责学校信息技术设备的维护和管理，及时解决教师在使用信息技术设备过程中遇到的问题。例如，技术人员可以定期对信息技术设备进行检查和维护，确保设备的正常运行。同时，技术人员可以为教师提供技术培训和指导，帮助教师掌握信息技术设备的使用方法和技巧。学校可以通过招聘、培训等方式，培养和引进专业的技术人员。例如，学校可以招聘具有信息技术专业背景的人员担任技术人员，或者选派教师参加信息技术培训，培养一批兼职技术人员。同时，学校要为技术人员提供良好的工作条件和发展空间，提高技术人员的工作积极性和主动性。

4）建立教师信息技术应用激励机制

学校要建立教师信息技术应用激励机制，对在信息技术教学方面表现突出的教师进行表彰和奖励。例如，学校可以设立信息技术教学优秀奖、信息技术应用创新奖等，对在信息技术教学和应用方面取得显著成绩的教师进行表彰与奖励。同时，学校可以将教师信息技术应用能力纳入教师绩效考核体系，作为教师评优评先、职称晋升的重要依据。学校可以通过多种方式激励教师使用信息技术进行教学。例如，学校可以组织教师参加信息技术教学比赛，对获奖教师进行表彰和奖励。同时，学校可以开展信息技术教学示范活动，让优秀教师进行示范教学，为其他教师提供学习和借鉴的机会。

总之，提升乡村教师信息技术能力是一项长期而艰巨的任务，需要政府、学校、教师等各方共同努力。政府和学校要加大对乡村教师信息技术培训的投入力度，制订科学合理的培训计划，提高培训的针对性和实效性。同时，学校要重视信息技术在教学中的应用，加大对信息技术设备的投入力度和更新力度，为教师提供良好的信息技术教学环境。此外，学校要配备专业的技术人员，为教师提供技术支持和服务。教师要提高对信息技术重要性的认识，增强自主学习意识和动力，不断提升自己的信息技术能力。只有这样，才能实现乡村基础教育与现代信息技术的深度融合，提高乡村教育教学质量。

三、社会经济与文化因素的影响

（一）家庭经济条件与数字鸿沟

1. 乡村家庭经济条件对教育的影响

（1）缺乏必要学习设备对乡村学生的影响

在乡村地区，家庭经济条件普遍较差，这直接导致很多乡村学生缺乏必要的学习设备，给他们的教育带来了诸多不利影响。

1）限制在线学习和数字教育资源的使用

如今，在线学习和数字教育资源在教育中扮演着越来越重要的角色。然而，对于乡村学生来说，由于家庭无法为他们购买计算机、平板电脑等学习设备，他们在进行在线学习和使用数字教育资源方面受到了极大的限制。例如，城市学生可以通过自己的计算机或平板电脑随时随地登录在线学习平台，观看教学视频、参与互动讨论、完成作业等；而乡村学生由于没有这些设备，只能依赖学校有限的计算机资源，或者根本无法进行在线学习。这使他们错过了很多优质的教育资源和学习机会，与城市学生在知识获取和学习进度上产生了差距。此外，一些数字教育资源，如电子书籍、教学软件等，都需要特定的设备才能下载和使用。乡村学生由于缺乏设备，无法充分利用这些资源，进一步影响了他们的学习效果。

2）加剧城乡学生竞争中的劣势

家庭经济条件差导致的学习设备缺乏，使乡村学生在与城市学生的竞争中处于明显劣势。在当今信息时代，掌握信息技术和利用数字教育资源的能力已经成为学生综合素质的重要组成部分。城市学生凭借丰富的学习设备和良好的网络条件，可以更加便捷地获取各种信息和知识，提高自己的学习能力和竞争力；而乡村学生由于设备不足，无法充分发挥自己的能力，在学习成绩、综合素质等方面往往落后于城市学生。这种劣势不仅体现在学业成绩上，还会影响到乡村学生的未来发展。在升学、就业等方面，他们可能会因为缺乏信息技术能力和数字教育资源的支持而面临更大困难。

（2）家庭经济困难对家长教育投入的影响

乡村家庭经济条件差不仅影响了学生的学习设备使用，还显著影响了家长对孩子教育的投入。

1）学习资源匮乏

由于经济困难，一些乡村家庭无法为孩子购买课外书籍、参加课外辅导班等，这使孩子的学习资源相对匮乏。课外书籍可以拓宽学生的知识面，培养他们的阅读兴趣和能力；课外辅导班可以帮助学生巩固知识、提高学习成绩。然而，对于乡村家庭来说，这些都是奢侈品。例如，城市学生可以轻松购买各种课外书籍，参加各种兴趣班和辅导班，丰富自己的学习生活；而乡村学生可能除了学校发放的课本之外，很少有其他的学习资源。这使他们在知识储备、学习能力等方面与城市学生的差距越来越大。同时，缺乏课外学习资源会影响学生的学习兴趣和积极性。没有丰富的书籍和多样化的学习活动，学生可能会觉得学习枯燥乏味，缺乏动力。

2）辍学打工现象严重

在一些乡村家庭，为了维持家庭生计，家长不得不让孩子辍学打工。这严重影响了孩子受教育的权利，也给他们的未来带来了极大的不确定性。孩子在未成年阶段就辍学打工，不仅失去了接受正规教育的机会，还可能面临各种风险和困难。他们可能会从事一些低技能、高强度的工作，收入微薄、生活质量低下。而且，由于缺乏教育，他们在未来的职业发展中也会受到很大限制。此外，辍学打工现象也会对乡村地区的教育氛围产生负面影响。其他孩子看到身边的同学辍学打工后，可能会产生错误的观念，认为读书无用，从而也失去了学习的动力和信心。

（3）家庭经济条件对学生学习心态和自信心的影响

家庭经济条件差会对乡村学生的学习心态和自信心产生不良影响。

1）自卑和无助感

一些乡村学生由于家庭贫困，可能会感到自卑和无助。他们看到自己与城市学生在生活条件、学习资源等方面的巨大差距，会觉得自己不如别人，从而产生自卑心理。这种自卑和无助感会影响学生的学习心态。他们可能会对学习失去信心，认为自己无论怎么努力都无法改变现状。在学习过程中，他们可能会缺乏积极性和主动性，不敢主动参与课堂讨论、提问等活动，害怕被同学嘲笑。例如，在课堂上，城市学生可能会积极发言，展示自己的知识和能力；而乡村学生由于自卑，可能会默默坐在角落里，不敢表达自己的观点。这种差异会进一步加剧他们的自卑心理，形成恶性循环。

2）影响学习效果

家庭经济条件差导致的自卑和无助感会直接影响学生的学习效果。如果学生在学习过程中缺乏信心和动力，就难以集中精力学习，也难以充分发挥自己的潜力。同时，这种不良的学习心态可能会影响学生的身心健康。长期的自卑和无助感可能会导致乡村学生出现焦虑、抑郁等心理问题，影响他们的成长和发展。例如，一些乡村学生由于家庭贫困，心理压力过大，在学习上表现出焦虑、失眠等症状。这不仅影响了他们的学习成绩，还对他们的身体健康造成了损害。

2. 数字鸿沟在乡村地区的表现

（1）网络基础设施建设差距

首先，数字鸿沟在乡村地区体现在网络基础设施建设方面与城市地区存在巨大差距。

1）城市地区的网络优势

城市地区网络覆盖广泛，几乎无处不在。无论是学校、家庭、公共场所还是企业单位，都能轻松接入高速网络。而且，城市地区的网络带宽高，能够满足各种复杂的网络应用需求，如高清视频播放、在线游戏、大规模数据传输等。例如，城市学生可以在学校的多媒体教室、图书馆等场所享受高速网络，随时随地进行在线学习和研究。在家里，他们也可以通过宽带网络访问丰富的在线教育资源，与教师和同学进行互动交流。城市的企业和机构也能利用高速网络进行高效的办公与业务拓展。

2）乡村地区的网络困境

相比之下，乡村地区的网络覆盖不足，很多偏远的乡村地区甚至没有网络信号。即使有网络覆盖的地方，带宽也往往很低，网络速度缓慢、不稳定。这给乡村学生获取数字教育资源和进行在线学习带来了很大的困难。例如，一些乡村学校虽然有网络接入，但由于带宽低，学生在进行在线课堂学习时，经常会出现视频卡顿、声音不清晰等问题，严重影响学习效果。在乡村家庭中，由于网络条件差，很多家长无法为孩子提供良好的在线学习环境，孩子只能依靠学校有限的网络资源。此外，乡村地区网络覆盖不足还会影响当地的经济发展和社会进步。缺乏高速网络，乡村企业难以开展电子商务、远程办公等业务，限制了乡村经济的发展。同时，乡村居民无法及时获取各种信息和服务，与城市居民的差距越来越大。

（2）电子设备拥有差距

其次，乡村家庭与城市家庭在拥有电子设备方面存在明显差距，进一步加剧了数字鸿沟。

1）城市家庭的电子设备普及

城市家庭普遍拥有计算机、平板电脑、智能手机等电子设备。这些设备不仅数量多，而且性能先进，能够满足各种学习、工作和娱乐需求。例如，城市学生可以利用自己的计算机和平板电脑进行在线学习、查阅资料、完成作业等。他们可以通过智能手机随时随地与教师和同学保持联系，获取学习信息。城市家庭还可以利用电子设备进行家庭娱乐、在线购物、智能家居控制等，提高生活质量。

2）偏远乡村家庭的电子设备匮乏

由于经济条件限制，偏远乡村家庭拥有电子设备的比例较低。很多家庭可能只有一部老旧的手机，或者根本没有任何电子设备。这使偏远乡村学生在使用现代信息技术进行学习方面的机会相对较少。例如，一些乡村学生可能只能在学校的计算机课上接触到计算机，平时没有机会使用电子设备进行自主学习。他们无法像城市学生那样利用电子设备进行在线学习、查阅资料、与外界交流等，限制了他们的学习和发展。此外，乡村家庭电子设备匮乏还会影响家庭对孩子教育的支持。城市家庭可以通过电子设备为孩子提供各种学习资源和辅导；而乡村家庭由于没有这些设备，很难为孩子提供类似的支持。

（3）信息技术素养差距

最后，乡村学生与城市学生在信息技术素养方面的差距是数字鸿沟的重要表现之一。

1）城市学生的信息技术素养优势

城市学生由于接触信息技术的机会多，信息技术素养相对较高。他们从小就接触各种电子设备和网络资源，对计算机操作、网络应用、软件使用等方面比较熟悉。例如，城市学生可以熟练使用各种办公软件进行文档编辑、表格制作、幻灯片演示等。他们可以利用网络搜索引擎快速查找所需的信息，利用在线学习平台进行自主学习和交流互动。城市学生还可以通过编程、多媒体制作等方式展示自己的创造力和创新能力。

2）乡村学生的信息技术素养不足

相比之下，乡村学生由于缺乏培训和实践机会，信息技术素养相对较低。他们可能对计算机操作不熟悉，不知道如何使用网络资源，对一些常用软件也不太了解。例如，一些乡村学生可能不知道如何打开计算机、登录网络，也不知道如何使用电子邮件、在线聊天工具等。他们在学校的信息技术课上可能只是学到一些基本的操作知识，但缺乏实际应用的机会，无法真正掌握信息技术技能。这种信息技术素养的差距使乡村学生在利用现代信息技术进行学习和创新方面面临更大困难。他们可能无法充分利用数字教育资源，也无法参与一些基于信息技术的学习活动和项目，影响了他们的学习效果和未来发展。

3. 缩小数字鸿沟的策略

（1）加大乡村地区网络基础设施建设投入

政府在缩小数字鸿沟方面起着关键作用，应加大对乡村地区网络基础设施建设的投入。

1）资金投入与政策支持

政府应加大对乡村地区网络建设的资金投入，提高乡村地区的网络覆盖范围和带宽。这需要政府制定专项规划，拨出足够的资金用于乡村地区网络基础设施建设。例如，政府可以设立乡村网络建设专项资金，用于铺设光纤网络、建设通信基站等。同时，政府可以通过提供补贴、税收优惠等方式，激励电信运营商加大对乡村地区的网络建设力度。此外，政府还应制定相关政策，鼓励和支持社会力量参与乡村网络建设。例如，允许企业和社会组织通过投资、捐赠等方式参与乡村网络建设，为乡村地区提供更加优质的网络服务。

2）提高网络覆盖范围和带宽

提高乡村地区的网络覆盖范围是缩小数字鸿沟的基础。政府应督促电信运营商加大对偏远乡村地区的网络覆盖力度，确保每个乡村都能接入高速网络。同时，提高网络带宽是至关重要的。政府可以通过技术升级、设备更新等方式，提高乡村地区的网络带宽，满足乡村学生在线学习、数字教育资源下载等需求。例如，政府可以推动电信运营商在乡村地区铺设光纤网络，提高网络速度和稳定性；还可以鼓励电信运营商开发适合乡村地区的网络服务套餐，提供更加优惠的价格和更好的服务质量。

（2）为乡村学生提供必要的学习设备

除了网络基础设施建设之外，为乡村学生提供必要的学习设备也是缩小数字鸿沟的重要策略之一。

1）捐赠与资助

政府、学校和社会组织可以通过捐赠、资助等方式，为乡村学生提供计算机、平板电脑等学习设备。这可以解决乡村学生因家庭经济困难而无法购买学习设备的问题。例如，政府可以组织企业开展捐赠活动，为乡村学校捐赠一批计算机和平板电脑。学校也可以通过申请教育扶贫项目、争取社会捐赠等方式，为学生筹集学习设备。社会组织可以发起公益活动，号召社会各界为乡村学生捐赠学习设备。

2）建立设备共享机制

建立设备共享机制可以让乡村学生在学校或社区内共享使用学习设备，提高设备的利用率。例如，可以在乡村学校建立计算机教室，为学生提供课外学习的机会。学校可以制定设备使用管理制度，合理安排学生的使用时间，确保每个学生都能有机会使用计算机进行学习。同时，在乡村社区可以设立电子阅览室，让学生在课余时间能够使用电子设备进行学习。社区可以组织志愿者为学生提供设备使用指导和帮助，营造良好的学习氛围。

（3）加强乡村学生信息技术培训

提高乡村学生的信息技术素养是缩小数字鸿沟的关键，学校和社会组织可以通过组织信息技术培训课程实现这一目标。

1）丰富培训内容

信息技术培训课程的内容包括计算机操作、网络应用、软件使用等方面。通过系统培训，乡村学生能够掌握基本的信息技术技能，提高信息技术应用的能力。例如，可以开设计算机基础课程，教授学生如何开关机、使用鼠标和键盘、操作操作系统等；也可以开设网络应用课程，让学生学会如何上网搜索信息，使用电子邮件、在线聊天工具等；还可以开设软件使用课程，如办公软件、绘图软件、编程软件等，培养学生的创新能力和实践能力。

2）邀请专业人员开展培训

学校和社会组织可以邀请信息技术专业人员到乡村学校开展培训活动，让学生在实践中学习信息技术知识。专业人员可以通过案例分析、实际操作演示等方式，让学生更好地理解和掌握信息技术技能。例如，可以邀请计算机工程师、软件开发人员等专业人员到学校举办讲座和培训课程。他们可以分享自己的工作经验和技术知识，激发学生对信息技术的兴趣和热情。同时，专业人员可以为学生提供一对一的指导和帮助，解决学生在学习过程中遇到的问题。

（4）提高乡村家庭对信息技术教育的认识

提高乡村家庭对信息技术教育的认识，可以为乡村学生的信息技术学习提供更好的家庭支持。

1）举办教育讲座

政府、学校和社会组织可以组织家长参加信息技术教育讲座，让家长了解信息技术对孩子未来发展的影响。讲座可以介绍信息技术在教育、就业、生活等方面的重要性，以及如何支持孩子使用信息技术进行学习。例如，可以邀请教育专家、信息技术专家为家长举办讲座，介绍信息技术在现代教育中的应用和发展趋势；还可以邀请成功的企业家、专业人士分享自己如何利用信息技术取得成功的经验，让家长认识到信息技术对孩子未来发展的重要性。

2）加强学校与家庭的合作

学校可以通过加强与家庭的合作，共同促进孩子的信息技术学习。例如，学校可以定期向家长反馈孩子在信息技术学习方面的情况，让家长了解孩子的学习进度和成绩。同时，学校可以组织家长参与学校的信息技术教育活动，如亲子编程比赛、数字作品展示等，让家长亲身体验信息技术教育的魅力。此外，学校还可以为家长提供信息技术教育资源和指导，帮助家长更好地支持孩子的信息技术学习。例如，学校可以制作信息技术教育手册，发放给家长，介绍如何在家中为孩子创造良好的信息技术学习环境，如何引导孩子正确使用电子设备等。

总之，乡村家庭经济条件对教育的影响不可忽视，数字鸿沟在乡村地区的表现也十分明显。为了缩小数字鸿沟，实现乡村基础教育与现代信息技术的深度融合，政府、学校、社会组织和家庭需要共同努力，采取有效的策略和措施，为乡村学生提供更好的教育资源和学习环境。

（二）乡村文化与教育环境的特殊性

1. 乡村文化对教育的影响

（1）传统价值观对现代信息技术接受度的影响

乡村文化中的传统价值观在一定程度上影响着学生对现代信息技术的接受程度。

1）传统价值观的内涵与表现

在乡村地区，传统价值观如勤劳、朴实、节俭等历经世代传承，深深扎根于人们的生活中。这些传统价值观强调通过实际劳动和朴素的生活方式实现个人价值与家庭幸福。例如，在乡村，人们普遍尊重勤劳的农民，认为通过辛勤耕耘土地、养殖家畜等方式获得的生活成果是最实在和最可靠的。同时，乡村文化中的传统价值观注重家庭观念和邻里互助。家庭成员之间的紧密联系和相互支持，以及邻里之间在农忙时节的互帮互助，都是乡村传统价值观的重要体现。这种价值观使乡村社会形成了一种相对稳定和和谐的生活氛围。

2）对现代信息技术的抵触情绪

然而，正是这些传统价值观可能会使人们对现代信息技术产生一定的抵触情绪。一方面，一些家长认为孩子使用电子设备会分散他们的注意力，影响他们对传统价值观的学习和践行。例如，一些家长担心孩子沉迷于电子游戏或社交媒体，从而忽视了勤劳、朴实等品质的培养。另一方面，传统价值观中对节俭的强调可能导致家长对购买电子设备和支付网络费用持谨慎态度。他们认为这些费用是不必要的开支，可能会影响家庭的经济状况。例如，一些家庭可能会优先考虑满足基本的生活需求，而不是为孩子购买计算机或平板电脑等学习设备。

3）影响的后果及应对策略

这种抵触情绪对学生的教育产生了多方面影响。第一，学生可能会因为家长的态度而对现代信息技术缺乏兴趣和热情。他们可能会认为使用电子设备是不被鼓励的行为，从而错过了利用现代信息技术进行学习和探索的机会。第二，这种抵触情绪可能使学校在推广现代信息技术教育方面的努力大打折扣。如果家长不支持孩子使用电子设备，那么学校在开展信息技术课程和在线学习活动时可能会面临困难。为了应对这种情况，需要采取一系列策略。一方面，学校和教师可以通过举办信息技术教育讲座和开展亲子活动，向家长介绍现代信息技术在教育中的重要性和积极作用。例如，学校可以邀请教育专家向家长讲解如何正确引导孩子使用电子设备，以及如何利用现代信息技术培养孩子的创新能力和综合素质。另一方面，政府和社会组织可以通过提供补贴与优惠政策，鼓励乡村家庭购买电子设备和接入网络。例如，可以为贫困家庭提供计算机购买补贴，或者为乡村地区提供免费的无线网络服务。

（2）社交方式和生活习惯对学习方式的影响

乡村文化中的社交方式和生活习惯对学生的学习方式产生了重要影响。

1）乡村社交方式和生活习惯的特点

在乡村地区，人们的社交方式相对传统，面对面的交流和互动较为常见。邻里之间的串门、集市上的交流以及乡村活动中的互动，都是乡村社交的重要形式。这种社交方式强调人与人之间的直接接触和情感交流，注重人际关系的建立和维护。同时，乡村的生活习惯与城市有所不同。乡村生活节奏相对较慢，人们更加注重与自然的接触和生活的规律。例如，乡村居民可能会在田间劳作、饲养家畜、种植蔬菜等活动中度过大部分时间，这些活动培养了他们的耐心和勤劳的品质。

2）对学习方式的影响

这种社交方式和生活习惯可能会让学生更倾向于传统的学习方式，而对在线学习等新型学习方式不太适应。一方面，学生在日常生活中习惯了与教师和同学进行面对面的交流，他们可能会觉得这种方式更加亲切和真实。例如，在课堂上，学生可以直接看到教师的表情和动作，与教师进行眼神交流，这种互动方式有助于他们更好地理解和掌握知识。另一方面，乡村学生可能对在线学习平台上的互动交流感到陌生和不适应。他们可能不熟悉网络社交的规则和方式，也可能缺乏使用电子设备进行交流的经验和技能。例如，一些学生可能不知道如何在在线学习平台上提问、回答问题或与同学进行讨论。

3）应对策略及创新教学方法

为了帮助学生适应新型学习方式，学校和教师可以采取一系列策略。首先，学校和教师可以在教学中逐渐引入在线学习元素，让学生逐步熟悉和适应这种学习方式。例如，教师可以在课堂上使用多媒体教学设备，展示在线学习资源，引导学生进行在线讨论和互动。其次，教师可以结合乡村学生的生活习惯和社交方式，创新教学方法。例如，教师可以利用乡村的自然资源和生活场景，开展实地教学活动，让学生在实践中学习知识。同时，教师可以鼓励学生通过小组合作的方式进行学习，培养他们的团队合作精神和沟通能力。最后，学校和教师可以加强对学生的信息技术培训，提高他们使用电子设备进行学习的能力和信心。例如，学校可以开设信息技术课程，教授学生如何使用在线学习平台、搜索学习资源、进行在线交流等技能。

（3）传统技艺为融合提供新思路和新方法

乡村文化中的艺术、手工艺等传统技艺为乡村基础教育与现代信息技术的融合提供了新思路和新方法。

1）传统技艺的价值和意义

乡村文化中的传统技艺如手工艺制作、民间艺术等具有丰富的文化内涵和艺术价值。这些技艺是乡村人民智慧的结晶，反映了他们对生活的热爱和对美的追求。例如，传统的剪纸、刺绣、木雕等手工艺制作，不仅具有精湛的工艺技巧，还蕴含着深厚的历史文化底蕴。同时，传统技艺是乡村文化传承的重要载体。通过学习和传承这些技艺，乡村学生可以更好地了解自己的文化根源，增强文化自信和认同感。例如，学生可以通过学习传统手工艺制作，了解乡村的历史、风俗和价值观，培养对家乡的热爱之情。

2）与现代信息技术结合的方式

可以将传统的手工艺制作与现代信息技术相结合，让学生通过数字化的方式记录和传承传统技艺。例如，可以利用摄影、录像等技术，记录传统手工艺制作的过程和技巧，制作成教学视频或数字档案，供学生学习和参考。同时，教师可以利用虚拟现实和增强现实技术，让学生身临其境地感受传统技艺的魅力。例如，学生可以通过虚拟现实技术参观传统手工艺作坊，了解手工艺人的工作环境和制作过程；可以通过增强现实技术将传统手工艺作品与现实场景相结合，创造出独特的艺术效果。此外，还可以利用互联网平台，让学生与国内外的艺术家和手工艺人进行交流及合作。例如，学生可以通过在线艺术社区分享自己的作品和创作经验，与其他学生和艺术家进行互动及交流，拓宽自己的视野和思维方式。

3）培养创新能力和文化素养的作用

这种结合方式不仅可以帮助学生更好地传承和弘扬乡村文化，还可以培养学生的创新能力和文化素养。一方面，学生在将传统技艺与现代信息技术相结合的过程中，需要发挥自己的创造力和想象力，探索新的表现形式和创作方法。例如，学生可以利用数字绘画软件对传统剪纸图案进行创新设计，或者利用 3D 打印技术制作传统木雕作品的模型。另一方面，通过学习和传承传统技艺，学生可以了解不同文化之间的差异和共性，增强文化包容和理解能力。例如，学生可以通过比较不同地区的传统手工艺制作，了解不同文化背景下人们的审美观念和生活方式，培养跨文化交流的能力和素养。

2. 乡村教育环境的特殊性

（1）乡村学校规模小与师资力量薄弱的挑战

乡村教育环境与城市教育环境存在较大差异，其中，乡村学校规模相对较小、师资力量薄弱是一个突出的问题。

1）乡村学校规模小的现状及影响

乡村学校通常规模较小，学生数量相对较少。这可能是乡村地区人口分散、生源不足等造成的。例如，一些偏远的乡村小学可能只有几十名学生，甚至更少。

乡村学校规模小带来了一系列问题。首先，教学资源相对匮乏。由于学生数量少，学校的经费有限，难以购买足够的图书、实验设备、多媒体教学资源等。例如，一些乡村学校的图书馆藏书量少，更新速度慢，无法满足学生的阅读需求；实验室设备简陋，无法开展高质量的实验教学。其次，课程设置相对单一。由于教师数量有限，所以乡村学校往往难以开设丰富多样的课程。例如，一些乡村学校可能只能开设语文、数学、英语等主要学科，而音乐、美术、体育等学科的教学可能无法得到充分保障。最后，乡村学校规模小可能影响学生的社交和综合素质的发展。学生数量少，社交圈子相对较小，可能会影响他们的人际交往能力和团队合作精神的培养。

2）师资力量薄弱的表现及原因

乡村学校的师资力量薄弱是一个普遍存在的问题。一方面，乡村学校的教师数量有限，往往需要承担多个学科的教学任务，难以有足够的时间和精力去学习与应用现代信息技术。例如，一些乡村学校只有几名教师，他们既要教授语文、数学等主要学科，又要负责音乐、美术等学科的教学，还要承担学校的管理工作。另一方面，乡村学校的教师培训机会相对较少，信息技术能力提升缓慢。由于乡村地区交通不便、经费紧张等因素，教师参加培训的机会相对较少。即使有一些培训机会，也可能由于培训内容针对性不强、培训方式单一等，效果不佳。例如，一些信息技术培训只是简单地介绍软件的操作方法，没有结合乡村教育的实际情况进行培训，教师在培训后仍然不知道如何将信息技术应用到教学中。

3）对教学质量和学生发展的影响

乡村学校规模小与师资力量薄弱对教学质量和学生发展产生了多方面的影响。首先，教学质量难以得到保障。教师负担过重，可能会影响教学的深度和广度，无法满足学生的学习需求。例如，教师可能没有足够的时间备课和批改作业，导致教学效果不佳。其次，学生的综合素质发展受到限制。由于课程设置单一和教学资源匮乏，学生可能无法接触到丰富多样的知识和技能，影响他们综合素质的提升。例如，学生可能无法学习到音乐、美术、体育等方面的知识和技能，缺乏艺术修养，身体素质也难以得到有效提高。最后，师资力量薄弱可能导致优秀教师流失。由于乡村学校的工作条件艰苦、待遇低等，一些优秀教师可能会选择离开乡村学校，前往城市学校任教。这进一步加剧了乡村学校师资力量的薄弱，形成恶性循环。

（2）教学资源匮乏的困境

乡村学校的教学资源相对匮乏，这给乡村基础教育与现代信息技术的深度融合带来了很大挑战。

1）图书、实验设备、多媒体教学资源的不足

乡村学校的图书资源相对较少，更新速度慢。这可能是因为学校经费有限，无法购买足够的图书；也可能是因为交通不便、图书配送困难。例如，一些乡村学校的图书馆藏书量只有几千册，并且很多图书都是多年前购买的，已经过时。实验设备简陋也是乡村学校面临的一个问题。由于经费紧张，乡村学校往往无法购买先进的实验设备，实验教学无法正常开展。例如，一些乡村学校的物理、化学实验室只有一些基本的实验器材，无法满足学生的实验需求。多媒体教学资源也比较有限。乡村学校可能缺乏多媒体教室、投影仪、电子白板等设备，或者这些设备已经老化、损坏，无法正常使用。例如，一些乡村学校只有一间多媒体教室，而且设备经常出现故障，影响教学效果。

2）对现代信息技术教学的影响

教学资源匮乏对现代信息技术教学产生了很大的影响。一方面，缺乏图书资源可能会影响学生的自主学习和知识拓展。在现代信息技术教学中，学生需要通过阅读相关的书籍和资料了解信息技术的发展历程、应用领域等知识。如果学校的图书资源不足，学生就无法获取足够的知识，影响他们的学习效果。另一方面，实验设备简陋可能会影响学生的实践能力培养。在信息技术教学中，学生需要通过实际操作掌握计算机硬件组装、软件安装、网络配置等技能。如果学校没有足够的实验设备，学生就无法进行实践操作，影响他们实践能力的提升。

此外，多媒体教学资源有限可能会影响教学的趣味性和互动性。在现代信息技术教学中，教师可以通过使用多媒体教学资源，如教学视频、动画、课件等，提高教学的趣味性和互动性。如果学校缺乏这些资源，教师就只能采用传统的教学方法，教学效果可能会大打折扣。

3）解决资源匮乏问题的策略

为了解决乡村学校教学资源匮乏的问题，政府和社会可以采取一系列策略。首先，政府和社会应加大对乡村学校的投入力度，为乡村学校提供丰富的教学资源。例如，可以通过捐赠图书、实验设备、多媒体教学资源等方式，改善乡村学校的教学条件。其次，乡村学校可以利用现代信息技术，开发和共享教学资源。例如，可以建立乡村学校教学资源共享平台，让乡村学校之间能够共享优质的教学资源；还可以鼓励乡村教师利用网络资源，开展在线教学和教研活动。最后，乡村学校可以与城市学校建立合作关系，共享教学资源。例如，可以通过开展校际交流活动、远程教学等方式，让乡村学生能够享受到城市学校的优质教学资源。

（3）学生家庭背景和学习基础差异大的难题

乡村学校的学生家庭背景和学习基础差异较大，这给教师在教学中应用现代信息技术带来了一定的困难。

1）家庭环境和教育背景的差异

乡村学生的家庭环境和教育背景各不相同。一些学生可能来自贫困家庭，家庭经济条件差，家长文化程度低，无法为孩子提供良好的学习环境和教育支持。例如，一些家庭可能没有计算机、平板电脑等学习设备，也无法为孩子购买课外书籍，送其参加课外辅导班。另一些学生可能来自富裕家庭，家庭经济条件较好，家长文化程度高，能够为孩子提供良好的学习环境和教育支持。例如，一些家庭可能有计算机、平板电脑等学习设备，也能够为孩子购买课外书籍，送其参加课外辅导班。

2）学习基础差异对信息技术课程的影响

学生的学习基础差异较大会对信息技术课程的学习产生影响。一些学生可能在进入学校之前从未接触过计算机，对于信息技术课程的学习可能会感到困难。例如，他们可能不知道如何开关机、使用鼠标和键盘等基本操作，需要教师给予更多的关注和指导。另一些学生可能已经具备了一定的信息技术基础，对于信息技术课程的学习可能会感到轻松。例如，他们可能已经掌握了一些基本的计算机操作技能，能够熟练使用办公软件和网络资源。

3）个性化教学的必要性及实施策略

面对学生家庭背景和学习基础差异大的情况，教师需要实施个性化教学。个性化教学是指根据学生的个体差异，制订不同的教学计划和教学方法，满足学生的不同学习需求。例如，教师可以根据学生的信息技术基础，将学生分为不同的层次，为每个层次的学生制定不同的教学目标和教学内容。实施个性化教学需要教师关注学生的个体差异，了解每个学生的学习需求和学习特点。教师可以通过与学生交流、观察学生的学习行为、分析学生的学习成绩等方式，了解学生的个体差异。例如，教师可以在课堂上观察学生的操作情况，了解学生对信息技术知识的掌握程度；可以通过与学生交流，了解学生的学习兴趣和学习需求。同时，教师可以利用现代信息技术，为学生提供个性化的学习资源和学习支持。例如，教师可以通过在线学习平台，为学生推荐适合他们学习水平的课程和学习资料；教师还可以利用智能辅导系统，为学生提供个性化的学习辅导和反馈。

3. 应对乡村文化与教育环境特殊性的策略

（1）尊重和利用乡村文化资源

在乡村基础教育中，教育者应充分尊重乡村文化的独特价值，将乡村文化与现代信息技术相结合，创造出具有乡村特色的教育模式。

1）将乡村文化融入信息技术课程

教育者可以将乡村的传统手工艺、民俗文化等融入信息技术课程。例如，在信息技术课程中，教师可以设置传统手工艺制作的数字化项目，让学生通过拍照、录像、绘图等方式记录传统手工艺制作的过程，并利用多媒体制作软件将这些记录制作成教学视频或数字档案。这样不仅可以让学生学习信息技术知识和技能，还可以传承和弘扬乡村文化。同时，教师可以利用乡村的民俗文化开展信息技术教学活动。例如，教师可以让学生通过网络搜索了解乡村的民俗文化，然后利用多媒体制作软件制作民俗文化展示作品，如电子手抄报、幻灯片等。这样可以让学生在学习信息技术的同时，了解乡村的民俗文化，增强文化自信和认同感。

2）利用乡村自然风光和田园风光开展户外教学活动

乡村的自然风光和田园风光是宝贵的教育资源，可以利用这些资源开展户外教学活动，让学生在实践中学习信息技术知识。例如，教师可以组织学生到乡村的田野、山林、河流等地方进行实地考察，让学生利用手机或平板电脑等设备拍摄自然风光照片，并利用图片处理软件对这些照片进行编辑和处理。这样可以让学生在欣赏自然风光的同时，学习信息技术知识和技能。

同时，教师可以利用乡村的田园风光开展农业信息化教学活动。例如，教师可以组织学生到乡村的农田、果园、养殖场等地方进行实地考察，让学生了解农业信息化的应用情况，如智能灌溉系统、农产品追溯系统等。然后，让学生利用信息技术知识和技能，设计和制作农业信息化宣传作品，如宣传海报、短视频等。这样可以让学生在了解农业信息化的同时，提高信息技术的应用能力和创新能力。

（2）加强乡村教师队伍建设

政府和学校应加大对乡村教师的培训力度，提高乡村教师的信息技术能力和教学水平。

1）加大培训力度，提升教师专业素养

政府和学校可以通过组织教师参加信息技术培训课程、开展教学研讨活动等方式，提升教师的专业素养。例如，政府和学校可以组织乡村教师参加信息技术骨干教师培训，邀请专业的信息技术教育专家为教师授课，内容涵盖信息技术基础知识、教学软件应用、在线教学平台操作等方面。通过系统培训，让乡村教师掌握先进的信息技术教学方法和手段，提高他们在教学中应用信息技术的能力。同时，开展教学研讨活动是提升教师专业素养的有效途径。学校可以定期组织教师进行教学研讨，分享信息技术教学经验和心得，共同探讨解决教学中遇到的问题。例如，教师可以就如何利用在线学习平台提高学生的学习积极性、如何将信息技术与学科教学深度融合等问题进行深入交流和讨论，通过思维的碰撞，激发创新教学的灵感。

2）鼓励优秀教师到乡村学校任教

为了给乡村教育注入新的活力，应鼓励优秀教师到乡村学校任教。政府可以通过设立乡村教师专项津贴、提供住房补贴等方式，提高乡村教师的待遇，吸引优秀教师投身乡村教育事业。例如，为到乡村学校任教的教师提供一定的经济补贴，可以帮助他们解决生活中的实际困难，让他们安心在乡村学校工作。此外，教育部门还可以建立城乡教师交流机制，让城市学校的优秀教师定期到乡村学校支教，乡村教师也可以到城市学校进行跟岗学习。通过这种交流互动，乡村教师可以学习到城市学校先进的教学理念和方法，提高自己的教学水平。例如，城市学校的骨干教师可以到乡村学校开展示范课教学，传授教学经验和技巧，帮助乡村教师提升教学能力。

（3）丰富乡村学校的教学资源

政府和社会应加大对乡村学校的投入力度，为乡村学校提供丰富的教学资源。

1）捐赠图书、实验设备、多媒体教学资源等

政府和社会各界可以通过捐赠图书、实验设备、多媒体教学资源等方式，改善乡村学校的教学条件。例如，企业可以向乡村学校捐赠计算机、投影仪等多媒体设备，让乡村学生也能享受到现代化的教学资源；公益组织可以为乡村学校捐赠大量的图书，丰富学生的阅读资料。

同时，捐赠方在捐赠过程中，要注重资源的针对性和实用性。根据乡村学校的实际需求进行捐赠，确保捐赠资源能够真正满足学生的学习需求。例如，对于缺乏实验设备的乡村学校，捐赠方可以捐赠一些适合学生年龄特点的实验器材，让学生能够通过实验操作更好地理解科学知识。

2）建立乡村学校教学资源共享平台

为了实现乡村学校之间教学资源的共享，教育部门可以建立乡村学校教学资源共享平台。通过这个平台，乡村学校可以上传和下载优质的教学课件、教案、试题等资源，实现资源的互通有无。例如，一所乡村学校的优秀教师制作了一份精美的教学课件，可以上传到共享平台上，其他乡村

学校的教师就可以下载使用，提高教学效率和质量。此外，共享平台还可以开展教研活动，让乡村教师能够与其他地区的教师进行交流和合作，共同探讨教学问题，分享教学经验。例如，教师可以在平台上发起教学问题讨论，大家共同出谋划策，寻找解决问题的方法。

3）鼓励乡村教师利用网络资源开展教学和教研活动

乡村教师可以充分利用网络资源，开展教学和教研活动。例如，教师可以通过在线学习平台为学生提供课外辅导，解答学生的疑问；教师还可以通过参加网络教研培训，学习先进的教学理念和方法。同时，教师可以利用网络资源搜索教学素材，丰富教学内容。例如，在讲解历史课时，教师可以通过网络搜索相关的历史图片、视频等素材，让学生更加直观地了解历史事件。学校也可以为教师提供网络资源使用的培训和支持，帮助教师更好地利用网络资源开展教学和教研活动。例如，学校可以组织教师参加网络资源使用培训，让教师掌握如何搜索、筛选和利用网络资源的方法与技巧。

（4）关注学生的个体差异，实施个性化教学

乡村教师应关注学生的家庭背景和学习基础差异，根据学生的实际情况制订个性化的教学计划。

1）了解学生的家庭背景和学习基础

教师要深入了解每个学生的家庭背景和学习基础，以便更好地实施个性化教学。教师可以通过家访、与学生交流、分析学生的学习成绩等方式，了解学生的家庭环境、学习习惯、兴趣爱好等情况。例如，教师通过家访了解到学生家庭缺乏学习设备，可以在学校为学生提供更多的学习机会和资源。同时，教师可以建立学生档案，记录每个学生的学习情况和进步历程，为个性化教学提供依据。例如，在学生档案中记录学生的学习成绩、作业完成情况、课堂表现等信息，以便教师及时调整教学策略。

2）利用现代信息技术为学生提供个性化学习资源和支持

教师可以利用现代信息技术，为学生提供个性化的学习资源和学习支持。例如，教师可以通过在线学习平台为学生推荐适合他们学习水平的课程和学习资料。对于学习基础较好的学生，教师可以推荐一些拓展性的学

习资源，激发他们的学习兴趣和潜力；对于学习基础较弱的学生，教师可以推荐一些基础性的学习资源，帮助他们巩固知识。教师还可以利用智能辅导系统，为学生提供个性化的学习辅导和反馈。智能辅导系统可以根据学生的学习情况和问题，提供有针对性的辅导和建议，帮助学生及时解决学习中遇到的问题。例如，学生在做数学练习题时，智能辅导系统可以根据学生的答题情况，分析学生的薄弱环节，并提供相应的练习题和讲解视频，帮助学生提高数学成绩。

总之，乡村基础教育与现代信息技术的深度融合面临着诸多挑战，但尊重和利用乡村文化资源，加强乡村教师队伍建设，丰富乡村学校的教学资源以及关注学生的个体差异，实施个性化教学等策略，可以逐步克服这些困难，为乡村学生提供更加优质的教育服务，推动乡村教育的现代化发展。

参考文献：

[1]戴远泉,丁丽. 现代信息技术基础教程[M]. 北京:人民邮电出版社,2021.

[2]罗明东. 教育技术学基础[M]. 北京:科学出版社,2007.

[3]林雄斌. 经济地理学专创融合探索:乡村振兴规划竞赛实践[M]. 杭州:浙江大学出版社,2023.

第五章　乡村基础教育与现代信息技术深度融合的路径和策略

一、加强基础设施建设与技术支持

（一）扩大网络覆盖范围与优化网络环境

1. 加大网络基础设施建设投入力度

（1）政府与电信运营商合作推进乡村网络建设

1）政府提供补贴和优惠政策的重要性

政府在乡村网络建设中起着关键作用。政府提供补贴和优惠政策，可以激励电信运营商加大在乡村地区的网络建设投入力度。例如，政府可以对电信运营商在乡村地区铺设光纤网络的项目给予资金补贴，降低运营商的建设成本。同时，政府可以给予税收优惠等政策支持，提高运营商的积极性。这样的政策措施有助于加快乡村网络建设的步伐，提高网络带宽和速度，为乡村基础教育与现代信息技术的融合奠定坚实的网络基础。例如，高速稳定的网络可以支持高清教学视频的流畅播放，使乡村学生享受到与城市学生同等质量的在线教育资源。

2）设立专项资金和争取社会捐赠的意义

设立专项资金是为乡村网络建设提供稳定资金来源的重要举措。政府可以从财政预算中划出一部分资金，专门用于乡村网络基础设施建设。这笔资金可以用于购买网络设备、铺设网络线路等。例如，专项资金可以用于为乡村学校配备先进的网络交换机和路由器，提高网络的稳定性和可靠性。争取社会捐赠也是为乡村网络建设筹集资金的有效途径。一些公益组织和企业具有强烈的社会责任感，愿意为乡村教育事业贡献力量。他们可以捐赠网络设备，如计算机、服务器、无线接入点等，帮助乡村学校改善网络环境。同时，企业可以提供技术支持，派遣专业技术人员为乡村学校进行网络安装和调试，确保网络的正常运行。

（2）公益组织和企业在乡村网络建设中的作用

1）捐赠网络设备的积极影响

公益组织和企业的捐赠可以迅速改善乡村学校的网络条件。例如，捐赠的计算机可以让学生在课堂上进行在线学习和实践操作，提高他们的信息技术应用能力。捐赠的服务器可以为学校建立自己的教学资源库提供硬件支持，方便教师和学生随时访问与使用教学资源。此外，捐赠的网络设备还可以提高乡村学校的信息化水平，为开展现代化教学提供保障。例如，捐赠的无线接入点可以使学校实现无线网络覆盖，方便师生在校园内随时随地接入网络，进行学习和教学活动。

2）提供技术支持的重要性

企业提供的技术支持对于乡村学校的网络建设至关重要。专业技术人员可以根据学校的实际情况，进行网络规划和设计，确保网络布局合理、性能优化。他们还可以进行网络设备的安装和调试，保证网络的正常运行。例如，技术人员可以根据乡村学校的地形和建筑结构，合理布置无线接入点，确保无线网络信号覆盖每一个角落。同时，企业技术人员可以为乡村学校的教师和学生提供技术培训，帮助他们掌握网络设备的使用方法和维护技巧。例如，开展计算机操作培训、网络安全知识讲座等，提高师生的信息技术素养，确保他们能够充分利用网络资源进行教学和学习。

2. 拓展网络覆盖的广度和深度

（1）将网络延伸到乡村家庭和社区的必要性

1）方便学生在家学习

不仅要确保乡村学校的网络覆盖，还要将网络延伸到乡村家庭和社区，让学生在家庭和社区也能够方便地使用网络进行学习。对乡村学生来说，家庭和社区是他们学习的重要场所之一。如果家庭和社区没有网络覆盖，学生在课外就难以进行自主学习和拓展知识面。例如，学生可以在家庭中通过网络访问在线学习平台，完成作业、复习功课、进行课外阅读等。在社区中心、图书馆、文化站等场所设置无线网络热点，可以为学生提供一个良好的学习环境，让他们在课余时间能够继续学习，提高学习效率。

2）促进社区教育发展

将网络延伸到乡村社区可以促进社区教育的发展。社区居民可以通过网络获取各种教育资源，参加在线培训课程、学习新知识和技能。例如，社区可以组织居民参加农业技术培训、手工艺制作课程等，提高居民的综合素质和就业能力。同时，网络可以为社区文化建设提供支持。居民可以通过网络了解本地的历史文化、民俗风情等，增强对家乡的认同感和归属感。社区也可以利用网络开展文化活动，如在线文艺演出、摄影比赛等，丰富居民的精神文化生活。

（2）设置无线网络热点和推广移动网络的方法

1）在乡村社区中心、图书馆、文化站等场所设置无线网络热点

乡村社区中心、图书馆、文化站等场所是乡村居民聚集的地方，设置无线网络热点可以为学生和居民提供免费的网络服务。例如，可以在乡村社区中心安装多个无线接入点，确保整个社区中心都有良好的网络信号覆盖。图书馆可以为读者提供无线网络，方便他们查询资料、阅读电子书籍。文化站可以利用无线网络开展文化活动，如在线直播文艺演出、举办网络展览等。为了确保无线网络热点的有效使用，还需要加强管理和维护。可以制定相关的使用规定，如限制上网时间、禁止下载非法内容等。同时，要定期对网络设备进行维护和更新，确保网络的稳定运行。

2）推广移动网络的措施

移动网络具有便捷性和灵活性，可以覆盖更广泛的区域。在乡村地区推广移动网络，可以让更多的人随时随地接入网络。例如，电信运营商可以加大在乡村地区的移动基站建设力度，扩大移动网络的覆盖范围，提高信号强度。同时，运营商可以推出适合乡村居民的移动网络套餐，降低资费标准，提高网络的可及性。政府也可以通过政策引导和补贴等方式，鼓励乡村居民使用移动网络。例如，为购买移动网络设备的居民提供一定的

补贴，或者与运营商合作推出优惠的移动网络套餐，让更多的人能够负担得起移动网络费用。

（3）采用卫星通信和无线中继等技术手段拓展网络覆盖深度

1）卫星通信技术在偏远山区的应用

对于偏远地区和山区等网络覆盖困难的地方，采用卫星通信技术可以为学校和家庭提供网络接入服务。卫星通信不受地理条件的限制，可以覆盖任何地方。例如，在偏远山区的学校，通过安装卫星接收设备，可以接入高速网络，让学生享受到现代信息技术带来的教育资源。卫星通信技术还具有可靠性高、传输速度快等优点。即使在恶劣的天气条件下，也能保证网络的稳定运行。同时，卫星通信可以实现双向通信，方便师生与外界进行交流和互动。

2）无线中继技术的作用

无线中继技术可以扩大无线网络的覆盖范围，提高网络信号的强度。在乡村地区，可以利用无线中继设备将网络信号从一个地方传输到另一个地方，实现网络的延伸。例如，在一个村庄中，如果某个地方的网络信号较弱，则可以通过安装无线中继设备，将信号从信号较强的地方传输过来，提高该区域的网络覆盖质量。无线中继技术还可以降低网络建设成本。相较于铺设新的网络线路，使用无线中继设备更加经济实惠。同时，无线中继设备安装方便、维护简单，可以快速解决网络覆盖不足的问题。

3. 优化网络环境，提高网络质量

（1）提高网络速度、稳定性和安全性的重要性

1）满足教学和学习需求

提高网络速度是优化网络环境的重要方面。在教学和学习过程中，需要下载和上传大量的教学资源与作业文件。如果网络速度慢，则会浪费大量的时间，影响教学和学习效率。例如，教师在课堂上播放高清教学视频时，如果网络速度不够快，视频就可能会卡顿，影响教学效果。学生在提交作业时，如果网络速度慢，就可能会导致提交失败，影响学习进度。稳定性也是网络环境的关键因素。网络不稳定会导致频繁掉线、连接中断等，影响教学和学习的连续性。例如，在进行线上考试时，如果网络不稳

定，就可能会导致考试中断，影响学生的成绩和考试的公平性。在进行远程教学时，如果网络不稳定，教师和学生之间的互动就会受到影响，降低教学质量。安全性同样不可忽视。网络安全问题可能会导致教学资源被窃取、学生个人信息泄露等严重后果。例如，黑客攻击可能会使学校的教学管理系统瘫痪，影响学校的正常教学秩序。学生在使用网络时，如果不小心访问了恶意网站，则可能会感染病毒，导致计算机无法正常使用。

2）促进乡村教育信息化发展

优化网络环境，提高网络质量，对于乡村教育信息化发展至关重要。良好的网络环境可以为教师提供更多的教学资源和教学工具，帮助他们提高教学水平。同时，可以为学生带来更好的学习体验和学习机会，激发他们的学习兴趣和积极性。例如，高速稳定的网络可以支持虚拟现实、增强现实等先进的教学技术在乡村学校的应用，让学生身临其境地学习知识，提高学习效果。安全的网络环境可以保护学生的个人信息和学校的教学资源，为乡村教育信息化发展提供保障。

（2）升级网络设备、优化网络配置和加强网络管理的具体措施

1）定期对网络设备进行维护和更新

网络设备是网络运行的基础，定期对网络设备进行维护和更新可以确保网络的性能与质量。例如，定期检查网络交换机、路由器、服务器等设备的运行状态，及时发现并排除设备故障。同时，根据网络需求的变化，及时更新网络设备，提高设备的性能和功能。乡村学校可以利用寒暑假等时间对网络设备进行全面维护和更新。例如，更换老化的网络线路、升级网络交换机的软件版本等。同时，可以邀请专业技术人员对网络设备进行检测和调试，确保设备的正常运行。

2）优化网络路由和带宽分配

优化网络路由可以提高网络的传输效率，降低网络延迟。通过合理设置网络路由，可以使数据传输更加顺畅，提高网络的性能。例如，根据网络流量的分布情况，调整网络路由策略，将数据流量合理分配到不同的网络路径上，避免网络拥塞。合理分配带宽也是优化网络环境的重要措施。根据不同的用户需求和应用场景，合理分配网络带宽，可以确保关键业务

的顺利进行。例如，在教学时间，可以为教师和学生的教学活动分配更多的带宽，保证在线教学的质量。在课余时间，可以适当调整带宽分配策略，满足学生的娱乐和休闲需求。

3）加强网络安全防护

加强网络安全防护是优化网络环境的重要保障。可以采取多种措施，如安装防火墙、杀毒软件、入侵检测系统等，防止网络攻击和病毒感染。例如，在学校的网络入口处安装防火墙，对进出网络的数据包进行过滤和检测，防止恶意攻击。为每台计算机安装杀毒软件，定期进行病毒扫描和查杀，确保计算机的安全。同时，需要加强用户安全教育，提高师生的网络安全意识。例如，举办网络安全知识讲座、发放网络安全宣传资料等，让师生了解网络安全的重要性，掌握基本的网络安全防护技能。避免点击不明链接、下载非法软件等行为，防止个人信息泄露和计算机被攻击。

（3）建立网络监测和评估机制的方法与意义

建立网络监测和评估机制有助于我们实时了解网络运行情况，发现问题并及时解决。可以利用网络监测软件对网络性能进行实时监测，包括网络速度、延迟、丢包率等指标。例如，通过网络监测软件可以实时查看网络带宽的使用情况，了解哪些应用程序占用了较多的带宽，以便进行合理的调整。网络监测软件还可以对网络设备的运行状态进行监测，及时发现设备故障。例如，当网络交换机出现故障时，监测软件可以及时发出警报，通知技术人员进行维修。同时，监测软件可以对网络安全状况进行监测，及时发现并阻止网络攻击。

定期对网络质量进行评估可以了解网络的整体性能和用户满意度。可以通过问卷调查、用户访谈等方式，收集师生对网络质量的反馈意见。例如，了解师生在使用网络过程中遇到的问题和需求，以便有针对性地进行改进。同时，可以根据网络性能指标和用户反馈意见，制定网络质量评估标准。例如，设定网络速度、稳定性、安全性等方面的指标要求，定期对网络质量进行评估，根据评估结果制定改进措施。不断提高网络环境的质量，满足乡村基础教育与现代信息技术深度融合的需求。

（二）提供持续的技术培训与维护服务

为了确保乡村教师和学生能够有效地使用现代信息技术进行教学与学习，我们需要提供持续的技术培训与维护服务。

1. 开展信息技术培训，提高教师和学生的信息技术素养

（1）信息技术培训的重要性

在乡村地区，提高教师和学生的信息技术素养对于实现乡村基础教育与现代信息技术的深度融合至关重要。随着信息技术的飞速发展，教育领域也在不断发生变革。掌握信息技术不仅能丰富教学手段，提高教学质量，还能为学生提供更广阔的学习空间和更多的发展机会。

1）提升教学质量

对教师来说，具备良好的信息技术素养可以使教学更加生动、形象、高效。通过运用教学软件、在线教学平台等工具，教师可以更好地呈现教学内容，激发学生的学习兴趣。例如，利用多媒体课件展示历史事件、科学实验等，可以让学生更加直观地理解知识。同时，教师可以通过网络应用，获取丰富的教学资源，拓宽教学思路，提高教学水平。

对学生来说，掌握信息技术可以提高学习效率和自主学习能力。学生可以运用计算机基础知识进行文档处理、数据分析等，培养实际操作能力。通过网络应用，学生可以自主搜索学习资料，开展在线学习，拓展知识面。此外，学生熟悉在线教学平台操作，可以更好地参与远程教学活动，与教师和同学进行互动交流，提高学习效果。

2）促进教育公平

乡村地区由于地理位置偏远、经济条件相对落后等，教育资源相对匮乏。开展信息技术培训可以缩小城乡教育差距，促进教育公平。通过培训，乡村教师和学生可以利用信息技术获取更多的优质教育资源，与城市学生共享教育发展成果。例如，学生可以通过在线学习平台参加名校的课程学习，教师可以通过远程教育资源学习先进的教学理念和教学方法，提升乡村教育质量。

（2）培训内容的全面性

1）计算机基础知识

计算机基础知识是信息技术培训的基础内容，包括计算机的组成、操作系统的使用、文件管理等方面。教师和学生需要了解计算机的硬件组成部分，如中央处理器、内存、硬盘等，以及它们的功能和作用。同时，掌握操作系统的基本操作，如开关机、窗口操作、文件复制粘贴等。此外，教师和学生还应学会文件管理，包括文件的创建、保存、删除、查找等操作，以便更好地管理个人学习和教学资料。例如，可以通过实际操作演示和练习，让教师和学生熟悉计算机的基本操作。在培训过程中，可以设置一些实际任务，如制作文档、创建文件夹等，让教师和学生在实践中掌握计算机基础知识。

2）网络应用

网络应用是信息技术培训的重要内容之一。教师和学生需要了解网络的基本概念、网络的连接方式、网络浏览器的使用等；学会使用网络搜索引擎查找学习资料，利用电子邮件进行沟通交流，以及使用在线办公软件进行协作学习和工作。例如，可以组织教师和学生进行网络搜索比赛，让他们在规定时间内查找特定的学习资料，提高网络搜索能力。同时，可以开展电子邮件写作活动，让教师和学生学会正确使用电子邮件进行沟通交流。此外，还可以介绍一些在线办公软件，如谷歌文档、腾讯文档等，让教师和学生了解在线协作学习与工作的方法。

3）教学软件的使用

使用教学软件是提高教学质量的重要手段。教师需要掌握各种教学软件的使用方法，如课件制作软件、教学管理软件等。学生也可以通过一些学习软件提高学习效果，如在线学习软件、电子词典等。例如，可以邀请信息技术专家为教师进行教学软件使用培训，介绍常见教学软件的功能和操作方法。同时，可以组织教师进行教学软件制作比赛，鼓励教师创新教学方法，提高教学软件的使用水平。对于学生，可以推荐一些优秀的学习软件，如英语学习软件、数学学习软件等，让学生在课余时间进行自主学习。

4）在线教学平台操作

在线教学平台是现代教育的重要工具之一。教师和学生需要熟悉在线教学平台的操作方法，包括课程创建、作业布置、在线测试、互动交流等。通过在线教学平台，教师可以实现远程教学，学生可以进行自主学习和互动交流。例如，学校可以组织教师和学生进行在线教学平台操作培训，让他们了解平台的各项功能和操作流程。同时，学校可以开展在线教学实践活动，让教师在实际教学中运用在线教学平台，提高教学效果。学生也可以通过在线教学平台参与课程学习、提交作业、参加讨论等，提高自主学习能力。

（3）培训方式的多样性

邀请信息技术专家到乡村学校举办讲座和培训是一种直接有效的培训方式。信息技术专家具有丰富的专业知识和实践经验，可以为教师和学生提供专业的指导与帮助。专家可以通过讲座的形式，介绍信息技术的最新发展动态、应用案例等，激发教师和学生的学习兴趣。同时，可以进行实际操作培训，让教师和学生在实践中掌握信息技术技能。例如，学校可以定期邀请信息技术专家到乡村学校举办讲座和培训。在讲座中，专家可以介绍一些前沿的信息技术应用，如人工智能在教育中的应用、虚拟现实教学等，让教师和学生了解信息技术的发展趋势。在实际操作培训中，专家可以针对教师和学生的实际需求，进行教学软件使用、在线教学平台操作等方面的培训，提高他们的信息技术应用能力。

利用在线学习平台和远程教育资源，可以为教师与学生提供随时随地的学习机会。在线学习平台具有丰富的课程资源、灵活的学习方式等优点，可以满足不同教师和学生的学习需求。远程教育资源可以让乡村教师和学生共享优质的教育资源，拓宽知识面。例如，教师和学生可以通过在线学习平台学习信息技术课程，参加在线培训和交流活动。在线学习平台具备提供视频教程、在线测试、互动交流等功能，让学员在自主学习的同时，还能与其他学员进行交流和讨论。同时，教师和学生可以利用远程教育资源，观看名校的课程视频、参加在线讲座等，提高自己的信息技术水平和教学能力。

2. 建立技术支持团队，提供及时的技术维护服务

（1）技术支持团队的组成和职责

1）学校信息技术教师

学校信息技术教师是技术支持团队的核心成员之一。他们具有专业的信息技术知识和教学经验，能够为教师和学生提供日常的技术支持与培训服务。学校信息技术教师可以负责学校网络设备、计算机设备的日常维护和管理，解决教师和学生在使用信息技术设备与软件时遇到的常见问题。例如，学校信息技术教师可以定期检查学校的网络设备和计算机设备，确保设备的正常运行。当教师和学生遇到计算机故障、软件安装等问题时，学校信息技术教师可以及时提供帮助，解决相关问题。同时，学校信息技术教师可以组织教师和学生进行信息技术培训，提高他们的信息技术素养和应用能力。

2）专业技术人员

专业技术人员是技术支持团队的重要成员。他们具有丰富的技术经验和专业知识，能够为学校提供更高级的技术支持和服务。专业技术人员可以负责学校网络的规划、建设和维护，排除网络故障、解决安全问题等。同时，他们可以为学校提供教学软件的升级和维护服务，确保软件的正常运行。例如，当学校网络出现故障时，专业技术人员可以迅速定位故障并进行修复。他们可以检查网络设备、线路等，排除故障原因。同时，专业技术人员可以对学校的教学软件进行升级和维护，确保软件的功能和性能不断提升。此外，专业技术人员还可以为学校提供技术咨询服务，帮助学校制定信息技术发展规划，提高学校的信息技术水平。

3）志愿者

志愿者可以为技术支持团队提供补充力量。他们可以来自社会各界，具有不同的专业背景和技能。志愿者可以通过参与学校的技术支持活动，为教师和学生提供帮助与服务。例如，一些计算机专业的大学生志愿者可以为乡村学校的学生提供计算机基础知识培训，帮助他们掌握基本的计算机操作技能。一些企业的技术人员志愿者可以为学校提供网络维护和技术支持服务，解决学校在网络建设和维护方面遇到的问题。

（2）技术支持团队的工作方式

1）及时响应并解决问题

技术支持团队应建立快速响应机制，及时解决教师和学生在使用信息技术设备与软件时遇到的问题。当教师和学生遇到问题时，可以通过电话、邮件、在线聊天等方式向技术支持团队寻求帮助。技术支持团队应在最短的时间内响应，并采取有效的措施解决问题。例如，技术支持团队可以开通专门的服务热线，教师和学生可以通过拨打热线电话寻求技术支持。技术支持团队成员应在接到电话后，迅速了解问题情况，并提供相应的解决方案。如果问题比较复杂，技术支持团队成员可以上门服务，现场解决问题。同时，技术支持团队可以建立在线服务平台，教师和学生可以通过在线聊天、提交问题单等方式寻求帮助，技术支持团队成员应在平台上及时回复并解决问题。

2）定期巡检和维护

技术支持团队应定期对学校的信息技术设备与软件进行巡检和维护，确保设备和软件的正常运行。定期巡检可以及时发现设备和软件的潜在问题，避免问题的发生。维护工作包括设备的清洁、软件的升级、数据的备份等。例如，技术支持团队可以每周对学校的计算机设备进行一次巡检，检查设备的硬件状态、软件安装情况等。同时，技术支持团队可以每月对学校的网络设备进行一次维护，检查网络设备的运行状态、网络安全情况等。此外，技术支持团队应定期对学校的教学软件进行升级，确保软件的功能和性能不断提升。同时，技术支持团队还应定期对学校的数据进行备份，防止数据丢失。

（3）与电信运营商、信息技术企业等建立长期技术支持合作关系

1）电信运营商的作用

电信运营商可以为乡村学校提供网络维护和技术支持服务。他们具有专业的网络技术和丰富的网络资源，可以为学校提供高速稳定的网络连接服务。电信运营商可以负责学校网络的建设、维护和优化，确保网络的正常运行。同时，他们可以为学校提供网络安全服务，防止网络攻击和数据泄露。例如，电信运营商可以为乡村学校铺设光纤网络，提高网络带宽和

速度。他们可以定期对学校的网络设备进行维护和升级，确保网络的稳定性和可靠性。同时，电信运营商可以为学校提供网络安全防护服务，如防火墙、入侵检测系统等，保护学校的网络安全。此外，电信运营商还可以为学校提供网络技术培训服务，提高学校信息技术教师和技术支持团队成员的网络技术水平。

2）信息技术企业的作用

信息技术企业可以为学校提供教学软件的升级和维护服务。他们拥有专业的软件开发和维护团队，可以为学校提供高质量的教学软件。信息技术企业可以负责学校教学软件的升级、优化和维护，确保软件的功能和性能不断提升。同时，他们可以为学校提供技术咨询服务，帮助学校选择合适的教学软件，提高教学质量。例如，信息技术企业可以根据学校的实际需求，为学校定制开发教学软件。他们可以结合学校的教学特点和要求，开发出具有针对性的教学软件，提高教学效果。同时，信息技术企业可以为学校提供教学软件的升级服务，及时修复软件漏洞、解决问题，提高软件的稳定性和安全性。此外，信息技术企业还可以为学校提供技术咨询服务，帮助学校选择合适的教学软件，提高教学质量。

二、推动教育理念与师资的变革

（一）倡导现代教育理念与教学方法

现代教育理念与教学方法强调以学生为中心，注重培养学生的创新能力、实践能力和综合素质。在乡村基础教育中，倡导现代教育理念与教学方法，有助于推动现代信息技术与乡村基础教育的深度融合。

1. 转变教育观念，树立以学生为中心的教育理念

（1）传统教育观念在乡村地区的局限性

在乡村地区，传统的教育观念往往以教师为中心，强调知识的灌输和记忆。这种教育观念存在以下局限性，如表 5 – 1 所示。

表 5－1　传统教育观念的局限性

局限性	表现
忽视学生的个体差异	传统教育通常采用统一的教学方法和进度计划，忽视了学生在学习能力、兴趣爱好、学习风格等方面的个体差异。这使得一些学生可能无法跟上教学进度，而另一些学生则可能感到学习内容过于简单，缺乏挑战性
抑制学生的主动性	在传统教育中，学生往往被动接受知识，缺乏主动探索和思考的机会。这抑制了学生的学习兴趣和主动性，使他们难以形成自主学习的能力
不利于学生的全面发展	传统教育观念注重知识的传授，而对学生的创新能力、实践能力、情感态度等方面的培养关注不足。这不利于学生的全面发展，难以满足现代社会对人才的多元化需求

（2）以学生为中心的教育理念的内涵

树立以学生为中心的教育理念，意味着将学生置于教育的核心位置，关注学生的个体差异和需求，尊重学生的主体地位，激发学生的学习兴趣和主动性，如表 5－2 所示。

表 5－2　以学生为中心的教育理念的内涵

内涵	表现
关注学生的个体差异和需求	了解每个学生的学习特点、兴趣爱好和学习需求，为他们提供个性化的教育服务。例如，教师可以根据学生的学习能力和进度，调整教学内容和方法，为学习困难的学生提供额外辅导，为学有余力的学生提供拓展性的学习任务
尊重学生的主体地位	把学生看作学习的主体，鼓励他们积极参与教学过程，主动探索和发现知识。例如，在课堂上，教师可以引导学生提出问题、进行讨论和探究，让学生在自主学习中掌握知识和技能
激发学生的学习兴趣和主动性	通过创设丰富多样的教学情境，激发学生的学习兴趣和好奇心，让他们主动参与学习。例如，教师可以采用游戏化教学、项目式学习等方式，让学生在有趣的活动中学习知识，提高学习的积极性和主动性

（3）实现以学生为中心的教育理念的方法

1）采用个性化教学

个性化教学是根据学生的个体差异，为每个学生制订个性化的教学计划和方法。教师通过了解学生的学习风格、兴趣爱好、学习能力等方面的特点，为他们提供合适的学习资源和教学方法。例如，对于视觉型学习风格的学生，可以提供更多的图片、图表等视觉资料；对于动手能力强的学生，教师可以安排更多的实验、实践活动。个性化教学还可以通过分层教学的方式实现。根据学生的学习水平和能力，将学生分为不同的层次，为每个层次的学生制定相应的教学目标和教学内容。例如，对于基础薄弱的学生，教师可以重点进行基础知识的教学和辅导；对于学习能力较强的学生，教师可以提供更高层次的学习任务和挑战。

2）开展小组合作学习

小组合作学习是一种以学生为主体的教学方法，通过小组合作的方式，让学生在相互交流与合作中学习知识和技能。教师可以将学生分成若干个小组，每个小组由不同学习水平和能力的学生组成。小组内的学生可以共同完成学习任务，互相帮助、互相学习。小组合作学习可以培养学生的团队合作精神、沟通能力和问题解决能力。在小组合作学习中，学生需要学会倾听他人的意见和建议，学会与他人合作解决问题。同时，小组合作学习可以激发学生的学习兴趣和主动性，让他们在合作中感受到学习的乐趣。

3）开展教育理念培训和教学研讨活动

为了引导教师和教育管理者转变教育观念，提高对现代教育理念的认识和理解，学校可以开展教育理念培训和教学研讨活动。教育理念培训可以邀请教育专家开展讲座，介绍以学生为中心的教育理念的内涵和实施方法。教学研讨活动可以组织教师分享教学经验和案例，共同探讨如何在教学中实现以学生为中心的教育理念。例如，学校可以定期组织教师参加现代教育理念培训课程，让他们了解最新的教育理念和教学方法。同时，学校可以开展教学研讨活动，让教师分享自己在教学中采用以学生为中心的教育理念的经验和体会，互相学习和借鉴。这些活动可以促进教师教育观念的转变，提高他们的教学水平。

2. 推广现代教学方法，提高教学质量

（1）现代教学方法及其特点和优势

1）探究式学习

探究式学习是以学生为主体，通过自主探究与合作学习的方式，解决

实际问题，获取知识和技能的教学方法。探究式学习的特点和优势如表5－3所示。

表5－3　探究式学习的特点和优势

特点	优势
激发学生的学习兴趣和主动性	探究式学习让学生在解决实际问题的过程中学习知识，激发了他们的学习兴趣和好奇心。学生在探究过程中主动参与学习，积极思考和探索，提高了学习的积极性和主动性
培养学生的创新能力和实践能力	探究式学习要求学生通过自主探究与合作学习的方式解决问题，这培养了学生的创新能力和实践能力。学生在探究过程中需要提出问题、设计实验、收集数据、分析结果等，这些活动锻炼了他们的创新思维和实践能力
促进学生的全面发展	探究式学习不仅注重知识的传授，还注重学生情感态度、价值观等方面的培养。学生在探究过程中需要与他人合作、交流和分享，这培养了他们的团队合作精神和沟通能力。同时，通过探究式学习，学生在解决实际问题的过程中，培养了社会责任感和创新精神

2）项目式学习

项目式学习是以项目为载体，让学生在自主完成项目的过程中，学习知识和技能的教学方法。项目式学习的特点和优势如表5－4所示。

表5－4　项目式学习的特点和优势

特点	优势
培养学生的综合能力	项目式学习要求学生综合运用多学科知识和技能，完成项目任务。这培养了学生的综合能力，包括问题解决能力、创新能力、团队合作能力、沟通能力等
提高学生的学习兴趣和主动性	项目式学习让学生在完成项目的过程中学习知识，提高了他们的学习兴趣和主动性。学生在项目中扮演着积极的角色，他们需要自主规划项目进度、分工合作、解决问题等，这可以让他们感受到学习的乐趣和成就感
贴近实际生活	项目式学习的项目通常来源于实际生活，让学生在解决实际问题的过程中学习知识。这使学生能够更好地理解知识的应用价值，提高他们的学习动力和兴趣

3）翻转课堂

翻转课堂是将传统的课堂教学模式翻转过来，让学生在课外通过观看教学视频、阅读教材等方式自主学习知识，课堂上则通过讨论、合作学习等方式解决问题、深化理解的教学方法。翻转课堂的特点和优势如表5－5所示。

表 5－5　翻转课堂的特点和优势

特点	优势
提高学生的自主学习能力	翻转课堂让学生在课外自主学习知识，培养了他们的自主学习能力。学生需要自己安排学习时间、选择学习资源、掌握学习进度等，这提高了他们的学习自主性和独立性
增强课堂互动性	翻转课堂将课堂时间用于讨论、合作学习等活动，增强了课堂互动性。学生在课堂上可以与教师和同学进行交流及互动，分享自己的学习心得和体会，这提高了他们的学习效果和参与度
满足学生的个性化需求	翻转课堂让学生在课外自主学习，其可以根据自己的学习进度和需求进行学习。学习困难的学生，可以多次观看教学视频，加深对知识的理解；学有余力的学生，可以进行拓展性学习，提高自己的学习水平

（2）在乡村基础教育中推广现代教学方法的策略

1）组织教师参加教学方法培训课程

为了帮助教师掌握现代教学方法的应用技巧，学校可以组织教师参加教学方法培训课程。培训课程可以邀请教育专家和优秀教师进行授课，介绍现代教学方法的理念、特点和实施步骤。同时，培训课程可以通过案例分析、实践操作等方式，让教师亲身体验现代教学方法的应用效果。例如，学校可以组织教师参加探究式学习、项目式学习、翻转课堂等教学方法的培训课程。在培训课程中，教育专家可以通过讲座的方式介绍这些教学方法的理论基础和实施要点，优秀教师可以通过示范课的方式展示这些教学方法的实际应用效果。教师可以在培训课程中进行实践操作，亲身体验这些教学方法的应用过程，提高自己的教学水平和能力。

2）邀请优秀教师进行教学示范

邀请优秀教师进行教学示范是推广现代教学方法的有效策略之一。优秀教师可以通过示范课的方式，向其他教师展示现代教学方法的实际应用效果。其他教师可以通过观摩示范课，学习优秀教师的教学经验和方法，提高自己的教学水平。例如，可以邀请在探究式学习、项目式学习、翻转课堂等教学方法方面有丰富经验的优秀教师到乡村学校进行教学示范。在示范课中，优秀教师可以展示如何引导学生进行自主探究、如何组织学生进行项目式学习、如何实施翻转课堂等。其他教师可以通过观摩示范课，学习优秀教师的教学方法和技巧，结合自己的教学实际进行应用和创新。

3）分享教学经验和案例

分享教学经验和案例是推广现代教学方法的重要途径之一。教师可以通过分享自己在教学中应用现代教学方法的经验和案例，互相学习和借鉴，共同提高教学水平。例如，学校可以组织教师开展教学经验交流活动，让教师分享自己在应用探究式学习、项目式学习、翻转课堂等教学方法实施过程中的经验和体会。教师可以通过讲述自己的教学故事、展示学生的作品等方式，分享自己的教学成果和经验。同时，教师可以就教学中遇到的问题和困惑进行交流与讨论，共同寻找解决问题的方法和策略。

（二）加强教师信息技术能力的培训与提升

教师是教育教学的主体，加强教师信息技术能力的培训与提升，是实现乡村基础教育与现代信息技术深度融合的关键。

1. 制订教师信息技术能力培训计划

（1）明确培训目标、培训内容和培训方式的重要性

1）培训目标的设定

在乡村地区，教师的信息技术水平参差不齐，教学需求也各不相同。因此，制订教师信息技术能力培训计划时，必须根据教师的实际情况设定明确的培训目标。培训目标应具有针对性和可操作性，能够切实提高教师的信息技术能力和教学水平。例如，对于信息技术基础薄弱的教师，可以将培训目标设定为掌握基本的计算机操作技能、办公软件应用和网络资源搜索等；对于有一定信息技术基础的教师，可以将培训目标设定为熟练掌握教学软件应用、在线教学平台操作和信息技术与学科教学整合等。通过明确培训目标，能够让培训更具针对性，增强培训效果。

2）培训内容的涵盖

培训内容应全面涵盖信息技术基础知识、教学软件应用、在线教学平台操作、信息技术与学科教学整合等方面。这些内容是教师在教学中必须掌握的信息技术技能，能够帮助教师更好地运用信息技术进行教学。信息技术基础知识包括计算机硬件组成、操作系统使用、网络基础知识等，教

学软件应用包括课件制作软件、教学管理软件、学科教学软件等，在线教学平台操作包括课程创建、作业布置、在线测试、互动交流等，信息技术与学科教学整合包括如何将信息技术与学科教学有机结合、提高教学效果等。全面涵盖这些培训内容，可以使教师掌握系统的信息技术知识和技能，提高教学质量。

3）培训方式的多样化

培训方式可以将集中培训、网络培训、校本培训等多种形式相结合。不同的培训方式具有不同的优势，可以满足不同教师的学习需求。集中培训可以邀请专家进行面对面的授课和指导，具有系统性和高效性的优势。网络培训可以让教师随时随地进行学习，具有灵活性和便捷性的优势。校本培训可以结合学校的实际情况进行有针对性的培训，具有实用性和针对性。将多种培训方式相结合，可以提高培训的效果和质量。

（2）分层培训满足不同层次的教师需求

1）初级层次培训

对于信息技术水平较低的教师，可以进行初级层次的培训。初级层次培训的内容主要包括计算机基础知识、办公软件应用、网络资源搜索等。可以采用集中培训和网络培训相结合的培训方式，让教师在较短时间内掌握基本的信息技术技能。例如，可以组织教师参加计算机基础知识和办公软件应用的集中培训，让教师掌握计算机的基本操作和办公软件的使用方法。同时，可以推荐一些网络学习平台，让教师在课余时间进行网络资源搜索和学习，提高自己的信息技术水平。

2）中级层次培训

对于有一定信息技术基础的教师，可以进行中级层次的培训。中级层次培训的内容主要包括教学软件应用、在线教学平台操作、信息技术与学科教学整合等。可以采用集中培训、网络培训和校本培训相结合的培训方式，让教师在掌握基本信息技术技能的基础上，进一步提高自己的教学应用能力。例如，可以组织教师参加教学软件应用和在线教学平台操作的集中培训，让教师掌握教学软件的使用方法和在线教学平台的操作技巧。同时，可以推荐一些优秀的在线课程和教学资源，让教师进行网络学习和交流。此外，还可以结合学校的实际情况，开展校本培训，让教师将信息技术与学科教学进行有机结合，提高教学效果。

3）高级层次培训

对于信息技术水平较高的教师，可以进行高级层次的培训。高级层次培训的内容主要包括信息技术前沿知识、教育技术创新应用、信息技术与学科教学深度融合等。可以采用网络培训、学术交流和项目实践相结合的培训方式，让教师在掌握先进信息技术技能的基础上，进一步提高自己的教育创新能力。例如，可以推荐一些信息技术前沿知识的在线课程和学术论文，让教师进行网络学习和研究。同时，可以组织教师参加学术交流活动，让教师与专家和同行进行交流及探讨，分享自己的教学经验和创新成果。此外，还可以组织教师参与信息技术与学科教学深度融合的项目实践，让教师在实践中提高自己的教育创新能力。

（3）建立考核评价机制激励教师提高信息技术水平

1）考核评价的重要性

建立教师信息技术能力考核评价机制，可以对教师的信息技术能力进行定期考核与评价，激励教师不断提高自己的信息技术水平。考核评价机制可以促使教师更加重视信息技术能力的提升，积极参加培训和学习，提高自己的教学水平。例如，通过考核评价机制，教师可以了解自己在信息技术能力方面的不足之处，有针对性地进行学习和提高。同时，考核评价结果可以作为教师职称评定、绩效考核等的重要依据，提高教师参加培训的积极性和主动性。

2）考核评价的内容和方式

考核评价的内容应包括教师的信息技术基础知识、教学软件应用、在线教学平台操作、信息技术与学科教学整合等方面。可以采用笔试、实践操作、教学案例分析等多种形式相结合的考核评价方式，全面考核教师的信息技术能力。例如，可以组织教师进行信息技术基础知识的笔试，考查教师对计算机硬件组成、操作系统使用、网络基础知识等的掌握情况。同时，可以组织教师进行教学软件应用和在线教学平台操作的实践操作考核，考查教师的实际操作能力。此外，还可以组织教师进行信息技术与学科教学整合的教学案例分析考核，考核教师将信息技术与学科教学有机结合的能力。

3）考核评价结果的应用

考核评价结果可以与教师职称评定、绩效考核等挂钩，提高教师参加培训的积极性和主动性。同时，考核评价结果可以作为学校对教师进行表彰和奖励的重要依据，激励教师不断提高自己的信息技术水平。例如，对于在考核评价中表现优秀的教师，可以给予表彰和奖励，如颁发证书、给予奖金等。同时，可以在教师职称评定和绩效考核中给予适当的加分，为教师提供更多的职业发展机会，提高其待遇水平。对于在考核评价中表现不佳的教师，可以要求其参加补考或重新培训，直至达到合格标准。

2. 提供多样化的培训资源和平台

（1）利用在线学习平台满足教师随时随地学习的需求

1）在线学习平台的优势

在线学习平台具有灵活性和便捷性的优势，可以让教师随时随地进行学习。教师可以根据自己的时间和需求，选择适合的课程进行学习，提高自身的信息技术水平。例如，教师可以在课余时间、周末或假期，通过在线学习平台学习信息技术课程，参加在线培训和交流活动。在线学习平台还可以提供丰富的学习资源，如教学视频、课件、案例分析等，让教师更加直观地学习信息技术知识和技能。

2）在线学习平台的资源和功能

在线学习平台应提供丰富的培训课程和学习资源，包括信息技术基础知识、教学软件应用、在线教学平台操作、信息技术与学科教学整合等方面。同时，在线学习平台应具备在线测试、互动交流、学习记录等功能，方便教师进行学习和交流。例如，教师可以通过在线学习平台进行在线测试，检验自己的学习效果。同时，教师可以在互动交流区与其他教师进行交流和讨论，分享自己的学习经验和心得。在线学习平台还可以记录教师的学习进度和学习成果，方便教师进行自我评估和反思。

（2）远程教育资源开阔教师的学习视野

1）远程教育资源的特点

远程教育资源具有丰富性和多样性的特点，可以开阔教师的学习视野。远程教育资源可以来自国内外的高校、教育机构和企业等，涵盖了不同学科、不同层次的信息技术知识和技能。例如，教师可以通过远程教育资源学习国内外先进的信息技术教育理念和教学方法，了解信息技术在教育领域的最新应用和发展趋势。同时，教师可以通过远程教育资源与国内外的教师进行交流和合作，共同提高信息技术教育水平。

2）利用远程教育资源

学校可以组织教师参加远程教育资源的学习和培训，让教师了解如何利用远程教育资源进行学习和教学。例如，学校可以邀请远程教育资源的专家举办讲座和培训，让教师了解远程教育资源的特点和使用方法。同时，学校可以建立远程教育资源共享平台，让教师可以上传和下载远程教育资源，分享自己的学习经验和心得。此外，学校还可以组织教师进行远程教育资源的应用案例分析和交流活动，让教师更好地将远程教育资源应用到教学中。

（3）教育培训机构提供专业培训服务

1）教育培训机构的作用

教育培训机构可以为教师提供专业的培训服务，帮助教师提高信息技术能力和教学水平。教育培训机构具有专业的师资队伍和丰富的培训经验，可以根据教师的实际需求，提供个性化的培训方案。例如，教育培训机构可以为教师提供信息技术基础知识、教学软件应用、在线教学平台操作、信息技术与学科教学整合等方面的培训课程。同时，教育培训机构可以为教师提供一对一的辅导和咨询服务，帮助教师解决在教学中遇到的信息技术问题。

2）选择合适的教育培训机构

学校在选择教育培训机构时，应根据教师的实际需求和培训目标，选择具有专业资质和良好口碑的教育培训机构。同时，学校应与教育培训机构进行充分的沟通和协商，制定合理的培训方案与考核评价机制，确保培训效果和质量。例如，学校可以通过网络搜索、咨询同行、参加教育展会等方式，了解不同教育培训机构的培训课程和服务质量。同时，学校可以与教育培训机构进行面谈和实地考察，了解教育培训机构的师资队伍、培训设施和培训经验等。此外，学校还应与教育培训机构签订培训合同，明确双方的权利和义务，确保培训顺利进行。

（4）组织培训研讨会和教学观摩活动促进教师交流学习

1）培训研讨会的意义

组织教师参加信息技术培训研讨会，可以让教师了解信息技术教育的最新动态和发展趋势，分享自己的教学经验和心得。培训研讨会可以邀请信息技术专家和优秀教师举办讲座与示范教学，让教师学习先进的信息技术教育理念和教学方法。此外，学校还可以组织教师进行教学经验交流和案例分析活动，让教师在交流和学习中共同提高信息技术教育水平。

2）教学观摩活动的作用

组织教师参加教学观摩活动，可以让教师直观地了解信息技术在教学中的应用效果，学习优秀教师的教学方法和技巧。教学观摩活动可以选择在本校或其他学校进行，让教师在观摩中学习，在反思中提高。此外，学校还可以邀请优秀教师进行教学示范和经验分享活动，让教师更好地将信息技术应用到教学中。

三、创新教学模式与方法

（一）探索线上线下混合教学模式

线上线下混合教学模式结合了线上教学和线下教学的优势，能够为学生带来更加灵活、个性化的学习体验。在乡村基础教育中，探索线上线下混合教学模式，有助于提高教学质量和效率。

1. 建立线上线下混合教学平台

（1）建立线上线下混合教学平台的重要性

在乡村基础教育中，建立线上线下混合教学平台具有重要意义。一方面，它可以整合线上教学和线下教学的优势，为教师和学生提供更加丰富、灵活的教学资源与学习方式；另一方面，它有助于解决乡村地区教育资源相对匮乏、教学条件有限等问题，提高教学质量和效果。

1）提供丰富的教学资源

线上教学平台可以汇聚大量的教学资源，包括在线课程、教学视频、学习资料等。这些资源可以来自不同的渠道，如教育机构、高校、企业等，为乡村学生提供了更多接触优质教育资源的机会。例如，学生可以通过在线课程学习城市学校中优秀教师讲授的课程，拓宽知识面。线下教学平台则可以结合乡村地区的实际情况，开展课堂教学、实验教学，组织小组讨论、实践活动等。教师可以利用乡村的自然资源、文化特色等开展实践教学，增强学生的实践能力和对家乡的认同感。例如，在农业课程中，教师可以带领学生到田间地头进行实地观察和操作，让学生更好地理解农业知识。

2）实现学习管理功能

线上教学平台可以为学生提供学习管理功能，如课程安排、学习进度跟踪、作业提交与批改等。学生可以清楚地了解自己的学习任务和进度，合理安排学习时间。教师也可以通过平台及时了解学生的学习情况，进行有针对性的教学和辅导。例如，教师可以通过平台查看学生的作业完成情况，发现学生的薄弱环节，及时给予指导。线下教学平台则可以通过课堂管理、实验安排等方式，确保教学活动的顺利进行。教师可以组织学生进行小组讨论、实验操作等活动，培养学生的合作能力和实践能力。例如，在科学实验课中，教师可以组织学生分组进行实验，让学生在实践中掌握科学知识和实验技能。

3）促进互动交流

线上教学平台可以为教师和学生提供互动交流的渠道，如在线讨论区、答疑平台等。学生可以在平台上提出问题、与教师和同学进行交流，解决学习中遇到的问题。教师也可以通过平台了解学生的学习需求和困惑，及时调整教学策略。例如，在数学课程中，学生可以在线上教学平台的讨论区讨论数学难题，教师可以及时给予解答和指导。线下教学平台则可以通过课堂互动、小组讨论等方式，促进学生之间的交流与合作。教师可以组织学生进行小组讨论、案例分析等活动，让学生在互动中学习和成长。例如，在语文课程中，教师可以组织学生进行小组讨论，分析文学作品中的人物形象和主题思想，培养学生的思维能力和表达能力。

（2）利用移动互联网技术开发移动教学应用程序

1）移动教学应用程序的优势

随着移动互联网技术的发展，开发移动教学应用程序为学生提供随时随地的学习服务成为可能。移动教学应用程序具有便捷性、灵活性等优势，学生可以通过手机或平板电脑等移动设备随时随地访问在线教学平台，进行学习和交流。例如，学生在放学回家的路上、假期等时间都可以利用移动教学应用程序进行学习，充分利用碎片化时间。移动教学应用程序还可以根据学生的学习情况和需求，为学生提供个性化的学习资料和辅导。例如，移动教学应用程序可以根据学生的学习进度和错题情况，为学生推荐相关的学习资料和练习题，帮助学生巩固知识。

2）移动教学应用程序的功能设计

移动教学应用程序应具备的功能如表 5－6 所示。

表 5－6　移动教学应用程序应具备的功能

功能	内容
课程学习	学生可以通过移动教学应用程序观看在线课程、教学视频，学习课程内容
作业提交与批改	学生可以在移动教学应用程序上完成作业并提交，教师可以及时批改作业并反馈给学生
互动交流	学生可以在移动教学应用程序上与教师和同学进行在线讨论、提问、答疑
学习进度跟踪	学生可以查看自己的学习进度和成绩，了解自己的学习情况
个性化推荐	移动教学应用程序可以根据学生的学习情况和兴趣爱好，为学生推荐相关的学习资源和课程

2. 设计线上线下混合教学方案

（1）根据教学目标和学生需求设计教学方案

1）确定教学目标

教师在设计线上线下混合教学方案时，要先确定教学目标。教学目标应具体、明确、可衡量，能够指导教学活动的开展。例如，在数学课程中，教学目标可以设定为学生掌握某种数学运算方法、解决特定类型的数学问题等。教学目标的确定应考虑学生的年龄特点、学习基础、兴趣爱好等因素，确保教学目标具有针对性和可行性。例如，对于低年级学生，教学目标可以侧重于基础知识的掌握和学习兴趣的培养；对于高年级学生，教学目标可以侧重于思维能力的培养和问题解决能力的提升。

2）分析学生需求

了解学生的需求是设计教学方案的重要前提。教师可以通过问卷调查、访谈、课堂观察等方式，了解学生的学习需求、学习风格、学习困难等。例如，教师可以通过问卷调查了解学生对某一学科的兴趣爱好、学习期望等，通过访谈了解学生在学习过程中遇到的困难和问题，通过课堂观察了解学生的学习风格和参与度等。根据学生的需求，教师可以调整教学内容、教学方法和教学进度，满足学生的学习需求，提高教学效果。例如，若学生对某一学科的实践应用感兴趣，教师则可以在教学方案中增加实践教学环节，让学生通过实际操作掌握知识和技能。

（2）教学内容的划分与安排

1）线上学习和线下学习内容的划分

教师可以将教学内容划分为线上学习和线下学习两部分。线上学习主要包括基础知识的学习和自主探究，线下学习主要包括课堂讨论、实验操作与实践活动、项目作业等。例如，在物理课程中，教师可以将物理概念、公式等基础知识的学习安排在线上，让学生通过观看教学视频、阅读学习资料等方式进行自主学习；将实验操作、问题讨论等内容安排在线下，让学生在课堂上进行实践和交流。线上学习和线下学习内容的划分应根据学科特点、教学目标与学生需求进行合理安排，确保教学内容的系统性和连贯性。例如，对于需要大量实践操作的学科，线下学习内容可以相对较多；对于理论性较强的学科，线上学习内容可以相对较多。

2）教学内容的安排

教学内容的安排应遵循循序渐进、由易到难的原则，确保学生能够逐步掌握知识和技能。例如，在语文课程中，教师可以先安排学生学习字词、语法等基础知识，然后逐步过渡到阅读理解、写作等内容。教学内容的安排还应考虑不同教学环节的时间分配和衔接。例如，线上学习和线下学习的时间比例应根据学科特点与教学目标进行合理调整，确保学生在不同学习环节中都能得到充分的学习和锻炼。同时，教师应注意线上学习和线下学习内容的衔接，避免出现重复或脱节的情况。

（3）多样化教学方法的应用

1）讲授法

讲授法是传统的教学方法之一，教师通过讲解、演示等方式向学生传授知识。在混合教学中，讲授法可以用于线上教学和线下教学。例如，在线上教学中，教师可以通过录制教学视频、进行直播授课等方式向学生讲解知识；在线下教学中，教师可以在课堂上进行讲解和演示，帮助学生理解和掌握知识。讲授法的应用应注意讲解的清晰性、生动性和趣味性，避免枯燥乏味的讲解。例如，教师可以通过举例、比喻、讲故事等方式，让讲解更加生动、形象，吸引学生的注意力。

2）讨论法

讨论法是一种以学生为主体的教学方法，教师通过组织学生进行讨论，引导学生思考和交流，培养学生的思维能力和表达能力。在混合教学中，讨论法可以用于线上教学和线下教学。例如，在线上教学中，教师可以在线上讨论区组织学生进行讨论，让学生在交流中学习和成长；在线下教学中，教师可以组织学生进行小组讨论、课堂辩论等活动，激发学生的学习兴趣，提高其参与度。讨论法的应用应注意讨论的主题选择、组织形式和引导方式。讨论的主题应具有一定的挑战性和启发性，能够激发学生的思考和讨论。组织形式可以多样化，如小组讨论、全班讨论等。教师在讨论过程中应发挥引导作用，鼓励学生积极参与讨论，避免讨论偏离主题。

3）案例分析法

案例分析法是一种通过分析实际案例学习知识和技能的教学方法。在混合教学中，案例分析法可以用于线上教学和线下教学。例如，在线上教学中，教师可以通过发布案例资料、组织学生在线分析等方式，让学生在案例分析中掌握知识和技能；在线下教学中，教师可以组织学生进行案例讨论、案例汇报等活动，培养学生分析问题和解决问题的能力。案例分析法的应用应注意案例的选择、分析方法和总结归纳。案例应具有典型性、真实性和针对性，能够反映教学内容的重点和难点。分析方法可以多样化，如个人分析、小组分析等。教师在案例分析过程中应引导学生运用所学知识进行分析，培养学生的思维能力和解决问题的能力。最后，教师应组织学生进行总结归纳，帮助学生巩固所学知识。

4）项目式学习法

项目式学习法是一种以项目为载体，让学生在完成项目的过程中学习知识和技能的教学方法。在混合教学中，项目式学习法可以用于线上教学和线下教学。例如，在线上教学中，教师可以发布项目任务、组织学生在线讨论和制订项目方案等；在线下教学中，教师可以组织学生进行项目实施、项目展示和评价等活动。项目式学习法的应用应注意项目的设计、实施和评价。项目的设计应具有一定的挑战性和趣味性，能够激发学生的学习兴趣和积极性。项目的实施应注重学生的自主学习与合作学习，教师应给予学生适当的指导和支持。项目的评价应多元化，包括学生自评、互评和教师评价等，评价内容应涵盖项目的过程和结果。

（4）制定合理的考核评价机制

1）形成性评价和终结性评价相结合

考核评价机制应采用形成性评价和终结性评价相结合的方式，对学生的学习过程和学习结果进行全面评价。形成性评价主要关注学生的学习过程，包括在线学习表现、课堂参与度、作业完成情况等；终结性评价主要关注学生的学习结果，如考试成绩、项目作业成果等。形成性评价可以通过在线测试、作业批改、课堂表现记录等方式进行，及时反馈学生的学习情况，帮助学生调整学习策略。终结性评价可以通过期末考试、项目汇报等方式进行，对学生的学习成果进行综合评价。

2）评价内容的多元化

评价内容应多元化，包括知识掌握、技能应用、思维能力、合作能力、创新能力等方面。例如，在评价学生的数学学习情况时，不仅要评价学生对数学知识的掌握程度，还要评价学生的数学思维能力、解题能力、合作能力等。评价内容多元化可以全面反映学生的学习情况，促进学生的全面发展。同时，评价内容多元化可以引导教师在教学过程中注重培养学生的综合能力，提高教学质量。

3）激励学生积极参与学习

考核评价机制应具有激励性，能够激励学生积极参与学习。例如，可以建立奖励机制，对表现优秀的学生进行表彰和奖励；可以将考核评价结果与学生的学分、成绩等挂钩，提高学生对考核评价的重视程度。激励学生积极参与学习可以激发学生的学习动力，提高学生的学习积极性，促进学生的自主学习与合作学习，提高教学效果。

（二）利用大数据与人工智能技术优化教学

大数据与人工智能技术为教育教学提供了新的手段和方法，可以帮助教师更好地了解学生的学习情况，优化教学过程，提高教学质量。

1. 收集和分析学生学习数据

（1）大数据技术在学生学习数据收集方面的应用

1）学习行为数据的收集

学习行为数据包括学生在学习过程中的各种行为表现，如在线学习时长、页面浏览次数、视频播放进度、作业提交时间等。通过收集这些学习行为数据，教师可以了解学生的学习习惯和学习投入程度。例如，若一个学生在线学习时长较短，且页面浏览次数较少，则可能表明该学生的学习积极性不高或者学习方法存在问题。可以利用学习管理系统、在线教学平台等工具收集学生的学习行为数据。这些平台通常会记录学生的登录时间、学习活动轨迹等信息，为教师提供丰富的数据。

2）学习成绩数据的收集

学习成绩数据是衡量学生学习成果的重要指标，包括平时作业成绩、测验成绩、考试成绩等。收集这些学习成绩数据可以帮助教师了解学生对知识的掌握程度和学习进步情况。例如，通过分析学生在不同阶段的考试成绩变化，可以判断学生在哪些知识点上存在薄弱环节。学校的教学管理系统和考试评价系统可以方便地收集学生的学习成绩数据。教师可以定期查看和分析这些数据，以便及时调整教学策略。

3）学习兴趣数据的收集

学习兴趣数据反映了学生对不同学科、主题和学习方式的偏好。例如，学生在在线学习平台上对某些课程的点击量、收藏量，以及在课堂上对不同话题的参与度等都可以作为学习兴趣的指标。了解学生的学习兴趣可以帮助教师为学生提供更符合他们兴趣的学习资源和教学活动。教师可以通过问卷调查、课堂观察和在线学习平台的数据分析等方式收集学生的学习兴趣数据。例如，教师可以设计一份关于学生学习兴趣的问卷，让学生填写自己喜欢的学科、学习方式和课外活动等信息。同时，教师可以观察学生在课堂上的表现，如对哪些话题更感兴趣、参与讨论的积极性等。

（2）数据分析对了解学生学习特点、学习需求和学习困难的作用

1）了解学生的学习特点

通过对学习行为数据的分析，教师可以发现学生的学习特点。例如，有些学生更喜欢自主学习，他们会在在线学习平台上主动搜索学习资源，并且学习进度较快；而有些学生则更倾向于合作学习，他们在小组讨论和项目作业中的表现更积极。了解学生的学习特点可以帮助教师采用更适合他们的教学方法。分析学习成绩数据也可以揭示学生的学习特点。例如，某些学生在数学学科上表现出色，但在语文写作方面存在困难，这可能表明他们具有较强的逻辑思维能力，但语言表达能力有待提高。教师可以根据这些特点为学生提供有针对性的辅导和训练。

2）了解学生的学习需求

分析学习兴趣数据可以帮助教师了解学生的学习需求。如果学生对某个学科或主题表现出浓厚的兴趣，教师就可以为他们提供更多相关的学习资源和拓展活动，满足他们的学习需求。例如，如果学生对科学实验感兴趣，教师就可以组织更多的实验课程和课外探究活动。同时，通过分析学习行为数据和学习成绩数据，教师可以发现学生在哪些方面需要更多的帮助和支持。例如，如果学生在某个知识点上的作业错误率较高，或者在在线学习平台上反复观看某个教学视频，这可能表明他们在该知识点上存在学习困难，需要教师进行重点讲解和辅导。

3）了解学生的学习困难

对学习成绩数据的深入分析可以直接揭示学生的学习困难。例如，如果学生某一学科的考试成绩普遍较低，就可能说明该学科的教学内容或教学方法存在问题，需要教师进行调整。另外，通过分析学生的作业错误类型和答题思路，教师可以了解学生在具体知识点上的理解误区和困难。学习行为数据也可以为教师提供学生学习困难的线索。例如，如果学生在在线学习平台上频繁跳过某些教学内容，或者在某个学习任务上花费过多时间却没有取得明显进展，就可能意味着他们在这些方面遇到了困难。

（3）为教师提供个性化教学建议和指导

1）提供个性化的学习资源

根据学生的学习特点、需求和困难，教师可以为学生提供个性化的学习资源。例如，对于学习基础较弱的学生，教师可以推荐一些基础知识讲解的视频教程和练习题；对于学习能力较强的学生，教师可以推荐一些具有拓展性的学习资料和具有挑战性的项目任务。在线学习平台可以根据学生的学习数据自动为他们推送合适的学习资源。教师也可以根据数据分析结果，手动为学生挑选和推荐学习资源，以满足不同学生的个性化需求。

2）制订个性化的学习计划

教师可以根据学生的学习进度和能力水平，为他们制订个性化的学习计划。例如，对于学习进度较快的学生，教师可以安排一些提前学习的内容和更高难度的任务；对于学习进度较慢的学生，教师可以适当调整学习进度，加强基础知识的巩固和复习。学习计划应具有一定的灵活性，以便根据学生的实际情况进行调整。教师可以定期查看学生的学习数据，评估学习计划的执行效果，并根据需要进行调整和优化。

3）给予个性化的教学指导

教师可以根据学生的学习数据，了解他们在学习过程中存在的问题，并给予个性化的教学指导。例如，如果学生在某个知识点上存在理解困难，教师就可以在课堂上进行重点讲解，或者为学生提供一对一的辅导。教师还可以通过在线学习平台与学生进行互动交流，及时解答学生的问题，为他们提供学习建议和指导。同时，教师可以鼓励学生进行互助学习，让学习能力较强的学生帮助学习困难的学生，共同提高学习效果。

（4）人工智能技术在学生学习数据实时监测和分析中的应用

1）实时监测学生的学习状态

人工智能技术可以实时监测学生的学习行为和学习进度，及时发现学生在学习过程中出现的问题。例如，通过分析学生在在线学习平台上的操作记录和学习时间分布，人工智能系统可以判断学生是否存在学习疲劳、注意力不集中等情况。智能学习系统可以通过摄像头、传感器等设备监测学生的课堂表现，如面部表情、肢体语言等，从而了解学生的情绪状态和参与度。这些信息可以帮助教师及时调整教学策略，提高教学效果。

2）分析学生的学习问题和困难

人工智能技术可以对学生的学习数据进行快速分析，找出学生在学习过程中存在的问题和困难。例如，通过分析学生的作业错误类型和答题思路，人工智能系统可以发现学生在知识点理解上的偏差和误区。同时，人工智能系统可以依据学生的学习历史和表现，预测学生在未来学习中可能遇到的问题，并为教师提供预警信息。利用机器学习算法，人工智能系统可以不断学习和优化分析模型，提高对学生学习问题和困难的识别准确性。随着数据的积累，人工智能系统可以更好地了解每个学生的学习特点和需求，为教师提供更精准的教学建议和指导。

（5）为教师提供预警和干预措施

1）及时发现学习问题并预警

当人工智能系统检测到学生在学习过程中出现问题时，如学习成绩下降、学习行为异常等，它可以及时向教师发送预警信息。教师可以根据预警信息，及时关注学生的学习情况，采取相应的干预措施。预警信息可以包括学生的具体问题描述、问题的严重程度以及建议的干预措施等。例如，如果学生的作业错误率突然升高，人工智能系统就可以向教师发送预警信息，提示教师该学生可能在某个知识点上存在理解困难，建议教师进行个别辅导或组织小组讨论。

2）提供个性化的干预措施

基于对学生学习数据的分析，人工智能系统可以为教师提供个性化的干预措施建议。例如，如果学生在阅读理解方面存在困难，系统就可以建议教师为学生提供一些阅读技巧训练和有针对性的阅读练习；如果学生在数学计算方面出现错误较多，系统就可以推荐一些数学游戏和练习软件，帮助学生提高计算能力。教师可以根据系统的建议，结合自己的教学经验和学生的实际情况，选择合适的干预措施。同时，教师可以与学生进行沟通，了解他们的学习感受和需求，共同制订个性化的学习改进计划。

2. 实现个性化教学和智能辅导

（1）大数据和人工智能技术在个性化教学中的作用

1）推荐合适的学习资源和课程

利用大数据分析学生的学习数据和兴趣爱好，人工智能系统可以为学生推荐适合他们的学习资源和课程。例如，如果学生对历史感兴趣，人工智能系统就可以推荐一些历史纪录片、历史小说等课外学习资源，以及相关的在线课程和学习活动。推荐的学习资源和课程应具有多样性与针对性，满足不同学生的学习需求。同时，人工智能系统可以根据学生的学习进度和反馈信息，不断调整推荐内容，提高推荐的准确性和有效性。

2）制订个性化的学习计划

基于学生的学习特点、能力水平和学习目标，人工智能系统可以为学生制订个性化的学习计划。学习计划应包括学习内容、学习进度、学习方法和评估方式等方面的安排。例如，对于学习基础较弱的学生，人工智能系统可以制订一个逐步提高的学习计划，先从基础知识的学习开始，然后逐步增加难度，拓展内容。学习计划应具有灵活性和可调整性，以适应学生的学习变化和需求。教师可以根据学生的实际情况，对学习计划进行审核与调整，确保计划的合理性与有效性。

3）提高学习效果

个性化教学可以更好地满足学生的学习需求，提高学生的学习兴趣和积极性。通过为学生提供适合他们的学习资源和课程，以及制订个性化的学习计划，学生可以更加高效地学习，提高学习效果。同时，大数据和人工智能技术可以对学生的学习过程进行实时监测与评估，及时发现学生的学习问题和困难，并提供相应的解决方案。这有助于学生及时调整学习策略，提高学习效率和质量。

（2）人工智能技术在智能辅导中的应用

1）自动解答学生问题

智能辅导系统可以利用自然语言处理技术，自动解答学生在学习过程中遇到的问题。学生可以通过语音或文字输入问题，系统会迅速给出准确的答案和解释。例如，如果学生在做数学作业时遇到难题，就可以向智能辅导系统提问，智能辅导系统会立即给出解题思路和方法。智能辅导系统还可以根据学生的问题类型和难度，为学生提供相关的学习资源和练习题，帮助学生巩固知识，提高解题能力。

2）提供个性化的学习辅导

基于学生的学习数据和特点，智能辅导系统可以为学生提供个性化的学习辅导。例如，如果学生在某个知识点上存在理解困难，系统就可以为学生提供专门的讲解视频、练习题和学习建议，帮助学生攻克难点。智能辅导系统可以根据学生的学习进度和能力水平，调整辅导内容和难度，确保辅导的针对性和有效性。同时，智能辅导系统可以与学生进行互动交流，了解学生的学习感受和需求，不断优化辅导策略。

3）促进学生自主学习

智能辅导系统可以培养学生的自主学习能力，让学生在学习过程中更加积极主动。智能辅导系统可以帮助学生明确学习目标，制订学习计划，引导学生自主安排学习时间和任务。同时，智能辅导系统可以通过奖励机制和反馈机制，鼓励学生坚持学习，提高学习动力和成就感。例如，智能辅导系统可以设置学习和挑战任务，学生在完成任务后可以获得积分或奖励，激发学生的学习兴趣和竞争意识。智能辅导系统还可以定期向学生反馈学习进度和成绩，让学生了解自己的学习成果，增强学习信心。

四、促进社会参与和资源共享

（一）鼓励社会力量参与乡村教育信息化建设

乡村教育信息化建设需要大量的资金、技术和人才支持，仅靠政府和学校的力量是远远不够的。因此，鼓励社会力量参与乡村教育信息化建设，是实现乡村基础教育与现代信息技术深度融合的重要途径。

1. 引导企业参与乡村教育信息化建设

（1）政府引导企业参与的重要性

在乡村教育信息化建设中，政府的引导作用至关重要。由于乡村地区经济相对落后，教育资源有限，仅靠政府和学校的力量难以快速实现教育信息化的目标。而企业拥有先进的技术、丰富的资源和专业的人才，能够为乡村教育信息化建设提供有力的支持。

1）弥补资金和技术不足

乡村学校在教育信息化建设过程中面临着资金短缺和技术落后的问题。政府通过制定优惠政策和提供财政补贴，可以吸引企业投入资金和技术，为乡村学校提供网络设备、计算机设备、教学软件等硬件和软件支持。例如，政府可以对参与乡村教育信息化建设的企业给予税收优惠、土地优惠等政策，鼓励企业捐赠设备和软件。企业参与可以大大缓解乡村教育信息化建设的资金压力，同时带来先进的技术和设备，提高乡村学校的教育信息化水平。例如，一些信息技术企业可以为乡村学校提供高速网络接入、智能教学设备、在线教育平台等，让乡村学生也能享受到与城市学生同等的教育资源。

2）提升教师和学生的信息技术素养

企业不仅可以为乡村学校提供硬件和软件支持，还可以为乡村教师和学生提供信息技术培训与技术支持服务。企业的专业技术人员可以为乡村教师开展信息技术培训，提高他们的信息技术应用能力和教学水平。同时，企业可以为学生提供课外信息技术辅导，培养学生的学习兴趣和创新能力。例如，一些信息技术企业可以定期组织乡村教师参加信息技术培训课程，内容包括教学软件使用、在线教学平台操作、多媒体课件制作等。企业还可以在乡村学校设立信息技术辅导站，为学生提供课后信息技术辅导，帮助他们解决在学习过程中遇到的技术问题。

（2）企业参与乡村教育信息化建设的方式

1）捐赠设备和软件

企业可以为乡村学校捐赠网络设备、计算机设备、教学软件等，改善乡村学校的信息化条件。捐赠的设备和软件可以根据乡村学校的实际需求进行选择，确保其能够真正发挥作用。例如，一些信息技术企业可以为乡村学校捐赠高性能的计算机、投影仪、电子白板等设备，以及教学管理软件、在线教育平台等软件。这些设备和软件可以帮助乡村教师更好地开展教学活动，提高教学质量。同时，企业可以为乡村学校提供设备维护和软件升级服务，确保设备和软件的正常运行。

2）提供信息技术培训和技术支持服务

企业可以为乡村教师与学生提供信息技术培训和技术支持服务，帮助他们提高信息技术素养和应用能力。培训内容可以包括计算机基础知识、网络应用、教学软件使用、在线教学平台操作等方面。技术支持服务可以包括设备维护、软件升级、网络故障排除等方面。例如，企业可以组织专业技术人员到乡村学校举办信息技术培训讲座，为乡村教师与学生提供面对面的指导和帮助。企业还可以开通技术支持热线，为乡村学校提供远程技术支持服务，及时解决他们在使用信息技术设备和软件过程中遇到的问题。

3）开展校企合作

建立校企合作机制可以促进企业与学校的深度合作，实现资源共享、优势互补。企业可以与学校合作开展信息技术教育项目，为学生提供实习和就业机会，提高学生的信息技术应用能力和就业竞争力。例如，企业可以与乡村学校合作建设信息技术实验室、创客空间等，为学生提供实践操作的场所和机会。企业还可以为学生提供实习岗位，让他们在实际工作中学习和掌握信息技术技能。同时，企业可以与学校共同开展信息技术科研项目，推动信息技术在教育领域的创新应用。

2. 鼓励社会组织和志愿者参与乡村教育信息化建设

（1）社会组织和志愿者的作用

1）提供资金、技术与人才支持

社会组织和志愿者可以为乡村教育信息化建设提供资金、技术与人才支持。社会组织可以通过捐赠资金、物资和设备等方式，为乡村学校改善信息化条件。志愿者可以为乡村教师与学生提供信息技术培训、技术支持和教学辅导等服务。例如，一些公益组织可以为乡村学校捐赠计算机、投影仪、网络设备等，改善乡村学校的信息化硬件条件；一些技术类社会组织可以为乡村学校提供技术咨询和技术支持服务，帮助乡村学校解决在信息化建设过程中遇到的技术难题。同时，一些志愿者可以为乡村教师和学生开展信息技术培训，提高他们的信息技术素养和应用能力。

2）丰富教育资源与活动形式

社会组织和志愿者可以为乡村学校带来丰富的教育资源与多样化的活动形式。社会组织可以组织开展各种教育活动，如科普讲座、文化活动、艺术展览等，丰富乡村学生的课余生活。志愿者可以为乡村学生开展课外辅导、兴趣小组等活动，激发他们的学习兴趣和创造力。例如，一些科普类社会组织可以为乡村学校举办科普讲座、科技展览等活动，让乡村学生了解最新的科技成果和科学知识；一些文化类社会组织可以为乡村学校组织文化活动、艺术展览等，丰富乡村学生的文化生活。同时，一些志愿者可以为乡村学生开展英语角、书法兴趣小组、音乐兴趣小组等活动，培养他们的兴趣爱好和综合素质。

（2）鼓励社会组织和志愿者参与的方式

1）捐赠资金、物资与设备

政府可以鼓励社会组织和志愿者为乡村学校捐赠资金、物资与设备，改善乡村学校的信息化条件。政府可以通过宣传、表彰等方式，提高社会组织和志愿者的积极性与参与度。例如，政府可以建立乡村教育信息化捐赠平台，发布乡村学校的需求信息，引导社会组织和志愿者进行捐赠。政府还可以对捐赠的社会组织和志愿者进行表彰与奖励，如颁发荣誉证书、授予荣誉称号等，增强他们的社会荣誉感。

2）提供信息技术培训、技术支持与教学辅导服务

社会组织和志愿者可以为乡村教师及学生提供信息技术培训、技术支持与教学辅导等服务。政府可以组织相关的培训和活动，为社会组织和志愿者提供参与的渠道与机会。例如，政府可以组织信息技术培训活动，邀

请社会组织和志愿者为乡村教师与学生进行培训。政府还可以组织技术支持服务活动，让社会组织和志愿者为乡村学校提供设备维护、软件升级等技术支持服务。同时，政府可以组织教学辅导活动，让志愿者为乡村学生提供课外辅导，开展兴趣小组等活动。

3）建立社会组织和志愿者服务平台

政府可以建立社会组织和志愿者服务平台，为社会组织和志愿者参与乡村教育信息化建设提供渠道与支持。服务平台可以发布乡村教育信息化建设需求信息，组织社会组织和志愿者参与乡村教育信息化建设项目，提高社会组织和志愿者参与乡村教育信息化建设的效率与效果。例如，政府可以建立线上服务平台，发布乡村学校的需求信息、社会组织和志愿者的服务信息等，方便双方进行对接与合作。政府还可以组织线下活动，如志愿服务活动、项目对接会等，促进社会组织和志愿者与乡村学校的交流及合作。同时，政府可以对社会组织和志愿者的服务进行评估与反馈，提高他们的服务质量和水平。

（二）建立城乡教育资源共享机制

城乡教育资源存在较大差距，建立城乡教育资源共享机制，有助于实现城乡教育均衡发展，促进乡村基础教育与现代信息技术的深度融合。

1. 搭建城乡教育资源共享平台

（1）城乡教育资源共享平台的重要性

1）促进教育公平

城乡教育资源存在较大差距，搭建城乡教育资源共享平台可以突破地域限制，让乡村学校的师生也能享受到城市学校的优质教育资源，从而促进教育公平。例如，乡村学生可以通过平台观看城市学校的优质教学视频，学习先进的教学方法和教学理念，开阔视野，提高学习效果。

同时，城市学校可以从乡村学校的特色教学资源中获得启发，丰富教学内容，实现城乡教育的共同发展。

2）提高教育资源利用率

平台可以整合城乡学校的教学资源、课程资源和师资资源，避免资源的重复建设和浪费。例如，一些优质的教学课件、教案可以在平台上共享，供更多的教师使用，提高资源的利用率。同时，教师可以根据自己的教学需求，对共享资源进行二次开发和创新，进一步丰富教育资源库。

3）推动教育信息化发展

搭建城乡教育资源共享平台是教育信息化的重要举措之一。通过平台，教师与学生可以更加便捷地获取和使用教育资源，提高教学和学习的效率。同时，建立平台可以促进信息技术在教育领域的广泛应用，推动教育信息化的发展。

（2）平台的功能与资源共享方式

1）教学资源、课程资源、师资资源的共享

教学资源共享包括教学课件、教案、试题、教学案例等。城乡学校的教师可以将自己制作的优质教学资源上传到平台，供其他教师下载和使用。例如，城市教师可以分享一些创新的教学方法和教学案例，为乡村教师提供教学参考；乡村教师可以上传一些具有地方特色的教学资源，如民间艺术、传统手工艺等，丰富平台的教学资源库。

课程资源共享包括在线课程、微课、慕课等。城市学校可以将自己的特色课程资源上传到平台，供乡村学校的学生学习。例如，一些城市学校的艺术课程、科技课程等，可以通过平台共享给乡村学生，拓展他们的知识面和兴趣爱好。同时，乡村学校可以将一些具有地方特色的课程资源上传到平台，如农业知识课程、乡村文化课程等，供城市学校的学生了解乡村生活和文化。

师资资源共享包括优秀教师的教学经验、教学方法、教育理念等。城市学校的优秀教师可以通过平台为乡村教师提供教学指导和培训，帮助他们提高教学水平。例如，城市学校的骨干教师可以通过网络视频会议、在线教研等方式，与乡村教师共同探讨教学问题，分享教学经验。同时，乡村教师可以将自己在乡村教育实践中的经验和感悟分享给城市教师，促进城乡教师的相互学习和共同进步。

2）利用云计算、大数据技术进行资源管理和优化

云计算技术实现教育资源的存储和共享：云计算技术可以为平台提供

强大的存储和计算能力，确保教育资源的安全存储和快速共享。通过云计算，城乡学校的师生可以随时随地访问平台上的教育资源，而不受时间和空间的限制。例如，教师可以在课堂上直接调用平台上的教学资源进行教学，学生可以在课后通过网络学习平台上的课程资源进行自主学习。

大数据技术分析用户需求和行为。大数据技术可以对平台上的用户行为数据进行分析，了解用户的需求和偏好，为用户提供个性化的教育资源推荐服务。例如，通过分析学生的学习记录和答题情况，平台可以为学生推荐适合他们的学习资源和课程；通过分析教师的教学行为和资源使用情况，平台可以为教师推荐相关的教学资源和教学方法。同时，大数据技术可以对平台上的教育资源进行评估和优化，提高资源的质量和适用性。

2. 开展城乡教师交流与合作

（1）城乡教师交流与合作的意义

1）提高乡村教师教学水平和专业素养

城市学校的优秀教师到乡村学校支教，可以为乡村教师带来先进的教学理念、教学方法和教学经验。通过示范课教学、教学研讨等活动，乡村教师可以学习到新的教学技能和教学方法，提高自己的教学水平。例如，城市学校的骨干教师可以在乡村学校开展公开课，展示先进的教学方法和教学手段，让乡村教师直观地学习和借鉴。同时，在教学研讨活动中，乡村教师可以与城市教师共同探讨教学问题，分享教学经验，拓宽教学思路。

乡村教师到城市学校挂职锻炼，可以接触到先进的教育教学设备和资源，学习到城市学校的管理经验和教学模式。通过与城市教师交流及合作，乡村教师可以了解到最新的教育教学动态，提高自己的专业素养。例如，乡村教师可以参与城市学校的教研活动、课题研究等，学习城市学校的教育教学研究方法和成果，提升自己的教育科研能力。

2）促进城乡教育资源的共享和交流

城乡教师的交流与合作可以促进城乡教育资源的双向流动。城市教师可以将自己的优质教育资源带到乡村学校，也可以从乡村学校的特色教育资源中获得启发。例如，城市教师可以在乡村学校开展教学活动，分享自己的教学课件、教案等资源，也可以学习乡村学校的民间艺术、传统手工艺等特色教育资源，丰富自己的教学内容。乡村教师到城市学校挂职锻炼时，可以将乡村学校的特色文化和教育资源介绍给城市学校的师生，促进城乡文化的交流与融合。

城乡教师的交流与合作还可以促进教育教学经验的共享。通过共同探讨教学问题、分享教学经验，城乡教师可以相互学习、相互借鉴，提高教学质量。例如，在教学研讨活动中，城乡教师可以就某一教学问题进行深入讨论，分享自己的教学方法和经验，共同寻找解决问题的方法。同时，城乡教师可以通过网络技术开展远程交流与合作，及时分享教学中的新发现和新成果，促进教育教学经验的不断更新。

（2）城乡教师交流与合作的方式

1）城市学校优秀教师到乡村学校支教

政府可以组织城市学校的优秀教师到乡村学校支教，为乡村学校提供教学支持和帮助。支教教师可以承担一定的教学任务，同时可以开展教学示范、教学研讨等活动，带动乡村教师的专业发展。例如，支教教师可以在乡村学校开设示范课，展示先进的教学方法和教学手段，让乡村教师观摩学习。同时，支教教师可以组织教学研讨活动，与乡村教师共同探讨教学问题，分享教学经验。

为了确保支教工作的顺利开展，政府可以制定相关的政策和措施，给予支教教师一定的待遇和奖励。例如，对支教教师在职称评定、评优评先等方面给予优先考虑，提高支教教师的积极性和主动性。同时，政府可以为支教教师提供必要的生活保障和工作条件，让他们能够安心在乡村学校工作。

2）乡村学校教师到城市学校挂职锻炼

乡村教师可以到城市学校挂职锻炼，学习城市学校的先进教学理念和教学方法。挂职教师可以参与城市学校的教学活动、教研活动、课题研究等，全面了解城市学校的教育教学管理模式和教学方法。例如，挂职教师可以跟随城市学校的骨干教师进行听课、备课、评课等活动，学习他们的教学方法和教学技巧。同时，挂职教师可以参与城市学校的课题研究，了解城市学校的教育科研方法和成果，提升自己的教育科研能力。

为了确保挂职锻炼的效果，乡村学校和城市学校可以建立结对帮扶关系，明确双方的责任和义务。城市学校可以为挂职教师安排指导教师，帮助他们尽快适应城市学校的教学环境和教学要求。同时，乡村学校可以为支教教师提供必要的支持和保障，让他们能够安心在乡村学校学习和工作。

3）利用网络技术开展远程交流与合作

网络技术为城乡教师的远程交流与合作提供了便利条件。通过网络视频会议、在线教研等方式，城乡教师可以随时随地进行交流和互动，共同探讨教学问题，分享教学经验。例如，城乡教师可以通过网络视频会议开展教学研讨活动，就某一教学问题进行深入讨论，分享自己的教学方法和经验。同时，城乡教师可以通过在线教研平台进行资源共享和交流，共同开发教学资源，提高教学质量。

为了提高网络远程交流与合作的效果，政府和学校可以加强对教师的信息技术培训，提高教师的信息技术应用能力。同时，政府和学校可以建立健全网络远程交流与合作的机制和制度，规范交流与合作的行为，确保交流与合作的质量和效果。

总之，实现乡村基础教育与现代信息技术的深度融合，需要加强基础设施建设与技术支持，推动教育理念与师资的变革，创新教学模式与方法，促进社会参与和资源共享。只有通过各方的共同努力，才能为乡村学生提供更加优质、公平、个性化的教育服务，促进乡村教育的可持续发展。

参考文献：

[1] 中国网络空间研究院．中国互联网发展报告[M]．北京：商务印书馆，2024.

[2] 钟启泉．现代课程论[M]．上海：上海教育出版社，2003.

[3] 王竹立．碎片与重构：互联网思维重塑大教育[M]．北京：电子工业出版社，2015.

[4] 祝智庭. 智慧教育新发展:从翻转课堂到智慧课堂及智慧学习空间[J]. 开放教育研究,2016,22(1):18－26.

[5] 罗桂琼. 大数据驱动下的教育变革与创新[M]. 昆明:云南科技出版社,2020.

[6] 朱永新. 未来学校:重新定义教育[M]. 北京:中信出版社,2023.

第六章　乡村基础教育与现代信息技术深度融合的实践案例和经验分享

一、国内成功案例

（一）西部地区与学校的融合实践

案例一：用公益事业传递教育温度

背景：截至2020年，全国有20000多所希望小学，承载着250多万名学生的学习需求，但这些希望小学所占的优质师资，可能甚至不足发达地区的1%。2021年，数字化教学的推进使得《关于推进义务教育优质均衡发展实施方案》开始逐步落实，除了国家大力的资源倾斜之外，诸多教育行业头部企业也纷纷提供公益捐赠，搭建智慧课堂软件、硬件等，帮扶西北、西南等地区的山区小学，通过智慧课堂的方式，让乡村学生实现了优质教育资源均衡分配。

1. 小矣堵希望小学与水头小学：云南大山深处的智慧学校

在2020年初，当地政府和学校就希望得到社会力量的支持，将小矣堵希望小学列入“智慧校园”建设规划。在各方面积极协调下，乐易智慧科技的“爱学仕智慧课堂”公益项目走进小矣堵希望小学。一年后，相隔不远的水头小学也同样搭建了爱学仕智慧课堂，数字化技术带来的改变让小矣堵希望小学、水头小学旧貌换新颜，这快速解决了师资问题，在当地政府和学校领导对“爱学仕智慧课堂”公益项目给予了高度认可后，乐易智慧科技决定将这项公益在贵州、新疆等多地区持续推进。从大山深处的希望小学到智慧小学，虽然路途遥远、条件艰苦，但这一次的“捐赠”让当地教师看到了希望，也让学生更加珍惜在课堂上学习的机会。

2. 智慧课堂，让学生不再有距离

智慧课堂，智慧在云端，而不是硬件。在信息化2.0中，小矣堵希望小学已经接受过一批计算机、智慧黑板等捐赠，但是教师只能使用初级功能，课堂效率极低。爱学仕智慧课堂进入小矣堵希望小学，为师生带来了数千万的数字化教学资源，教师可以一键备课，数据互通，把数字化的教学工具如仿真实验室应用到课堂中。学生也可以与教育发达地区共享同样的优质资源，无须直播录播也可以共享同一节课。智慧课堂在小矣堵希望小学落地，同时，“爱学仕智慧课堂”公益项目在其他地区的希望小学落地生根。贵州、新疆等乡村小学都通过“智慧课堂”获得了优质教育资源，公益事业让乡村教育有了更多的温度。

案例二：虚拟现实赋能乡村教育　提升留守儿童学习兴趣

莆田文明网7月15日讯（何诗静）“当数学遇见虚拟现实技术，会碰撞出什么样的火花呢?”7月12日，莆田学院满天星“π”计划社会实践队走进荔城区西天尾镇青少年宫，开展以“魔数匠心探奥境　智趣启迪绘新篇”为题的暑期夏令营虚拟现实眼镜体验小课堂，通过虚拟现实技术，让乡村留守儿童沉浸在一个充满数学元素的互动世界，体验了一次别开生面的数学学习之旅。

“我的眼睛在转，这些几何模型也在转！好神奇呀!”在活动过程中，实践队成员为小朋友介绍虚拟现实眼镜的组装方式和佩戴方法。在实践队成员的帮助下，孩子们与这个虚拟世界中的数学元素进行互动，触摸漂浮的数字，解开几何图形谜题。这种直观且富有趣味性的学习方式，让孩子们对数学概念有了更加深刻的理解，极大地提升了他们的数学学习兴趣（见图6－1）。

“为了让数学课堂与虚拟现实技术能够更好地融合，突破时间、空间、距离的限制，我们将固定的几何模型转化为‘可触摸’‘能移动’的虚拟现实模型”，实践队成员林霖分享道：“利用虚拟现实技术打造学习数学几

图6－1　虚拟现实看世界

何的‘沉浸课堂’，让小朋友身临其境，为数学教育提供新的途径。”

据悉，满天星“π”计划社会实践队将继续探索更多科技赋能教育的路径，为乡村留守儿童带来更加多元和高效的学习体验，助力数学教育的多元化发展，为培养新时代的数学人才奠定坚实基础。

案例三：岗坪中学——人工智能助力乡村学校英语听说课堂教学，提高乡村学校英语教学质量

2022年7月5日，市教师发展中心联合广东讯飞启明科技发展有限公司，在怀集县岗坪镇初级中学开展乡村学校英语听说教学基地科研培训活动，探讨人工智能如何助力乡村学校英语听说课堂教学，用人工智能助力乡村振兴。

在公开课环节，学校教师利用科大讯飞A虹听说课堂系统为大家带来了一节别开生面的英语听说教学研讨课。当教师讲解一道口语练习题时，同学们快速拿起手中的智能语音答题器，踊跃地开口朗读起来。在系统的大数据实时分析下，屏幕上会马上出现学生的评测结果，教师根据结果精准定位问题、薄弱单词，做到即教即练即评。随后，教师还通过全班作答、抢答、两两比拼等多种形式，快速把握学生对课程内容的掌握情况（见图6－2）。

学生：“如果用机器回答，和教师面对面回答相比，不会那么紧张。

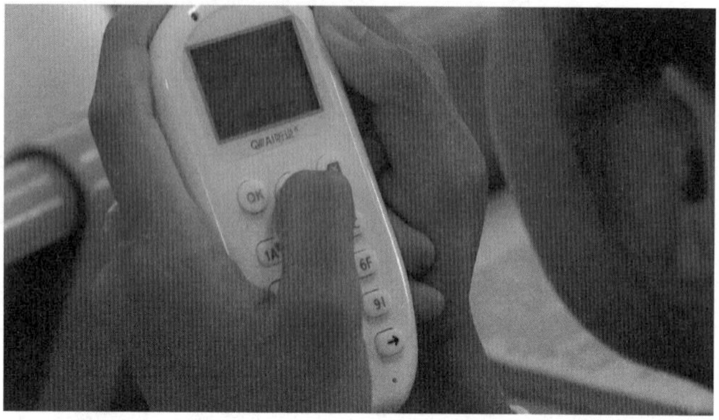

图 6-2　人工智能助力教学

发音不标准，它有红色、黄色提示，可以知道自己哪里做得不够好，教师会根据错得比较多的（单词）重新发下来，让大家继续练习巩固一下。”

A 技术的应用提升了英语听说课堂的互动性、趣味性、高效性。英语教师表示，分析报告使用的科大讯飞智能评测技术实现了日常课程练习与测评准则挂钩，促进学生高效学习。

怀集县岗坪镇初级中学英语教师刘丽云：“平常我们只有期末考才有（测评的）过程，这个（系统）人机对话后，进行系统评分，教师就知道（口语考试）里面的一些评分规律，（根据评分规律）强调学生（存在问题），比如，一些英语发音的尾音，还有元音的重音要读出来。”

参会人员还对学校人工智能听说课堂基础设施部署情况、人工智能技术赋能英语课堂成效、中高考英语人机对话考试的重点等方面进行了研讨。目前，肇庆市广宁、德庆、封开、怀集 4 个县共配备了 8 套科大讯飞 A 虹听说课堂系统，让人工智能更好地助力乡村英语口语教学。

肇庆市教师发展中心副主任麦丽华：“借助人工智能设备，可以很好地满足我们乡村地区英语课堂教学的专业需求，这套设备包含了很丰富的英语教学资源。接下来，我们将通过示范点评交流在全市推广，特别是在乡村地区对提高教师的专业素质、专业水平非常有帮助。”

（二）成效评估与经验总结

1. 成效评估

（1）学生学习效果提升

1）学习兴趣和积极性提高

通过以上三个案例可以看出，乡村基础教育与现代信息技术的深度融合为学生带来了全新的学习体验，极大地激发了他们的学习兴趣和积极性。通过多媒体教学资源、智能设备等手段，学习内容变得更加生动、形象、有趣。例如，在地理课上，教师利用虚拟现实技术展示世界各地的自然风光和人文景观，让学生仿佛身临其境，这种沉浸式的学习方式使学生对学科知识产生了浓厚兴趣。在历史课上，教师带领学生通过虚拟现实技术“穿越”到不同的历史时期，亲身体验历史事件的发生过程。例如，在学习古代文明时，学生可以“走进”古埃及的金字塔、中国的长城等历史遗迹，感受古代文明的魅力。

互动式的学习环境也增强了学生的参与感。在线讨论区、小组合作项目等活动让学生能够积极表达自己的观点，与同学和教师进行交流互动。这种互动不仅提高了学生的学习积极性，还培养了他们的沟通能力和团队合作精神。学生分组利用虚拟现实技术和其他信息技术手段，如制作视频、撰写报告等，展示自己对某一历史事件或人物的研究成果。例如，有的小组制作了关于唐代文化的虚拟现实展览，向全校师生展示唐代的诗歌、绘画、服饰等方面的成就。

2）学习成绩明显提升

教育信息化为学生提供了更多的学习资源和个性化的学习支持，有助于他们更好地掌握知识，从而提高学习成绩。例如，在线学习平台可以根据学生的学习进度和能力水平提供个性化的学习计划与练习题，帮助学生有针对性地进行学习和复习。同时，智能辅导系统能够及时解答学生的问题，为他们提供学习建议，提高学习效率。以西部地区某学校为例，在实施教育信息化后，学生的考试成绩平均提高了 10 分以上。这表明信息技术在教育中的应用能够有效地提升学生的学习效果，缩小城乡教育差距。

3）综合素质提高

深度融合不仅注重学生的学术成绩，还注重培养他们的综合素质。创新能力方面，通过开展项目式学习、科技创新活动等，学生有机会运用所学知识解决实际问题，培养创新思维和实践能力。例如，在科学课上，学生利用 3D 打印技术设计并制作模型，展示他们对科学原理的理解和应用。实践能力的提升体现在学生能够通过实验、实地考察等活动亲身体验知识的应用。例如，在生物学课上，学生参与户外实地考察，观察动植物的生态环境，提高对生物多样性的认识和保护意识。团队合作能力在小组项目和合作学习中得到锻炼。学生学会分工合作、互相支持，共同完成学习任务。这种团队合作的经验将对他们未来的学习和工作产生积极影响。

（2）教师教学水平提高

1）信息技术素养和应用能力提升

教师参加信息技术培训是提高教学水平的重要途径。培训内容包括教学软件的使用、在线教学平台的操作、多媒体资源的制作等。通过培训，教师能够熟练掌握各种信息技术工具，将其应用到教学过程中。例如，教师学会使用课件制作软件，制作生动、形象的教学课件，提高课堂教学的吸引力。在线教学平台为教师提供了丰富的教学资源和交流平台。教师可以在平台上分享教学经验、下载优质的教学资源，与其他地区的教师进行互动交流。这种交流与合作有助于教师拓宽教学思路，提高教学水平。

2）教学方法和教学模式创新

信息技术的应用促使教师创新教学方法和教学模式。例如，翻转课堂模式让学生在课前通过观看教学视频进行自主学习，在课堂上则进行小组讨论、答疑解惑等活动，提高了学生的学习主动性和参与度。项目式学习让学生在实际项目中应用所学知识，培养解决问题的能力。丰富的多媒体教学资源为教师提供了更多样的教学手段。教师可以利用图片、视频、动画等资源进行教学，使抽象的知识更加直观易懂。例如，在历史课上，教师通过播放历史纪录片，让学生更好地理解历史事件的背景和发展过程。

3）教学观念转变

从以教师为中心转变为以学生为中心是现代教育的重要趋势。信息技术的应用促使教师更加关注学生的主体地位和个性化需求。教师通过分析学生的学习数据，了解每个学生的学习情况和特点，为他们提供个性化的学习支持。例如，教师根据学生的学习进度和能力水平，为他们推荐适合的学习资源和学习任务。这种教学观念的转变有助于提高教学质量，满足不同学生的学习需求，促进学生的全面发展。

（3）学校管理效率提升

1）管理信息化水平提高

教育管理软件的应用使学校管理更加高效、规范。学生信息管理系统能够便捷地记录学生的基本信息、学习成绩、奖惩情况等，为学校的教学管理和学生评价提供依据。教学管理系统可以帮助教师安排教学计划、布置作业、批改试卷等，提高教学管理的效率。财务管理系统可以实现学校财务的信息化管理，提高财务管理的透明度和准确性。校园网络的建设也为学校管理提供了便利。教师和学生可以通过网络进行信息交流、资源共享，提高工作和学习效率。学校领导可以通过网络了解学校的教学情况、学生动态等，及时做出决策。

2）管理效率明显提升

信息化管理减少了烦琐的手工操作和纸质文件的传递，提升了管理效率。例如，学生成绩的录入和统计可以通过教学管理系统自动完成，大大节省了教师的时间。学校通知的发布可以通过校园网络平台快速传达给师生，提高了信息传递的及时性和准确性。数据分析功能为学校管理提供了科学依据。通过对学生学习数据、教师教学数据等的分析，学校领导可以了解教学质量、学生发展等方面的情况，及时调整教学策略和管理措施，提高学校的整体管理水平。

2. 经验总结

（1）领导重视

1）作为学校发展的重要战略

学校领导需充分洞悉教育信息化对学校发展的重要性，将其作为学校发展的重要战略。学校领导要制定教育信息化发展规划，明确发展目标和具体措施，确保教育信息化建设的顺利进行。例如，学校可以制定五年教育信息化发展规划，明确每年的建设任务和目标，逐步推进教育信息化建设。学校领导要积极争取政府和社会各界的支持，加大对教育信息化的投入，可以通过申请教育专项资金、与企业合作等方式，筹集资金用于学校的信息化建设。同时，学校领导要加强对教育信息化建设的监督和管理，确保资金的合理使用和建设项目的质量。

2）带头参加信息技术培训

学校领导要带头参加信息技术培训，提升自身信息技术素养和应用能力。学校领导的示范作用可以带动教师和学生积极参与教育信息化建设。例如，学校领导可以参加在线学习平台的使用培训，熟悉平台功能和操作方法，为教师和学生树立榜样。学校领导还要关注信息技术的发展动态，及时了解新的教育技术和教学方法，为学校的教育信息化建设提供指导和支持。

（2）教师参与

1）调动积极性和主动性

教师是教育信息化的实施者和推动者，要充分调动他们的积极性和主动性。学校可以通过建立激励机制，对在教育信息化建设中表现突出的教师进行表彰和奖励。例如，设立教育信息化先进个人奖、优秀课件制作奖等，激发教师的创新热情。学校要为教师提供良好的工作环境和发展机会，让他们感受到教育信息化带来的好处。例如，为教师配备先进的教学设备、提供培训机会等，提高教师的工作满意度，拓展教师的职业发展空间。

2）提供培训和支持

学校要为教师提供系统的信息技术培训，提高他们的信息技术素养和应用能力。培训内容要根据教师的实际需求和教学情况进行设计，包括教学软件的使用、在线教学平台的操作、多媒体资源的制作等。培训方式可以多样化，如集中培训、网络培训、校本培训等。学校还要为教师提供技术支持和服务，及时解决他们在教学中遇到的技术问题，可组建技术支持团队，为教师提供一对一的技术指导和帮助。同时，学校要鼓励教师之间进行技术交流和合作，共同提高信息技术应用水平。

3）建立激励机制

建立激励机制是鼓励教师积极参与教育信息化建设的重要手段。学校可以将教师在教育信息化方面的表现纳入绩效考核体系，对表现优秀的教师给予适当的奖励。例如，在职称评定、评优评先等方面给予优先考虑。学校还可以组织教育信息化教学竞赛、优秀课件评选等活动，为教师提供展示自己的平台，激发他们的创新热情。

（3）资源整合

1）整合各方资源

教育信息化建设需要整合政府部门、企业、社会组织等各方资源。学校要积极与各方合作，共同推进教育信息化建设。例如，与政府部门合作，争取教育专项资金和政策支持；与企业合作，引进先进的教育技术和设备；与社会组织合作，开展公益活动，为学校捐赠教育资源。学校要充分发挥自身的优势，与各方建立长期稳定的合作关系，可以通过签订合作协议、建立合作项目等方式，明确各方的责任和义务，确保合作的顺利进行。

2）引进优质教育资源

学校要积极引进优质的教育资源，丰富教学内容，提高教学质量。可以通过购买在线课程、教学课件、电子书籍等方式，为教师和学生提供更多的学习资源。同时，学校要鼓励教师开发校本课程资源，结合当地实际情况，开展特色教学活动。学校还可以与其他学校建立资源共享机制，互相交流教学经验和教学资源，实现优势互补。例如，通过网络平台共享教学课件、教案、试题等资源，提高资源的利用率。

3）开展信息技术教育项目

学校可以与企业合作，开展信息技术教育项目，为学生提供实习和就业机会。例如，与科技企业合作，开展编程教育项目，培养学生的计算思维和创新能力；与通信企业合作，开展网络安全教育项目，提高学生的网络安全意识和防范能力。这些项目不仅可以提高学生的信息技术应用能力，还可以为他们的未来发展打下坚实基础。同时，学校可以通过这些项目提高教师的信息技术教学水平，促进学校的教育信息化建设。

(4）持续创新

教育信息化是一个不断发展和创新的过程，学校要持续关注信息技术的发展动态，及时了解新的教育技术和教学方法，可以通过参加教育技术研讨会、阅读教育技术期刊等方式，获取最新的信息。学校要鼓励教师积极探索新的教学模式和方法，将信息技术与学科教学深度融合。例如，尝试将人工智能辅助教学、虚拟现实技术应用于教学，为学生提供更加丰富的学习体验。

学校可以设立教育科研项目，为教师提供科研经费和支持，鼓励教师开展教育科研活动，探索教育信息化的新途径和新方法。教师可以结合自己的教学实践，开展课题研究，总结经验教训，为教育信息化建设提供理论支持和实践指导。学校还可以组织教育科研成果交流活动，让教师分享自己的研究成果，促进教师之间的相互学习和共同进步。

学校要加强与其他地区学校的交流和合作，共同分享经验和成果，可以借助网络平台、实地考察等形式，与其他学校开展交流互动。例如，组织教师参加跨地区的教学观摩活动，学习其他学校的先进教学经验和教学方法。学校还可以与其他学校建立合作关系，共同开展教育信息化项目，互相借鉴，共同提高。通过交流与合作，学校可以不断拓宽视野，提高教育信息化建设的水平。

二、启示与反思

（一）成功要素与关键因素

1. 政策支持

(1）国家和地方政策对教育信息化建设的重要性

在乡村基础教育与现代信息技术深度融合的进程中，国家和地方政府出台的一系列政策发挥着关键的引领与推动作用。这些政策为教育信息化建设提供了全方位的支持，涵盖资金投入、技术支持、人才培养等多个方面，为乡村及欠发达地区的教育发展带来了新的机遇。

1）资金投入

教育信息化建设需要大量的资金支持，用于购置网络设施、计算机设备、多媒体设备等硬件设施，以及开发教学软件、在线学习平台等软件资源。国家实施的“农村义务教育薄弱学校改造计划”等政策，为西部地区及其他经济欠发达地区的学校提供了大量资金和设备支持。例如，通过这些政策，许多乡村学校得以更新计算机设备，建设多媒体教室，实现校园网络全覆盖。这使得师生能够接触到更丰富的教育资源，拓宽了学习和教学的渠道。资金投入还可以用于教师信息技术培训、教育科研项目等，提高教育信息化的整体水平。

2）技术支持

政府通过政策引导，鼓励科研机构、企业等为教育信息化提供技术支持。例如，推动信息技术企业与学校合作，开发适合教育教学需求的软件和平台，提供网络安全保障等技术服务。技术支持还包括为学校提供技术咨询、设备维护等服务。政府可以组织专业技术团队，定期对学校的信息技术设备进行检测和维护，确保设备的正常运行。同时，为教师和学生提供技术培训，帮助他们掌握新的信息技术工具和应用方法。

3）人才培养

教育信息化需要具备信息技术素养的教师队伍支撑。政府政策可以鼓励高校加强教育技术专业建设，培养更多的教育信息化专业人才。同时，为在职教师提供信息技术培训机会，提高他们的信息技术应用能力和教学水平。例如，政府可以设立专项培训基金，支持教师参加信息技术培训课程、研讨会等活动；还可以制定激励政策，鼓励教师在教学中积极应用信息技术，对在教育信息化方面表现突出的教师进行表彰和奖励。

（2）政策稳定性和连续性的保障作用

1）持续加大投入

教育信息化建设是一个长期的过程，需要持续的资金投入。政府政策的稳定性和连续性可以保障教育信息化建设资金来源的稳定性，避免政策变动导致资金中断。例如，政府可以制定长期的教育信息化发展规划，明确每年的资金投入额度和重点建设项目，确保教育信息化建设的持续推进。持续加大对教育信息化的投入，还可以不断更新和升级信息技术设备与软件资源，提高教育信息化的水平。随着技术的不断发展，新的信息技术工具和应用不断涌现，需要不断投入资金进行更新和升级，以满足教育教学的需求。

2）完善政策措施

政府要不断完善政策措施，为教育信息化建设提供更好的政策环境。例如，制定更详尽的教育信息化建设标准和规范，明确学校在基础设施建设、教师培训、教学应用等方面的要求。同时，加强对教育信息化建设的监督和评估，确保政策措施的有效落实。完善政策措施还可以包括鼓励创新和探索。政府可以设立教育信息化创新项目，支持学校和教师在教学模式创新、资源开发等方面开展探索与实践。对在教育信息化创新方面取得突出成绩的学校和教师进行奖励，激发他们的创新热情。

2. 基础设施建设

(1) 良好基础设施的重要性

1）为教育信息化提供基础条件

良好的基础设施是教育信息化建设的基础，包括网络设施、计算机设备、多媒体教室等。这些基础设施为师生提供了接入网络、使用教学设备和软件的条件，是实现教育信息化的物质保障。例如，高速稳定的网络设施可以让师生便捷地访问在线学习资源、进行远程教学和交流。计算机设备和多媒体教室则为教师开展多样化的教学活动提供了工具与场所。如果没有良好的基础设施，教育信息化就无从谈起。

2）促进教育资源共享

基础设施建设可以促进教育资源的共享。通过网络设施，学校可以与其他学校、教育机构、企业等实现资源共享，获取更多的优质教育资源。例如，学校可以通过网络平台共享教学课件、教案、试题等资源，提高资源的利用率。多媒体教室等设施也可以为开展远程教学、在线培训等活动提供条件，让师生接触到更丰富的教育资源。同时，基础设施建设可以促进城乡教育资源的均衡配置，缩小城乡教育差距。

（2）加大投入与维护管理的具体措施

1）加大基础设施投入

学校要加大对基础设施的投入，确保师生能够顺畅地接入网络，使用各种教学设备和软件。学校可以通过多种渠道筹集资金，如申请政府专项资金、与企业合作、争取社会捐赠等。在投入资金的同时，要注重基础设施的规划和建设。根据学校的实际需求和发展规划，合理配置网络设施、计算机设备、多媒体教室等基础设施。确保基础设施的建设质量和性能，满足教育教学的需求。

2）建立技术支持团队

学校可以建立专门的技术支持团队，承担设备和软件的运维管理工作，为师生提供及时的技术支持服务。技术支持团队可以由学校的信息技术教师、专业技术人员和志愿者组成。技术支持团队的职责包括设备的日常维护、软件的安装和升级、网络故障排除等。同时，技术支持团队可以为教师和学生提供技术培训与指导，帮助他们更好地使用教学设备和软件。通过建立技术支持团队，学校可以确保基础设施的正常运行，提高教育信息化的效率和质量。

3. 教师培训与发展

（1）教师在教育信息化中的关键作用

1）实施者和推动者

教师是教育信息化的实施者和推动者，他们的信息技术素养和应用能力直接影响教育信息化的成效。教师需要掌握信息技术工具和应用方法，将其融入教学，提高教学质量和效果。例如，教师可以利用在线学习平台开展混合式教学，通过多媒体课件丰富教学内容，使用教学软件进行课堂互动等。只有教师具备了较高的信息技术素养和应用能力，才能充分发挥信息技术在教育教学中的优势。

2）影响学生信息技术素养的培养

教师不仅要自身掌握信息技术，还要培养学生的信息技术素养。在教学过程中，教师可以引导学生正确使用信息技术工具，培养学生的信息检索、分析和处理能力，提高学生的创新思维和实践能力。例如，教师可以组织学生开展信息技术项目式学习，让学生在实践中掌握信息技术技能，培养团队合作精神和解决问题的能力。教师的信息技术素养和教学方法对学生的信息技术素养培养起着至关重要的作用。

（2）教师培训的针对性和实效性

1）个性化培训方案

教师培训需注重针对性和实效性，根据教师的实际需求和教学情况，制订个性化的培训方案。不同学科、不同年龄段、不同信息技术水平的教师，其培训需求各不相同。例如，对于信息技术基础较弱的教师，可以从计算机基础知识、办公软件应用等方面进行培训；对于学科骨干教师，可以重点培训信息技术与学科教学的融合方法和策略。通过个性化培训，可以提高教师的学习积极性和培训效果。

2）鼓励参加网络教研活动

鼓励教师参加网络教研活动，与其他地区的教师交流经验，共同提高教学水平。网络教研活动可以打破地域限制，让教师分享教学资源、交流教学心得、探讨教学问题。例如，教师可以通过在线教育平台参加学科教研论坛、观看名师示范课、参与教学案例分析等活动。网络教研活动还可以促进教师之间的合作与交流，共同开展教育科研项目，推动教育教学改革。

4. 教学模式创新

（1）教育信息化带来的创新机遇

1）拓展教学手段

教育信息化为教学模式创新提供了机遇，拓展了教学手段。通过信息技术，教师可以采用多样化的教学方法，如线上线下混合教学模式、翻转课堂、项目式学习等，激发学生的学习兴趣和积极性。例如，线上线下混合教学模式可以让学生在课外通过在线学习平台进行自主学习，课堂上则进行小组讨论、答疑解惑等活动，提高学生的学习主动性和参与度。翻转课堂则将传统的教学流程颠倒过来，让学生在课前通过观看教学视频进行自主学习，课堂上进行知识的内化和拓展。项目式学习可以让学生在实际项目中应用所学知识，培养解决问题的能力和创新思维。

2）个性化学习支持

教学模式创新要注重以学生为中心，关注学生的个体差异和需求，为学生提供个性化的学习支持。信息技术可以帮助教师了解学生的学习情况和特点，为学生定制个性化的学习计划和学习资源。例如，通过学习分析技术，教师可以了解学生的学习进度、学习习惯、知识掌握情况等，为学生提供有针对性的学习建议和辅导。同时，教师可以利用在线学习平台为学生提供个性化的学习资源，如视频教程、练习题等学习资料，满足学生的不同学习需求。

（2）加强教学评价改革的重要性

1）多元化评价体系

教学模式创新需要加强教学评价改革，建立多元化的评价体系，全面评价学生的学习过程和学习成果。传统的教学评价主要以考试成绩为依据，难以全面反映学生的综合素质和能力。多元化评价体系可以包括学生的课堂表现、作业完成情况、项目实践成果、小组合作能力等多个方面。例如，对于项目式学习，教师可以通过学生的项目报告、展示答辩、团队合作表现等进行评价。通过多元化评价，教师能够更加客观、全面地评价学生的学习成果，促进学生的全面发展。

2）促进教学质量提升

构建多元化的评价体系有助于提升教学质量。教师可以根据评价结果了解学生的学习情况和教学效果，及时调整教学策略和方法。同时，评价体系可以激励学生更加积极地参与学习，提高学习效果。例如，教师可以通过学生的评价反馈了解教学中存在的问题，及时改进教学方法和内容。学生也可以通过评价体系了解自己的学习进展和不足之处，有针对性地进行学习和提高。

5. 多方合作与资源整合

（1）各方支持与参与的必要性

1）教育信息化建设的复杂性

教育信息化建设是一个复杂的系统工程，需要政府、企业、社会组织等各方的支持和参与。教育信息化涉及基础设施建设、教学资源开发、教师培训、技术支持等多个方面，仅靠学校自身的力量难以完成。例如，政府可以提供政策支持和资金投入，企业可以提供技术支持和资源开发，社会组织可以提供志愿服务和公益支持。多方合作可以充分发挥各自的优势，共同推进教育信息化建设。

2）实现资源共享与优势互补

多方合作可以实现资源共享与优势互补。政府、企业、社会组织等各方拥有不同的资源和优势，通过合作可以整合这些资源，为教育信息化建设提供更好的支持。例如，政府可以提供政策资源和公共服务资源，企业可以提供技术资源和市场资源，社会组织可以提供人力资源和社会资源。多方合作可以实现资源的优化配置，提升资源的利用效率。

（2）多样化合作方式与合作机制的建立

1）政府与企业合作建设基础设施

政府与企业可以合作建设教育信息化基础设施，如网络设施、计算机设备、多媒体教室等。政府可以提供政策支持和资金投入，企业可以提供技术和设备支持。例如，政府可以通过招标等方式，选择合适的企业参与教育信息化基础设施建设；企业可以根据政府的需求和标准，提供高质量的设备和技术服务。政府与企业合作建设基础设施可以提高建设效率和质量，降低建设成本。

2）学校与社会组织合作开展公益活动

学校与社会组织可合作开展公益活动，为教育信息化建设提供支持。社会组织可以通过捐赠资金、物资、设备等方式，帮助学校改善教育信息化条件。学校可以为社会组织提供志愿服务和社会实践机会，共同推动社会公益事业的发展。例如，社会组织可以为学校捐赠计算机设备、图书资料等；学校可以组织学生参与社会组织的志愿服务活动，如环保宣传、关爱弱势群体等。学校与社会组织合作开展公益活动可以增强学生的社会责任感和公益意识，促进学生的全面发展。

3）建立合作机制，明确责任义务

为保障合作顺利进行，各方需要建立合作机制，明确责任和义务。合作机制可以包括合作协议、沟通协调机制、监督评估机制等。例如，各方可以签订合作协议，明确合作的目标、内容、方式、责任和义务。建立沟通协调机制，定期召开会议，交流合作进展情况，解决合作中出现的问题。建立监督评估机制，对合作项目进行监督和评估，确保合作项目的质量和效果。通过建立合作机制，可以规范合作行为，提高合作效率，实现合作共赢。

（二）存在的问题与改进方向

1. 存在的问题

（1）基础设施不均衡

1）现状分析

在西部地区的教育信息化建设中，虽然部分学校取得了一定成效，但基础设施不均衡的问题突出。一些学校地处偏远，经济条件相对落后，网络设施不完善，网速缓慢且不稳定，甚至存在网络无法覆盖的情况。计算机设备数量不足、配置较低，难以满足师生的日常教学和学习需求。例如，在一些乡村学校，一个班级可能只有几台老旧的计算机，学生无法充分进行信息技术实践操作。这种不均衡不仅体现在学校之间，也存在于同一学校的不同班级之间。部分班级可能由于设备分配不均，导致学生在获取信息技术资源方面存在较大差异。

2）影响分析

基础设施不均衡严重制约了教育信息化的推进。对于网络设施落后的学校，教师无法有效地利用在线教学平台进行教学，学生也难以获取丰富的网络学习资源。计算机设备不足限制了信息技术课程的开展，学生无法得到足够的实践机会，影响了他们对信息技术的掌握和应用能力。例如，在一些学校，由于计算机设备有限，信息技术课只能以理论教学为主，学生缺乏实际操作经验，难以真正理解和掌握信息技术知识。

此外，基础设施不均衡也加剧了城乡教育差距。城市学校拥有先进的网络设施和充足的计算机设备，能够为学生提供更多的学习机会和资源；而乡村学校则因基础设施薄弱而处于劣势，这使乡村学生在信息技术素养和综合能力培养方面落后于城市学生。

（2）教师信息技术素养有待提高

1）现状分析

虽然教师参加了一些信息技术培训，但整体来看，教师的信息技术素养仍有待提高。部分教师对教学软件和在线教学平台的应用不够熟练，仅能进行基本的操作，难以充分发挥这些工具的优势。例如，有一些教师在使用教学软件时，只能简单地播放课件，而不会利用软件的互动功能进行课堂提问、小组讨论等活动，导致教学效果大打折扣；还有一些教师对信息技术的认识存在局限性，认为信息技术只是辅助教学的工具，没有将其真正融入教学过程。他们在教学中仍然采用传统的教学方法，缺乏创新意识和能力。

2）影响分析

教师信息技术素养不高直接影响了教育信息化的质量。教师无法熟练运用教学软件和在线教学平台，难以设计出丰富多彩的教学活动，无法满足学生多样化的学习需求。例如，在英语教学中，如果教师不能熟练使用在线语音评测软件，就无法及时纠正学生的发音错误，影响学生口语表达能力的提高。同时，教师信息技术素养不高会影响学生对信息技术的态度和兴趣。如果教师不能有效地展示信息技术在教学中的魅力，学生就难以认识到信息技术的重要性，从而缺乏学习的动力和积极性。

（3）教学资源匮乏

1）现状分析

西部地区教育资源相对匮乏，优质教学资源难以满足师生的需求。一方面，在线课程、教学课件、电子书籍等资源数量有限，且质量参差不齐。很多资源与当地的教学实际不符，无法直接应用于课堂教学。例如，一些数学在线课程的难度过高或过低，不适合西部地区学生的学习水平。另一方面，学校开发校本课程资源的能力有限。由于缺乏专业的技术人员和资金支持，学校难以充分挖掘当地的特色资源，开展具有地方特色的教学活动。例如，一些学校的所在地区拥有丰富的民族文化资源，但由于缺乏开发能力，无法将这些资源转化为教学资源，让学生更好地了解和传承本土文化。

2）影响分析

教学资源匮乏限制了教学质量的提升。教师在教学过程中缺乏丰富的教学资源支持，难以设计出多样化的教学方案，容易导致教学内容单一、枯燥。学生也无法接触到更多的优质学习资源，影响了他们的学习兴趣和学习效果。例如，在语文教学中，如果教师只有一本教材，没有其他辅助教学资源，就难以拓宽学生的阅读视野，提高学生的语文素养。此外，教学资源匮乏也不利于学生的个性发展。每个学生都有自己的学习特点和需求，丰富教学资源可以满足学生的个性化学习需求。但由于资源匮乏，学生只能接受统一的教学内容，无法根据自己的兴趣和能力进行自主学习，限制了他们的发展潜力。

（4）评价体系不完善

1）现状分析

现行教学评价体系主要以考试成绩为导向，忽视了学生的创新能力、实践能力等综合素质的评价。这种评价方式过于单一，难以全面反映学生的学习过程和学习成果。例如，在一些学校，学生的期末成绩主要取决于期末考试成绩，而对学生在课堂表现、作业完成情况、实践活动参与度等方面的评价占比较小。同时，评价体系缺乏对信息技术应用能力的评价。在教育信息化背景下，学生的信息技术应用能力至关重要，但目前的评价体系往往没有将其纳入评价范围，导致学生对信息技术的学习和应用缺乏动力。

2）影响分析

评价体系不完善不利于学生的全面发展。只注重考试成绩会导致学生过分追求分数，忽视创新能力、实践能力等综合素质的培养。例如，一些学生为了取得好成绩，只注重死记硬背书本知识，而不注重培养自己的创新思维和实践能力，这与现代教育的培养目标背道而驰。

此外，评价体系不完善也会影响教师的教学方式。教师在教学过程中会受到评价体系的引导，如果评价体系不科学，教师就难以采用多元化的教学方法，忽视学生综合素质的培养。例如，如果评价体系只看重考试成绩，教师就会采用传统的讲授式教学方法，注重知识的传授，而忽视学生的实践能力和创新能力的培养。

2. 改进方向

（1）加大基础设施投入

1）政府和学校的责任

政府应加大对教育信息化基础设施的投入力度。一方面，政府要制定相关政策，确保教育信息化建设的资金来源稳定。政府可以通过设立专项基金、增加教育经费投入等方式，为学校的基础设施建设提供资金支持。例如，政府可以设立“西部地区教育信息化专项基金”，专门用于改善西部地区学校的网络设施、计算机设备等条件。另一方面，政府要加强对基础设施建设的规划和指导。根据不同地区的实际情况，政府制定科学合理的基础设施建设标准和规划，确保每个学校都能享受到优质的教育信息化资源。例如，对于偏远地区的学校，政府可以优先建设网络设施，确保师生能够接入互联网，获取丰富的学习资源。

学校也要积极筹措资金，加大对基础设施的投入，可以通过与企业合作、争取社会捐赠等方式，筹集资金用于购买计算机设备、更新网络设施等。例如，学校可以与当地的信息技术企业合作，开展信息技术教育项目，企业为学校提供设备和技术支持，学校为企业培养人才，实现互利共赢。

2）注重均衡发展

在加大基础设施投入的同时，要注重基础设施的均衡发展。政府要加大对薄弱学校的扶持力度，确保每个学校都能得到公平的发展机会，可以通过资源调配、结对帮扶等方式，缩小学校之间的基础设施差距。例如，政府可以将一些城市学校闲置的计算机设备调配给乡村学校，或者组织城市学校与乡村学校结对帮扶，共同推进教育信息化建设。

学校要合理分配资源，确保每个班级、每个学生都能享受到优质的教育信息化资源，可以通过建立资源共享机制、优化设备使用安排等方式，提高资源的利用效率。例如，学校可以建立计算机教室开放制度，让学生在课余时间也能使用计算机进行学习和实践操作。

（2）持续开展教师培训

1）提高信息技术素养和应用能力

学校要持续开展教师信息技术培训，不断提高教师的信息技术素养和应用能力。培训内容要与时俱进，紧密结合教学实际，不断更新教学软件和在线教学平台的应用技巧。例如，可以邀请信息技术专家为教师进行培训，介绍最新的教学软件与在线教学平台的功能和使用方法，让教师能够及时掌握新的信息技术工具。

培训方式要多样化，可以采用集中培训、网络培训、校本培训等多种方式。集中培训可以使教师系统地学习信息技术知识和技能，网络培训可以让教师随时随地进行学习，校本培训可以结合学校的实际情况进行有针对性的培训。例如，学校可以组织教师参加暑期集中培训，学习信息技术与学科教学融合的方法和策略；也可以鼓励教师利用网络学习平台进行自主学习，提高自己的信息技术素养；还可以开展校本培训，让教师之间互相交流信息技术应用经验，共同提高教学水平。

2）加强教育科研能力培养

学校要提升教师的教育科研能力，鼓励教师探索教育信息化的新途径和新方法，可以通过设立教育科研项目、组织教育科研活动等方式，激发教师的科研热情。例如，学校可以设立“教育信息化科研项目”，鼓励教师结合自己的教学实践，开展信息技术与学科教学融合的研究，探索适合本校学生的教学模式和教学方法。

学校还可以为教师提供教育科研支持，如提供科研经费、邀请专家指导等。例如，学校可以为教师的科研项目提供经费支持，帮助教师购买相关的研究资料和设备；同时，可以邀请教育科研专家为教师进行指导，提高教师的科研水平。

（3）丰富教学资源

1）引进优质教育资源

政府和学校要积极引进优质的教育资源，如在线课程、教学课件、电子书籍等，丰富教学内容，可以通过购买、合作等方式，获取适合本地教学实际的优质资源。例如，政府可以组织专家对市场上的在线课程进行筛选，购买一批质量高、适合西部地区学生学习的在线课程，免费提供给学校使用；学校也可以与其他学校、教育机构合作，共享教学资源，提高资源的利用效率。

在引进优质教育资源的同时，政府和学校要注重资源的整合与优化，可以建立教学资源库，对引进的资源进行分类整理，方便教师和学生查找与使用。例如，学校可以建立“教学资源云平台”，将各种教学资源上传到平台上，教师和学生可以通过网络随时随地访问与下载资源。

2）开发校本课程资源

学校要鼓励教师开发校本课程资源，结合当地实际情况，开展特色教学活动。学校可以组建教师校本课程开发团队，深入挖掘当地的自然、文化、历史等特色资源，将其转化为教学资源。例如，学校所在地区拥有丰富的红色文化资源，学校可以组织教师开发红色文化校本课程，通过实地参观、主题班会、演讲比赛等形式，让学生了解红色历史，传承红色基因。

学校还可以邀请当地的专家、学者、民间艺人等参与校本课程资源的开发，为教师提供专业指导和支持。例如，学校可以邀请当地的民俗专家为教师讲解当地的民俗文化，帮助教师开发民俗文化校本课程，让学生更好地了解和传承本土文化。

（4）完善评价体系

1）建立多元化评价体系

学校要建立多元化评价体系，全面评价学生的学习过程和学习成果。评价体系要包括考试成绩、作业完成情况、课堂表现、实践活动参与度等方面。例如，可以将学生的平时表现、作业完成情况、课堂参与度等纳入期末成绩的评定，占一定的比例，避免只以考试成绩作为唯一的评价标准。

评价方式要多样化，可以采用教师评价、学生自评、学生互评等多种方式。教师评价可以从专业角度对学生的学习进行评价；学生自评可以让学生反思自己的学习过程，发现自己的优点和不足；学生互评可以培养学生的合作精神和评价能力。例如，在语文教学中，可以让学生互相评价作文，从内容、结构、语言等方面提出自己的意见和建议，提高学生的写作水平和评价能力。

2）注重综合素质评价

评价体系要注重对学生的创新能力、实践能力等综合素质进行评价，可以通过设置创新实践项目、开展综合实践活动等方式，对学生的综合素质进行评价。例如，学校可以设置科技创新项目，鼓励学生参与科技创新活动，对学生的创新能力进行评价；也可以组织学生参加社会实践活动，如社区服务、环保活动等，对学生的实践能力和社会责任感进行评价。

同时，评价体系要将信息技术应用能力纳入评价范围，可以通过设置信息技术作业、开展信息技术实践活动等方式，对学生的信息技术应用能力进行评价。例如，在信息技术课中，教师可以让学生制作电子作品，如网页、动画、多媒体课件等，评价学生的信息技术应用能力。

总之，通过对国内三个典型案例的剖析，我们可以总结出教育信息化建设的成功要素与关键因素，也可以发现存在的问题与改进方向。在未来的教育信息化建设中，我们要充分借鉴成功经验，不断探索创新，解决存在的问题，推动教育信息化的持续发展，为乡村基础教育与现代信息技术的深度融合做出更大贡献。

参考文献：

[1] 李华．信息时代乡村教育的数字化转型[M]．北京:科学出版社,2022.

[2] 外语特色实验学校．外语特色实验学校人工智能辅助英语教学经验分享材料[R]．外语特色实验学校所在地,2024.

第七章　展望与未来

一、乡村基础教育与现代信息技术深度融合的发展趋势

（一）技术创新与教育变革的相互促进

在当今快速发展的时代，科技进步如同一股强劲的东风，不断推动着教育领域的变革与创新。信息技术在教育中的应用日益广泛，人工智能、大数据、虚拟现实、增强现实等新兴技术的崛起，为教育带来了前所未有的机遇与挑战。

1. 技术创新为教育变革提供动力

（1）人工智能引领个性化教学

人工智能技术凭借强大的数据分析和处理能力，为实现个性化教学提供了可能。智能辅导系统就像是一位私人学习导师，时刻关注着学生的学习进度。它通过实时监测学生的答题时间、错误类型等学习行为，分析学生对知识的掌握情况，精准把握每个学生的学习特点和需求。基于对这些的深入了解，智能辅导系统为学生量身定制学习方案。对于在数学函数部分学习吃力的学生，系统会推送相关的概念讲解视频、典型例题分析以及有针对性的练习题，帮助学生逐步攻克难点，提高学习效果。同时，系统能根据学生的学习进展及时调整学习建议和练习题目，确保学习方案始终与学生的实际情况相匹配。

（2）大数据挖掘学习规律与需求

大数据技术在教育领域的应用犹如一把钥匙，打开了了解学生学习规

律和潜在需求的大门。面对海量的教育数据，大数据技术能进行高效的分析和处理。通过对学生的考试成绩、作业完成情况、在线学习行为等多方面数据的挖掘，教师发现学生的学习规律。例如，大数据分析可能显示，学生在英语学习中，听力和阅读能力的提升往往先于写作与口语能力。教师可以根据这些规律调整教学重点和进度，有针对性地进行教学。此外，大数据技术还能挖掘出学生的潜在需求。如果发现学生在物理实验方面表现出浓厚的兴趣，但缺乏相关的学习资源，教师则可以及时为学生提供更多的实验视频、模拟实验软件等资源，满足学生的学习需求。

（3）虚拟现实与增强现实打造沉浸式学习环境

虚拟现实和增强现实技术为学生创造了令人惊叹的沉浸式学习环境。在历史课堂上，学生可以通过虚拟现实技术穿越时空，亲身感受历史事件的发生场景。他们既能站在古战场上，目睹战争的激烈场面，也能走进古代宫殿，欣赏宏伟的建筑和精美的装饰。在自然科学课程中，增强现实技术可以让学生身临其境地观察自然现象。例如，学生可以通过手机或平板电脑上的增强现实应用，观察虚拟的细胞结构在现实环境中的展示，进而更加直观地理解细胞的组成和功能。这种沉浸式学习体验极大地提高了学习的趣味性和效果，激发了学生的学习兴趣和探索欲望。

（4）移动互联网与在线教育平台拓展学习时空

移动互联网技术的广泛普及，让学习不再受时间和空间的限制。学生可以随时随地通过手机、平板电脑等移动设备进行学习。无论是在公交车上、课间休息时，还是在假期旅行中，只要有网络连接，学生就可以打开学习软件，进行课程学习、阅读电子书籍、完成作业等。在线教育平台的发展为学生提供了丰富的学习资源和多样化的学习方式。学生可以根据自己的学习需求和兴趣选择不同类型的课程，如视频课程、直播课程、互动课程等。在线教育平台还提供了学习社区、讨论区等功能，让学生可以与其他学习者交流心得、分享经验，共同进步。

2. 教育变革推动技术创新的应用

（1）以学生为中心的教学模式促进信息技术创新

随着教育理念的不断更新，以学生为中心的教学模式逐渐成为主流。

这种教学模式强调学生的主体地位，要求信息技术能够更好地支持个性化学习、自主学习和协作学习。为了满足个性化学习的需求，信息技术企业需要不断研发更加智能的学习系统。这些系统要能够准确分析学生的学习特点和需求，不仅要考虑学生的学习成绩，还要关注学生的学习风格、兴趣爱好等因素。例如，对于喜欢动手实践的学生，系统可以推荐更多的实验课程和项目式学习资源；对于擅长逻辑思维的学生，系统可以提供更多的数学推理题目和编程挑战项目。同时，系统要为学生提供个性化的学习资源和学习路径，让每个学生都能按照自己的节奏和方式进行学习。

（2）自主学习需求推动学习工具和平台的发展

为助力自主学习，需要开发更便捷的学习工具和平台。学生在自主学习过程中，需要能够自主选择学习内容和学习进度。便捷的学习工具和平台可以为学生提供丰富的学习资源库，让学生根据自己的兴趣和需求进行选择。例如，优秀的自主学习平台可以提供涵盖多个学科的课程资源，学生可以根据自己的学习计划自由选择学习的科目和章节。同时，平台应提供学习进度跟踪和反馈功能，让学生随时了解自己的学习情况，调整学习策略。此外，学习工具和平台还可以结合人工智能技术，为学生提供个性化的学习建议和提醒，帮助学生更好地管理自己的学习时间和任务。

（3）协作学习要求构建互动学习环境

协作学习是培养学生团队合作能力和沟通能力的重要方式。为了促进协作学习，需要构建更加互动的学习环境。信息技术可以通过多种方式实现这一目标，如在线协作工具、虚拟学习社区等。在线协作工具可以让学生便捷地进行交流和合作，共同完成项目任务。学生可以通过视频会议、在线讨论、文档共享等功能，实时交流想法、分工合作。虚拟学习社区则为学生提供了一个广阔的交流平台，学生可以在这里结识来自不同地区的学习者，分享学习经验、探讨问题，拓宽自己的视野。

（4）教育公平性目标促使信息技术创新

教育的公平性和普及性是教育变革的重要目标之一。信息技术可以通过远程教育、在线学习等方式，将优质的教育资源传递到偏远地区和贫困地区，缩小城乡教育差距，实现教育公平。为了实现这一目标，信息技术企业需要不断创新，提高远程教育的质量和效果。例如，开发适合不同网络环境的在线学习平台，确保在网络条件较差的地区学生也能顺利进行学习。同时，信息技术企业可以开发多语言版本的学习资源，满足不同地区和民族学生的学习需求。此外，信息技术企业还可以与教育机构合作，开展教师培训，提供技术支持，提高偏远地区教师的信息技术应用能力，进一步促进教育公平的实现。

3. 技术创新与教育变革的协同发展

技术创新与教育变革是相互促进、协同发展的关系。技术创新为教育变革赋予新的手段和方法，推动教育向更具个性化、自主化、协作化和公平化的方向发展。教育变革的需求又为技术创新提供了应用场景和发展动力，促使信息技术不断创新和完善。在基础教育领域，随着新课改的推进，教育界对学生的综合素质和创新能力提出了更高要求。这就需要信息技术能够更好地支持项目式学习、探究式学习等新型教学模式。例如，通过虚拟现实技术，学生可以进行虚拟实验探究，在安全的环境中尝试各种实验方案，培养科学探究精神；教师通过大数据分析学生的学习过程和成果，可以为教学评价提供科学依据，全面了解学生的学习情况，为个性化指导提供数据支持。

随着技术不断进步和教育不断变革，技术创新与教育变革的相互促进关系将更加紧密。人工智能技术将更加精准地满足学生的个性化需求，大数据技术将为教育决策提供更加深入的洞察，虚拟现实和增强现实技术将为学习带来更加丰富的体验，移动互联网和在线教育平台将为学习提供更加便捷的途径。同时，教育变革将不断推动信息技术的创新发展。教育理念的更新将促使信息技术企业开发更加符合教育需求的产品和服务，教学模式的创新将为信息技术提供更多的应用场景，教育公平性的追求将推动信息技术在偏远地区的普及和应用。

总之，技术创新与教育变革将携手共进，共同推动基础教育的现代化发展，为培养适应未来社会的创新人才奠定坚实基础。

（二）乡村基础教育的全面现代化

1. 基础设施的完善与升级

在乡村基础教育迈向全面现代化的征程中，基础设施的完善与升级起着奠基作用。国家对乡村教育的持续重视与不断加大的投入，犹如一场及时雨，为乡村学校的硬件设施带来了巨大的变化与希望。

首先，网络设施的优化是关键一步。高速稳定的网络接入将成为乡村学校的标配，这一变革意义重大。在当今信息时代，网络如同知识的高速公路，让师生能够顺畅无阻地访问在线教育资源。无论是丰富多样的教学视频、电子书籍，还是互动性强的在线课程平台，都能为乡村师生打开一扇通往广阔知识世界的大门。远程教学和交流也因稳定的网络而成为可能，乡村学生可以与城市学生一同参与在线讲座、学术讨论，拓宽视野，增长见识。教师则可以借助网络与同行交流教学经验，分享教学心得，不断提升自己的教学水平。

其次，计算机设备的更新换代同样重要。随着科技的飞速发展，计算机已成为学生学习和生活中不可或缺的工具。在乡村学校，更新后的计算机设备将极大地提高学生的信息技术实践能力。学生可以通过计算机学习编程、设计、数据分析等技能，为未来的职业发展打下坚实基础。同时，计算机为学生提供了更多的自主学习机会，他们可以利用在线学习资源进行个性化学习，满足自己的学习需求。

最后，多媒体教室的普及为乡村教学带来了巨大变革。多媒体教学手段丰富多样，能够将抽象的知识转化为直观的图像、声音和视频，提升教学效果。例如，在地理课上，多媒体教室的大屏幕展示世界各地的自然风光和人文景观，让学生仿佛身临其境，更好地理解地理知识；在语文课上，播放名家朗诵的经典文学作品，激发学生的学习兴趣，提高学生的文学素养。智能教学设备如电子白板、智能投影仪等的引入，更是为乡村课堂带来更多便利和创新。电子白板的互动教学功能，让学生更加积极地参与课堂，不再是被动的接受者，而是主动的探索者。学生可以在电子白板上书写、绘画、做练习题，与教师和同学进行互动交流，提高学习的积极性和主动性。智能投影仪则可以播放高清教学视频，为学生带来更加清晰、生动的视觉体验，让学生更好地理解教学内容。

2. 教育资源的均衡配置

实现乡村基础教育的全面现代化，教育资源的均衡配置是核心任务之一。目前，城乡教育资源存在着较大差距，这严重制约了乡村教育的发展。乡村学校缺乏优质的师资、课程资源和教学资料，而信息技术的发展为解决这一问题提供了新的途径。

在线教育平台的诞生，为乡村学校带来了丰富的课程资源。这些平台上汇聚了众多名师授课视频、优质课件、练习题等资源，犹如一座知识的宝库，等待乡村学生去挖掘。学生可以通过在线学习平台自主学习，根据自己的学习进度和需求选择适合的课程。这在一定程度上弥补了乡村学校师资不足的问题，让乡村学生也能接触到优质的教育资源。同时，城市学校的教师可以通过远程教学的方式，为乡村学校的学生授课。这种方式打破了地域的限制，实现了优质师资的共享。乡村学生可以在自己的教室里聆听城市名师的讲解，与城市学生一起互动交流，感受不同的教学风格和教学方法。

建立教育资源共享平台也是实现教育资源均衡配置的重要举措。通过这个平台，乡村学校和城市学校之间能够方便地共享教学资料、教案、试题等资源。乡村学校的教师可以在资源共享平台上下载城市学校的优质教案和试题，借鉴城市学校的教学经验和教学方法，提高教学质量。同时，城市学校的教师可以从乡村学校的教学实践中获得启发，丰富自己的教学思路。例如，乡村学校在自然科学教学中可能有更多的实地考察和实践活动，城市学校的教师可以借鉴这些经验，为城市学生设计更加丰富多样的教学活动。

3. 教师队伍的建设与发展

乡村基础教育的全面现代化离不开一支高素质的教师队伍。信息技术为乡村教师的培训与发展提供了新的途径和方法，为乡村教育注入了新的活力。

在线培训平台的出现，让乡村教师可以随时随地参加各种培训课程。无论身处偏远山区还是宁静乡村，只要有网络连接，乡村教师就能接入在线培训平台，学习先进的教学方法、课程设计理念和信息技术应用技巧。培训内容丰富多样，能够满足乡村教师的不同需求。例如，对于新入职的教师，在线培训平台可以提供基础教学技能培训；对于具备一定教学经验的教师，在线培训平台可以提供专业发展课程，如教育心理学、课程领导力等方面的培训。通过在线培训，乡村教师可以不断提升自己的教学水平和信息技术素养，更好地适应现代教育的发展要求。

网络教研平台的搭建，为乡村教师与城市教师的交流及合作提供了广阔空间。乡村教师可以通过网络教研平台参加城市学校的教研活动，学习城市学校的先进教学理念和教学方法。在教研活动中，乡村教师可以与城市教师共同探讨教学问题，分享教学经验，互相启发，共同进步。例如，在语文教学中，乡村教师可以向城市教师学习如何运用现代信息技术进行阅读教学和写作教学；城市教师也可以从乡村教师那里了解乡村学生的特点和需求，为乡村学生设计更加适合他们的教学方案。

激励机制的建立对于吸引优秀教师到乡村学校任教至关重要。学校可以给予到乡村学校任教的教师一定的补贴和奖励，在职称评定、评优评先等方面给予优先考虑。这些激励措施能够吸引更多的优秀教师投身乡村教育事业，提高乡村教师队伍的整体素质。同时，相关部门可以通过宣传优秀乡村教师的事迹，弘扬他们的奉献精神，提高乡村教师的社会地位和职业荣誉感。例如，举办优秀乡村教师评选活动，表彰那些在乡村教育岗位上默默奉献、成绩突出的教师，让他们的事迹激励更多人关注和支持乡村教育。

总之，基础设施的完善与升级、教育资源的均衡配置以及教师队伍的建设与发展，是实现乡村基础教育全面现代化的关键路径。只有通过各方的共同努力，不断加大投入，创新发展模式，才能让乡村学校焕发出新的生机与活力，为乡村学生提供更加优质的教育服务，为乡村振兴和国家的长远发展奠定坚实基础。

二、对策建议与行动指南

（一）政府、学校与社会的角色定位

1. 政府的主导作用

在基础教育与现代信息技术深度融合的进程中，政府无疑扮演着主导者的角色，发挥着关键的引领和推动作用。

（1）加大投入

1）设立专项资金

政府应加大对教育信息化的投入，设立专门的教育信息化专项资金。这笔资金可以用于改善学校的信息技术基础设施，为乡村和偏远地区的学校铺设高速稳定的网络，配备先进的计算机设备以及智能教学设备建设多媒体教室。例如，为学校购置电子白板、智能投影仪等设备，让乡村学生也能使用与城市学生同等的现代化教学设施。专项资金还可以用于购买教学软件和在线教育资源。这些资源涵盖各学科领域，包括名师授课视频、优质课件、互动练习题等，为教师的教学和学生的学习提供丰富素材。同时，专项资金可以用于教师培训，邀请信息技术专家和教育专家为教师进行专业培训，提高教师的信息技术应用能力和教学水平。

2）鼓励社会力量参与

除了政府自身的投入外，政府还可以通过政策引导，鼓励社会力量参与教育信息化建设。企业捐赠是一种重要的方式，企业可以根据自身的社会责任和发展战略，向学校捐赠计算机设备、教学软件等物资。例如，部分科技企业可以捐赠智能学习设备，如平板电脑、学习机器人等，为学生提供更加便捷的学习工具。社会组织也是不可或缺的力量。教育基金会、慈善机构等社会组织可以设立教育信息化专项基金，为学校的信息化建设提供资金支持。同时，社会组织可以开展志愿者活动，组织信息技术专业人员到学校进行技术指导和培训，帮助学校提高信息技术应用水平。

（2）制定政策法规

1）制定发展规划

政府应制定教育信息化发展规划，明确发展目标和重点任务。发展规划可以从宏观层面为教育信息化指明方向，确定不同阶段的发展目标。例如，在短期规划中，政府可以重点改善学校的信息技术基础设施，提高网络覆盖率和速度；在中期规划中，政府可以加强教学软件和在线教育资源的建设，推动信息技术与学科教学的深度融合；在长期规划中，政府可以实现教育信息化的全面普及，培养适应信息时代的创新人才。明确重点任务可以让教育信息化工作更加有针对性。例如，重点任务可以包括提高教师信息技术素养、推进智慧校园建设、加强教育数据安全管理等方面。通过明确重点任务，政府可以集中资源和力量，推动教育信息化的快速发展。

2）规范市场秩序

政府应制定相关的政策法规，规范教育信息化市场，保障教育信息化的安全和可持续发展。教育数据安全是至关重要的问题，政府应制定教育数据安全管理办法，加强对学生个人信息的保护。明确学校、企业等各方在数据安全管理中的责任和义务，建立严格的数据安全管理制度，防止学生个人信息泄露。制定在线教育质量标准也是必要之举。政府应规范在线教育市场秩序，确保在线教育资源的质量和有效性。在线教育质量标准可以包括课程内容、教学方法、教师资质等方面的要求，对在线教育机构进行严格的审核和监管，为学生提供优质的在线教育服务。

（3）加强领导和管理

1）建立领导机制

政府应加强对教育信息化的领导，成立教育信息化领导小组。领导小组由政府相关部门领导、教育专家、信息技术专家等组成，统筹协调教育信息化工作。领导小组可以制定教育信息化政策、规划和标准，协调各方资源，推动教育信息化项目的实施。政府应建立健全教育信息化管理体制，明确各部门的职责和分工。教育部门负责教育信息化的规划、指导和管理，财政部门负责教育信息化资金的保障和管理，科技部门负责信息技术的研发和推广等。通过建立健全管理体制，确保教育信息化工作的顺利开展。

2）建立评估机制

政府应建立教育信息化评估机制，定期对教育信息化发展情况进行评估和反馈。评估机制涵盖对学校信息技术基础设施建设、教学软件和在线教育资源应用、教师信息技术素养、学生信息技术能力等方面的评估。政府通过评估，及时发现问题和不足，调整政策和措施，推动教育信息化的持续发展。评估结果可以作为政府决策的重要依据，对教育信息化工作成效显著的地区和学校进行表彰与奖励，对工作不力的地区和学校进行督促与整改。同时，评估结果可以向社会公布，接受社会监督，提高教育信息化工作的透明度和公信力。

2. 学校的主体地位

学校作为基础教育与现代信息技术深度融合的主体，承担着具体实施和创新发展的重要任务。

（1）积极推进教育信息化建设

1）加强基础设施建设

学校应加强信息技术基础设施建设，提高校园网络的覆盖率和速度。确保学校的每一个教室、办公室、图书馆等场所都能接入高速稳定的网络，为师生提供良好的信息技术环境。同时，学校应配备足够的计算机设备，满足学生的信息技术课程和自主学习的需求。建设智能化的多媒体教室，配备先进的教学设备，如电子白板、智能投影仪、音响系统等。这些设备为教师的教学提供更多手段和方法，提高教学效果。例如，教师可以通过电子白板进行互动教学，让学生更加积极地参与课堂；智能投影仪可以播放高清教学视频，让学生更好地理解教学内容。

2）丰富教学资源

学校应加强教学软件和在线教育资源的建设与应用。学校可以根据自身的教学需求，选择适合的教学软件，如教学管理软件、学科教学软件等。同时，学校可以与在线教育平台合作，为教师和学生提供丰富的在线教育资源。建立学校自己的教学资源库，鼓励教师将自己的教学课件、教案、练习题等资源上传到资源库中，实现资源共享。学生可以根据自己的学习需求，在资源库中查找和下载相关的学习资源，进行自主学习。

（2）创新教学模式

1）探索融合教学

学校应鼓励教师积极探索信息技术与学科教学的深度融合，创新教学方法和手段。采用翻转课堂教学模式，教师将教学内容制作成视频、课件等资源，让学生在课前进行自主学习，课堂上则进行讨论、答疑、实践等活动，提高学生的学习主动性和参与度。项目式学习也是一种有效的教学模式。教师可以根据学科内容设计项目任务，让学生通过小组合作的方式，利用信息技术进行资料收集、问题解决、成果展示等活动，培养学生的创新思维和实践能力。混合式教学则将线上教学和线下教学相结合，充分发挥两种教学方式的优势，为学生提供更加灵活多样的学习方式。

2）培养信息素养

学校应加强对学生信息技术素养的培养，将信息技术教育纳入学校的课程体系。开设信息技术课程，让学生系统地学习计算机基础知识、办公软件应用、编程等技能。同时，教师在其他学科教学过程中，应注重培养学生的信息检索、分析和处理能力。组织学生参加信息技术竞赛、科技创新活动等，激发学生的学习兴趣和创新精神。例如，举办编程比赛、机器人竞赛等活动，让学生在实践中提高自己的信息技术能力。同时，学校可以邀请信息技术专家到学校举办讲座和培训，拓宽学生的视野。

（3）提高教育教学质量

1）建立质量保障体系

学校应建立健全教育教学质量保障体系，加强对教学过程和教学效果的监控与评估。构建教学质量监测系统，通过课堂观察、作业批改、考试分析等方式，定期对教师的教学质量进行评估和反馈。教师可以根据评估结果，及时调整教学策略和教学方法，提高教学质量。同时，学校应建立学生学习评价体系，全面评价学生的学习过程和学习成果。评价体系可以包括学生的学习态度、学习方法、学习成绩等方面的内容，通过多元化的评价方式，激励学生积极学习。

2）持续改进教学

学校应定期对教育教学质量进行总结和反思，找出存在的问题和不足，制定改进措施。组织教师开展教学研讨活动，分享教学经验，共同探讨教学问题，提高教师的教学水平。密切关注教育信息化最新发展动态，及时引入新的教学理念和教学方法，不断改进教学。例如，随着人工智能技术的发展，学校可以引入智能教学助手，为学生提供个性化的学习建议和辅导，提高学习效果。

3. 社会的支持作用

社会各界在基础教育与现代信息技术深度融合中起着重要的支持作用，共同为教育信息化的发展贡献力量。

（1）企业的技术与合作支持

1）技术创新与产品研发

企业可借助技术创新与产品研发，为学校提供优质的教学软件、在线教育资源和智能教学设备。例如，科技企业可以开发具有互动性和趣味性的教学软件，让学生在轻松愉快的氛围中学习知识。在线教育企业可以提供丰富多样的在线课程资源，满足不同学生的学习需求。智能教学设备企业可以研发更加先进的智能学习设备，如智能平板电脑、智能学习机器人等，为学生提供更加便捷的学习工具。同时，企业可以根据学校的需求，定制开发专门的教学软件和设备，满足学校的个性化教学需求。

2）校企合作与实践机会

企业可以与学校合作，开展教育信息化项目。例如，信息技术企业可以与学校合作建设智慧校园，为学校提供智能化的教学管理和服务。通过合作，企业可以将自己的技术和产品应用到学校的实际教学中，同时可以了解学校的需求和反馈，进一步改进与完善自己的产品和服务。企业还可以为学生提供实习和就业机会，让学生在实践中了解企业的运作和需求，提高自己的实践能力和职业素养。例如，科技企业可以为计算机专业的学生提供实习岗位，让学生参与企业的软件开发和项目实施，为学生的未来职业发展打下坚实基础。

（2）社会组织的公益支持

1）捐赠与资助

社会组织可以通过捐赠资金、物资和设备等方式，支持学校的教育信息化建设。教育基金会、慈善机构等社会组织可以设立教育信息化专项基金，为学校的信息化建设提供资金支持。同时，社会组织可以捐赠计算机设备、教学软件、图书等物资，改善学校的信息技术条件。社会组织可以开展志愿者活动，组织信息技术专业人员到学校进行技术指导和培训，帮助学校提高信息技术应用水平。例如，部分志愿者组织可以组织大学生志愿者前往乡村学校开展信息技术支教活动，为乡村学生传授信息技术知识和技能。

2）公益活动与帮扶

社会组织可以开展公益活动，为乡村学校和贫困学生提供教育帮扶。例如，举办教育公益讲座、捐赠学习用品、设立奖学金等活动，激励乡村学生努力学习。同时，社会组织可以与企业合作，开展教育扶贫项目，为贫困地区的学校提供信息技术设备和教育资源，缩小城乡教育差距。

（3）家长的参与和支持

1）关注学习与共同成长

家长应积极参与孩子的教育信息化过程，关注孩子的学习情况。家长可以与孩子一起使用在线教育资源，共同学习和成长。例如，家长可以和孩子一起观看在线科普视频、阅读电子书籍等，培养孩子的学习兴趣和阅读习惯。家长还可以为孩子购买学习设备和软件，支持孩子的学习和发展。同时，家长应关注孩子的上网行为，引导孩子正确使用信息技术，避免沉迷网络和不良信息的影响。

2）家校合作与沟通

家长应与学校保持密切的沟通和合作，共同关心孩子的成长。家长可以参加学校组织的家长会等活动，了解学校的教育教学情况，与教师交流孩子的学习情况和成长问题。家长也可以通过班级微信群、学校网站等渠道，及时了解孩子的学习动态和学校的通知信息。同时，家长可以为学校的教育信息化建设提供建议，共同推动学校的发展。

总之，基础教育与现代信息技术深度融合离不开政府、学校、社会各方的共同努力。政府应发挥主导作用，加大投入，制定政策法规，加强领导和管理；学校应发挥主体作用，积极推进教育信息化建设，创新教学模式，提高教育教学质量；社会各界应发挥支持保障作用，为学校提供技术、资金、人才等方面的支持。只有各方齐心协力，才能实现基础教育与现代信息技术的深度融合，为培养适应信息时代的创新人才奠定坚实基础。

（二）推动乡村基础教育与现代信息技术深度融合的具体措施和步骤

1. 加强基础设施建设

加强基础设施建设是推动乡村基础教育与现代信息技术深度融合的基础。政府和学校应加大对信息技术基础设施的投入，提高校园网络的覆盖率和速度，为师生提供良好的信息技术环境。具体措施如表 7－1 所示。

表 7－1　加强基础设施建设的具体措施

措施类型	措施内容
加大资金投入	政府应设立教育信息化专项资金，用于改善学校的信息技术基础设施。学校也应积极筹措资金，争取社会力量的支持，共同推进教育信息化建设
提高网络覆盖率	加强校园网络建设，实现校园无线网络全覆盖，让师生能够随时随地接入网络。同时，应加强与互联网运营商的合作，提高网络速度和稳定性
更新设备设施	及时更新计算机设备、多媒体教室设备、智能教学设备等，提高设备的性能和质量。同时，应加强设备的维护和管理，确保设备的正常运行
建设数据中心	建立学校数据中心，集中存储和管理学校的教育数据，为教学管理和决策提供数据支持。同时，应加强数据安全管理，保障教育数据的安全和隐私

2. 提升教师信息技术素养

提升教师信息技术素养是推动乡村基础教育与现代信息技术深度融合的关键。政府和学校应加强对教师的信息技术培训，提高教师的信息技术应用能力和教学水平。具体措施如表 7－2 所示。

表 7 – 2　提升教师信息技术素养的具体措施

措施类型	措施内容
开展全员培训	组织教师参加信息技术培训，确保每位教师都能掌握基本的信息技术应用技能。培训内容可以包括教学软件的使用、在线教学平台的操作、多媒体课件的制作等
建立培训体系	建立健全教师信息技术培训体系，制订长期的培训计划和目标。同时，应加强培训的考核和评价，确保培训的质量和效果
鼓励自主学习	鼓励教师自主学习信息技术知识和技能，通过网络学习平台、在线课程等方式，不断提高自己的信息技术素养。同时，应建立教师信息技术交流平台，让教师之间能够相互交流和学习
提供激励机制	建立教师信息技术应用激励机制，对在信息技术应用方面表现突出的教师进行表彰和奖励。同时，应将教师信息技术应用能力纳入教师绩效考核体系，提高教师应用信息技术的积极性和主动性

3. 丰富教育资源

丰富教育资源是推动乡村基础教育与现代信息技术深度融合的重要内容。政府与学校应加强教育资源的建设和应用，为教师的教学和学生的学习提供丰富的资源支持。具体措施如表 7 – 3 所示。

表 7 – 3　丰富教育资源建设的具体措施

措施类型	措施内容
建设数字教育资源库	整合各类教育资源，建设数字教育资源库，包括教学课件、教案、试题、视频等。同时，应加强资源的分类和管理，方便教师与学生查找和使用
开发校本课程资源	结合学校的特色和实际情况，开发校本课程资源，包括校本教材、校本课件、校本视频等。同时，应鼓励教师和学生参与校本课程资源的建设，提高资源的质量和适用性
引进优质在线教育资源	引进优质的在线教育资源，如在线课程、在线辅导、在线测试等。同时，应加强对在线教育资源的筛选和评估，确保资源的质量和安全性
促进资源共享	建立教育资源共享平台，促进学校之间、教师之间、学生之间的资源共享。同时，应加强资源共享的管理和监督，确保资源的合法使用和有序共享

4. 创新教学模式和方法

创新教学模式和方法是推动乡村基础教育与现代信息技术深度融合的

核心。政府和学校应鼓励教师积极探索信息技术与学科教学的深度融合，创新教学模式和方法，提高教学质量和效果。具体措施如表7－4所示。

表7－4　创新教学模式和方法的具体措施

措施类型	措施内容
推广新型教学模式	推广翻转课堂、项目式学习、混合式教学等新型教学模式，让学生在自主学习、合作学习和探究学习中提高学习能力与综合素质。同时，应加强对新型教学模式的研究和实践，不断总结经验和教训，提高教学模式的适用性和有效性
开展信息化教学竞赛	组织教师开展信息化教学竞赛，鼓励教师积极应用信息技术进行教学创新。同时，应加强对竞赛的组织和管理，确保竞赛的公平、公正、公开
建立教学案例库	建立教学案例库，收集和整理优秀的信息化教学案例，为教师提供参考和借鉴。同时，应加强对教学案例的分析和研究，总结信息化教学的经验和规律
加强教学研究与交流	加强对信息技术与学科教学融合的教学研究，探索适合不同学科、不同学段的信息化教学方法和策略。同时，应加强教师之间的教学交流与合作，共同提高信息化教学水平

5. 完善评价和管理机制

完善评价和管理机制是推动乡村基础教育与现代信息技术深度融合的保障。政府与学校应建立健全教育信息化评价和管理机制，加强对教育信息化的监督和管理，确保教育信息化的健康发展。具体措施如表7－5所示。

表7－5　完善评价和管理机制的具体措施

措施类型	措施内容
建立教育信息化评价指标体系	制定教育信息化评价指标体系，包括基础设施建设、教师信息技术素养、教育资源建设、教学模式创新等方面。同时，应加强对评价指标体系的研究和实践，不断完善评价指标体系
开展教育信息化评估	定期开展教育信息化评估，对学校的教育信息化发展情况进行全面评估和反馈。同时，应加强对评估结果的应用，将评估结果作为学校绩效考核、评优评先的重要依据
加强教育信息化管理	建立健全教育信息化管理体制和工作机制，加强对教育信息化项目的管理和监督。同时，应加强对教育信息化安全的管理，保障教育信息化的安全和稳定运行
推动教育信息化可持续发展	制定教育信息化发展规划，明确教育信息化的发展目标和重点任务。同时，应加强对教育信息化的投入和保障，推动教育信息化的可持续发展

总之，乡村基础教育与现代信息技术的深度融合是未来教育发展的必然趋势。政府、学校和社会各界应共同努力，加强基础设施建设，提升教师信息技术素养，丰富教育资源建设，创新教学模式和方法，完善评价和管理机制，推动乡村基础教育与现代信息技术的深度融合，为培养具有创新精神和实践能力的高素质人才做出贡献。

参考文献：

[1] 祝智庭，魏非．教育信息化2.0:智能教育启程,智慧教育领航[J]. 电化教育研究，2018(9):15－18.

[2] 黄荣怀，刘德建，刘晓琳．互联网促进教育变革的基本格局[J]. 中国电化教育，2017(1):33－35.

[3] 杨宗凯．教育信息化2.0:新时代信息技术变革教育的关键历史跃迁[J]. 教育研究，2018(4):22－23.